2021年度河北省社会发展研究重点课题
"国际比较视域下中国特色学徒制研究"（编号:20210101022）研究成果

国际比较视域下
中国特色现代学徒制创新发展研究

张炳烛　著

U0367204

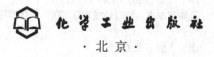

化学工业出版社
·北京·

内 容 简 介

本书运用文献研究、历史研究和国际比较的研究方法，以中外学徒制作为研究对象，从现代学徒制的政策背景和重要意义谈起，在讨论学徒制相关概念和理论构建之后，对美国、德国、英国、日本、澳大利亚等五个国家的现代学徒制进行探索分析，对中国从传统学徒制到现代学徒制的发展演变及突破创新予以研究阐述，进而在对中外学徒制加以比较分析的基础上，提出中国特色学徒制高质量发展的逻辑必然和实施路径，以期为相关政策的制定提供参考依据。

本书适用于从事职业教育的工作者、研究者阅读参考。

图书在版编目（CIP）数据

国际比较视域下中国特色现代学徒制创新发展研究 / 张炳烛著. —北京：化学工业出版社，2022.7
ISBN 978-7-122-41592-9

Ⅰ.①国… Ⅱ.①张… Ⅲ.①职业教育－学徒－教育制度－研究－中国 Ⅳ.①G719.2

中国版本图书馆 CIP 数据核字（2022）第 093090 号

责任编辑：蔡洪伟
文字编辑：王春峰　陈小滔
责任校对：赵懿桐
装帧设计：王晓宇

出版发行：化学工业出版社（北京市东城区青年湖南街13号　邮政编码100011）
印　　装：北京科印技术咨询服务有限公司数码印刷分部
787mm×1092mm　1/16　印张16　字数355千字
2022年9月北京第1版第1次印刷

购书咨询：010-64518888
售后服务：010-64518899
网　　址：http://www.cip.com.cn
凡购买本书，如有缺损质量问题，本社销售中心负责调换。

定　　价：75.00元　　　　　　　　　　　　　版权所有　违者必究

引石攻玉，琢磨精研，创新发展
——欣见一部关于现代学徒制的系统性专著问世

中国特色学徒制是我国深化职业教育领域综合改革的重大战略。党的十八大以来，教育部、人力资源和社会保障部根据新时期新形势分别就职业教育学校教育和企业职工培训层面开展了"现代学徒制"和"企业新型学徒制"试点工作，取得了较大进展。当前，现代学徒制和企业新型学徒制已在全国全面展开。党的十九届五中全会审议并经十三届全国人大四次会议通过的《中共中央关于制定国民经济和社会发展第十四个五年规划和二〇三五年远景目标纲要》，提出要"加大人力资本投入，增强职业技术教育适应性，深化职普融通、产教融合、校企合作，探索中国特色学徒制，大力培养技术技能人才"，对中国特色学徒制建设提出了明确要求。立足于适应高端技术技能型人才培养的需要，中国特色学徒制的建立和完善，将为抢占并巩固全球人才竞争制高点，全面建设社会主义现代化国家做好人力资源深度开发的基础准备。

但是，在当今以广泛分工协作为基础的新型工业化、信息化时代实行的学徒制，必然不同于传统农耕社会或工业化早期的学徒制，其内涵、特点、机制必然更为丰富、多样和复杂。我国现代的工业化，是一百多年来一代又一代中国人"吸收外来，不忘本来，面向未来"接续奋斗的成果。因此，要探讨当下中国的学徒制，就离不开对于工业化、信息化先行国家历史经验的比较和借鉴，也离不开对我国传统资源的挖掘和继承。随着中国特色现代学徒制的探索，各种理论著述日渐丰富，近日，张炳烛教授所著《国际比较视域下中国特色现代学徒制创新发展研究》付梓，为我们提供了一项最新且更具系统性的研究成果。

我们知道，现代学徒制是当今世界培养技术技能人才的重要模式，已成为世界大多数国家职业教育发展的战略重点。根据欧盟 2012 年的报告，在 27 个欧盟成员国中，在中等教育阶段开展了严格意义现代学徒制的国家有 24 个，14 个国家在高等教育层面开展了广泛意义的现代学徒制。其他国家如英国、澳大利亚、美国、加拿大等也开展了各具特色的现代学徒制实践，并通过有效的法律制度和相应的经费保障政策加以实施。

当前，为适应世界范围内经济、技术激烈竞争的需要，我国正在进行着新一轮的产业转型升级。产业转型升级是中国特色学徒制实施的背景与前提，人才高端培养则是中国特色学徒制实施的根本动力。党的十九大报告明确提出，目前我国经济的发展状况是由追求速度转向追求质量，现阶段主要是依靠科学技术的进步、管理体制的改革以及广大劳动者素质的提升来实现经济增长，产业类型也由资源和劳动密集型逐渐转变为技术与知识密集型。

中国经济转型增质提效，对技术技能人才特别是高端技术技能型人才的需求更加迫切。而根据人社部的最新统计结果显示，在我国就业人员的总体数量当中，技能劳动者占 19%，而技术水平与创新能力较高的高技能劳动者只有 6% 左右。反观其他国家，日本的高技能人才可以达到 40%，以高端制造业闻名的德国高技能人才的数量则高达 50%。可以说，我国对于高技能人才的迫切需求已是时代诉求。而培养大批高技能人才，必须加强校企合作，实现生产过程与教学过程的无缝对接，所以推进中国特色学徒制的实施就成了当务之急。在加大实务推进力度的同时，做好与之相应的国际比较研究，无疑具有较强的针对性。张炳烛教授的这部专著就美国、德国、英国、日本和澳大利亚现代学徒制的历史沿革、概况、基本要素和主要特点做了较为全面的梳理，这些系统的文献研究成果和理论思考，对于我们结合自身特色标定我国现代学徒制的阶段坐标、认识我们的比较优势和进一步努力目标，提供了宝贵的启示。

从职业教育自身来看，中国特色现代学徒制的提出，既是我国职业教育改革发展的必然要求，也是我国现代职教体系构建的内在需要。长期以来，校企合作关系难以深入发展，是我国职业教育的发展瓶颈更是现实困境。而现代学徒制将传统学徒制的经典要义经过扬弃之后与现代职业教育的优势结合在一起，重视在工作情境中进行知识与技能的学习，强调企业在育人过程中的主体地位，是职业教育人才培养模式的深化发展，是企业人力资源持续优化的保障举措。实施现代学徒制可以加大企业参与的积极性与参与力度，是深入开展校企合作以及更好践行工学结合的有效途径，已经成为新时期推进我国职业教育和国家劳动用工制度紧密结合、打通和拓宽技术技能人才成长通道的战略选择，在新一轮职业教育改革发展中，受到了党和政府的高度重视。与此同时，中国特色现代学徒制在由地方试点到全国推行的过程中，始终面临政策法规配套、资源配置、政府推动与市场力量协同、行业企业参与动力等不同方面的发展课题。因此，张炳烛教授的这部专著，在精心扫描国际同态之后，在面对中国课题时，将研究力量做了大比重安排。作者对我国历史上的学徒制做了分期研究，对现代学徒制的内涵和所涉及的各要素做了细致分析，既让我们看到了目前我国现代学徒制的基本面貌，也帮助我们通过所提供的各个子系统的研究成果认识了我国现代学徒制创新发展的实践路径。

特别值得指出的是，作者在对现代学徒制各子系统进行研究时，将现代学徒制师徒关系的文化特征纳入研究对象，别具文化人类学和教育史的学科视角。其对于现代师徒关系类型、变化和创新的探讨，一定能够增加读者相应的基础认知，对于现代学徒制各主体在实践中的制度创新也具有独特的参考价值。此外，作者注重把涉及职业教育和现代学徒制的一些现代理论如缄默知识理论、关键能力理论、终身教育理论、情景学习理论等融入研究，也体现了作者深厚的学术素养。

张炳烛教授躬耕职业教育多年，既主持过多项重要研究课题并取得优秀成果，也长期担任职业院校领导工作，既是一位难得的研究型实践家，也是一位少有的实践型思想者。这部书，是他就现代学徒制创新发展所做思考的一个系统总结，可以说，这是一项基于国际视域、面对中国课题的扎实的研究成果，是一部对于现代学徒制创新发展有较强指导意义的理论专著。

业界同仁，开卷有益。

中华职业教育社原党组成员、副总干事 杨农

2022 年 4 月 16 日

目录

第一章
绪论

　　2021年3月，第十三届全国人民代表大会第四次会议通过《中华人民共和国国民经济和社会发展第十四个五年规划和2035年远景目标纲要》（以下简称《纲要》）。《纲要》就建设高质量教育体系、增强职业技术教育适应性提出："创新办学模式，深化产教融合、校企合作，鼓励企业举办高质量职业技术教育，探索中国特色学徒制。"作为中共中央的纲领性文件，《纲要》提出了中国职业教育高质量发展的美好愿景和实现路径。2021年10月，中共中央办公厅、国务院办公厅印发《关于推动现代职业教育高质量发展的意见》，从宏观角度谋划、部署中国职业教育中长期发展战略和路径，提出"探索中国特色学徒制，大力培养技术技能人才""加快发展职业学校学生实习实训责任保险和人身意外伤害保险，鼓励保险公司对现代学徒制、企业新型学徒制保险专门确定费率"。在此之前，2018年10月，人力资源和社会保障部、财政部印发《关于全面推行企业新型学徒制的意见》（人社部发〔2018〕66号）；2019年5月，教育部办公厅发布《关于全面推进现代学徒制工作的通知》（教职成厅函〔2019〕12号）；2021年6月，人力资源和社会保障部等五部委印发《关于全面推行中国特色企业新型学徒制 加强技能人才培养的指导意见》（人社部发〔2021〕39号）。近年来，学徒制被国家多个重磅文件屡次提及，要求积极探索、全面推进，缘何？

　　学徒制作为一种古老的职业技术教育形式，对于人类社会技术传承和劳动力再生产发挥了重要作用。在经历了中世纪的兴盛之后，工业革命带来的社会生产大发展使得学徒制一度式微。第二次世界大战后德国经济的迅速腾飞引发全球对于双元制职业教育的极大关注，学徒制再次回到人们的视线中来。从20世纪80年代开始，西方各国纷纷开始效仿德国双元制，掀起了现代学徒制改革浪潮。例如，英国于1993年颁布了《现代学徒制计划》，之后不断改革完善，逐步建立起较为完整的、分层级的学徒制体系：中级学徒制、高级学徒制、高等学徒制。澳大利亚于1996年引进"新学徒制"概念，并于1998年初将新学徒制与受训生制进行整合，统称为"新学徒制"。瑞士根据自身学徒制经验和国情首创了以"三元制"为核心的现代学徒制人才培养和管理模式。美国的"注册学徒制"和日本的"企业培训"都是在对传统学徒制改革提升的基础上形成的新学徒制。现代学徒制为发达经济体不断培养高素质技术技能人才，有效降低失业率，促进了产业转型升级和经济社会发展，一时间成为职业教育改革的风向标，被称为高技能人才培养的新范式。由此，学徒制在现代西方得到重生，掀起新一轮研究与实践的高潮。

现代学徒制在继承传统学徒制优势的基础上，把在企业的生产实践学习和在职业学校的知识素养学习有效结合起来，这种校企深度融合培养现代技术人才的模式，克服了学用脱节和手脑分离等诸多现实问题，从而为西方各国培养了大批技术精湛的高素质的劳动者。而今，现代学徒制这种人才培养模式，虽因各国文化传统和国情不同而呈现多元化的表现形式，但无可争议的是，它已经成为国际职业教育界的一个热点，已成为各国发展职业教育的主要举措，甚至成为各国发展经济的重要战略。

在此背景之下，面对产业转型升级和经济结构调整对高素质技术技能人才的高度需求，以及人才培养供给侧和产业需求侧在结构、质量、水平上还不能完全适应的"两张皮"现实问题，我国立足国情，借鉴国际现代学徒制的先进经验，继承和改革我国传统学徒制，开展实施了中国特色现代学徒制试点。

一、中国现代学徒制的由来和发展

学徒制在中国具有悠久的历史，先秦时期即已有之，并已形成较为完备的制度规范。唐朝设立了具有选拔和培训学徒职责的专门机构，即"掌百工技巧之政"的少府监（负责天子和皇族生活日常用品的制作等）和"掌土木工匠之政"的将作监（负责朝廷的土木建筑）。唐代的官府手工业学徒制度已经发展成熟。宋朝推出"法式"教授法来培训学徒，使得技艺教授有专门的教材可依，学徒制步入学徒标准化培养阶段。明清时期民间手工业学徒制步入盛行时期。

新中国成立后，经历了旧社会学徒制的改造时期、传统学徒制的改革时期、传统学徒制的终结时期、现代学徒制的试点时期❶，现在已经开启探索中国特色学徒制的新征程。

1998 年国家倡导科教兴国，为解决国家职业教育理论与实践脱节的现象，结合各地人才培养模式实践经验，劳动部门颁发《关于建立和实施名师带徒弟的制度的通知》（劳部发〔1998〕61 号），在江西等地进行新学徒制试点。2011 年，时任教育部副部长鲁昕在推进国家中等职业教育改革发展示范学校建设专题培训班上，首次谈到现代学徒制，希望地方政府和企业通过组织参与现代学徒制来解决东南沿海"用工荒"的问题。鲁昕指出，"教育尤其是职业教育在为国民经济和社会发展服务，在破解东南沿海'用工荒'过程中是大有可为的。开展现代学徒制试点就是一个十分值得一试的重要抓手"❷。同年出台的《教育部关于推进高等职业教育改革创新引领职业教育科学发展的若干意见》（教职成〔2011〕12 号）提出，"鼓励职业学校和企业联合开展先招工、后入学的现代学徒制试点"。随后，教育部 2012 ～ 2014 年连续三个年度的工作要点均提到"现代学徒制试点"。

❶　黄君君，高瑾 . 中国近现代学徒制的发展历程 [J].《科教导刊（上旬刊）》，2016（07）：12-14.
❷　李剑平 . 教育部副部长：现代学徒制破解东南沿海"用工荒"大有可为 [N]. 中国青年报，2011-03-21（11）.

2014年是中国职业教育发展史上惊天动地的一年，也是中国现代学徒制试点的关键之年。2月26日，李克强总理主持召开国务院常务会议，部署加快发展现代职业教育工作；5月2日，国务院印发《关于加快发展现代职业教育的决定》，提到"开展校企联合招生、联合培养的现代学徒制试点，完善支持政策，推进校企一体化育人"；6月23日，全国职业教育工作会议召开，习近平总书记作了重要指示；8月25日，教育部印发《关于开展现代学徒制试点工作的意见》，并制订了工作方案。至此，我国现代学徒制试点工作可谓是万事俱备，只欠东风了。

2015年1月，教育部印发《关于开展现代学徒制试点工作的通知》（教职成司函〔2015〕2号），现代学徒制试点工作正式启动（同年，人社部牵头组织实施了"企业新型学徒制试点"）。截至2018年，共遴选三批现代学徒制的试点单位562个，覆盖了1000多个专业点，每年惠及9万余名学生（学徒）。2021年9月教育部公布了现代学徒制第三批试点验收结果。经过近七年的试点工作，现代学徒制取得了明显成效，形成了"招生即招工""德技并修、工学结合""校企一体化育人"的中国特色现代学徒制人才培养模式。《国家职业教育改革实施方案》《关于推动现代职业教育高质量发展的意见》等职业教育重磅文件强调要总结推广试点经验；国家"十四五"规划与2035年远景目标纲要提出，增强职业技术教育适应性，探索中国特色学徒制。

二、中国现代学徒制的意义

（一）现代学徒制的宏观价值

1.现代学徒制是建设中国特色现代职业教育体系的战略选择

党的十八大以来，尤其是国务院颁布《国家职业教育改革实施方案》（又称"职教20条"）以来，我国职业教育改革发展走上提质培优、增值赋能的快车道，职业教育面貌发生了格局性变化，建成了世界规模最大的职业教育体系。截止到2021年初，我国共有职业学校1.13万所，在校生3088万人。但是，我国职业教育体系尚不完善，距离"纵向贯通、横向融通"的目标还有一定差距。同时当前经济社会高质量发展急需大批高素质技术技能人才的现实也要求构建完善的现代职业教育体系。数据显示，我国技能人才已超过2亿人，占就业总量的26%。然而高技能人才仅有5000万人，占技能人才总量的28%，与德国、日本等制造强国相比，仍有差距。大批高素质技术技能人才的培养有赖于中国特色现代职业教育体系的健全完善。

早在2005年颁布的《国务院关于大力发展职业教育的决定》中就提出了建立"与市场需求和劳动就业紧密结合，校企合作、工学结合、结构合理、形式多样、灵活开放、自主发展，有中国特色的现代职业教育体系"。2021年10月，中共中央办公厅、国务院办公厅印发了《关于推动现代职业教育高质量发展的意见》，提出"到2025年，职业教育类型特色更加鲜明，现代职业教育体系基本建成，技能型社会建设全面推进"的工作目标。中国特色现代学徒制是职业教育主动服务经济社会发展要求，推动职业教育体系和劳动就业体系互动发展，打通和拓宽技术技能人才成长通道，推进现代职业教育体系建设的战略选择。甚至有观点认为："现代学徒制试点的成败一定程度上决定了中国特色职教体系建设的成效。"❶现代学徒制人才培养模式对于职业院校的招生、学制、教学方式等诸多教学制度具有重大影响，将会引发职业教育革命性变革，推进中国特色现代职业教育体系的建立与完善。

2. 现代学徒制是深化产教融合、校企合作的有效途径

产教融合、校企合作是职业教育办学的基本模式，是培养高素质技术技能人才的内在要求，也是办好职业教育的关键所在，同时也是当前的痛点和难点所在，"校热企冷"的"剃头挑子一头热"现象依然突出。"深化产教融合，促进教育链、人才链与产业链、创新链有机衔接，是当前推进人力资源供给侧结构性改革的迫切要求，对新形势下全面提高教育质量、扩大就业创业、推进经济转型升级、培育经济发展新动能具有重要意义。"❷

现代学徒制在深化产教融合、校企合作方面优势明显。职业教育是跨界教育，跨越教育与产业，而现代学徒制将教育与产业紧密地联系在一起。"现代学徒制培养模式充分展示了在专业层面坚持工学结合、在学校层面深化校企合作、在产业层面推进产教融合的职业教育的本质要求。"❸开展现代学徒制能够解决职业院校实习实训条件不足、教师实践教学能力不强、教学内容与企业实际需求脱节等诸多制约职业教育发展的现实问题，是深化产教融合、校企合作，推进工学结合、知行合一的有效途径。

3. 现代学徒制是培养高素质技术技能人才的重要方式

中国经济结构调整和产业转型升级迫切需要大批高素质技术技能人才。"学校、企业深度合作，教师、师傅联合传授，对学生以技能培养为主"的现代学徒制，拓宽了技术技能人才培养和成长的通道，强调从职业的角度培养技术技能人才，强化工学结合、知行合一，是校企合作、协同育人的典型模式。开展现代学徒制有利于促进行业、企业参与职业教育人才培养全过程，能够将行业企业的新技术、新工艺、新规范纳入教学标准和教学内容，实现专业设置与产业需求对接，课程内容与职业标准对接，教学过程与生产过程对接，毕业证书与职业资格证书对接，职业教育与终身学习对接，提高人才培养的质量和针对性；有利于促进职业技能提升和培育精益求精、追求卓越的工匠精神，是培养"大国工匠、能工巧匠"等高素质技术技能人才的重要方式，在推进职业教育改革发展的同时，更为经济社会发展奠定了技能人才基础。

（二）现代学徒制的微观意义

现代学徒制的基本架构是学校与企业的联合育人，体系与资源的融合无论是对企业还是对学校都是一个变革的机会。譬如，教学体系封闭、教师思维僵化、学生择业成本高等

❶ 魏勇，雷前虎.中国特色职业教育体系下现代学徒制构建研究 [J].邢台职业技术学院学报，2015（4）：25-27.
❷ 国务院办公厅关于深化产教融合的若干意见（国办发〔2017〕95号）[EB/OL].（2017-12-19）[2022-05-16].http://www.gov.cn/zhengce/content/2017-12/19/content_5248564.htm.
❸ 王扬南.把握质量核心 突出双元主体 扎实推进现代学徒制试点工作 [J].中国职业技术教育，2017（1）：31-35.

问题，如果单靠学校自己去解决是有很大难度的，但在现代学徒制模式中，因为企业的深度参与，会大幅提升学校及教师的开放度，集中培养模式也会大大降低学生的择业成本。同时，现代学徒制还有利于企业储备人才和降低招聘成本。现代学徒制可以解决的问题，如图1-1所示。

图1-1 现代学徒制可以解决的问题

1. 现代学徒制是职业院校人才培养模式改革创新的需要

对于职业教育来说，人才培养模式是评判教育质量的一个重要因素。在职业教育过程中，经济转型、科技发展或者产业升级等任何外部环境的发展变化都可能导致职业教育人才培养目标的改变。职业学校人才培养方案只有同当下市场需求高度契合才能获得可持续性发展，但很多职业院校在人才培养改革方面面临很多阻碍，如：一些院校制定的人才培养目标学术性太强，仅有部分职业教育内容，教育本质还是普通本科的教育方式，学科化倾向非常明显；还有些院校在专业设置的时候对地区经济发展的优势还有地区及企业对人才的需求没有进行综合性考量，盲目追求社会热门专业，人才培养质量受到了严重影响。当然也有很多职业院校对产教融合式人才培养进行了探索，分别采取半工半读、工学结合或者是校企合作等多种人才培养模式，并取得了一定成效，但探索中受内外环境制约较多，人才培养的质量依然是不容乐观的。

好的技术、最先进的工艺和设备往往都在企业。如果职业院校不与企业、行业深度合作，就难以跟上时代发展，也难以培养出适应经济发展需求的高素质人才。现代学徒制是促进产教融合、校企合作的有效途径，能够将企业核心技术标准和职业素养等企业对人才的需求融入人才培养，进而促进学校的理论学习同企业的技术技能训练有机结合，让受教育者在教育过程中将学习及工作实践有机结合，让他们在实现知识积累的同时实现技能上的提升，从而为国家培养更多高素质的技术人才、能工巧匠、大国工匠，满足社会发展对人才的需求。

并且，现代学徒制还能促进学徒对精深知识的学习。所谓的高技能人才不单单要有一技之长，还需在掌握精湛技能的同时掌握精深知识。这里的精深知识同职业院校的理论知识是有区别的，强调的是专门性，指知识同具体工作岗位存在较大关联，工作岗位知识必须在真实工作情境下获取才是最可行及最有效的。在强调专门性基础上还需强调精深性，不是基础工作知识，而是要掌握高超的工作诀窍。建立现代学徒制对精深知识培养有很大的促进作用，主要表现为在精湛技能养成的过程中，精深知识及工作经验逐步形成。这些知识、经验是隐性的，难以言表的，是在长期岗位实践中不断积累所形成的，同工作技巧及工作诀窍一样在高技能人才培养中发挥着不可替代的作用。

2. 现代学徒制有利于职业院校学生技能的养成

能力不是凭空产生的，是在特定活动场景下形成的。就职业教育来说，只有在特定职业工作中，个人技能才能提升，个人职业能力才能发展，并转化成新的职业能力。

现代学徒制打破了学生技能单纯由学校教育培养的局限，更突出真实的工作场景，强调要在真实的工作场景下通过亲身经历获取并提升工作技能。一直以来真实的工作场景都是工作技能进行获取的主要战场，现代学徒制体系建立的真正意义是让学徒在反复观察学习中通过技能练习获得工作技能。客观上，以校企合作、工学结合为主要特征的现代学徒制人才培养模式，实现了"做中学，学中做"，是对传统学校职业技能教育的一个有效突破，拓宽了职业院校学生技术技能的获取途径，促进了学生学习技能的有效提升。

3. 现代学徒制有利于解决企业招工难的问题

现代学徒制在创造更多就业机会的同时，也在很大程度上解决了某些行业企业招工难的突出性问题。正如前文所述，我国现代学徒制的产生直接起因于东南沿海"用工荒"的现实问题。一边是"订单等人""机械等人"的用人需求持续"井喷"，一边是大量技能型人才为寻求更对口、更适合的就业岗位而踌躇徘徊。现代学徒制实现了"招生与招工同步"，按照企业岗位实际需求培养人才，企业参与人才培养全过程，有利于增进学徒对企业文化的认同感，可为企业提供相对稳定的人才培养渠道，由此成为有效解决企业人才短缺难题和我国就业结构性矛盾的一剂良药。

此外，学校及企业间保持持续性的合作，学校的教学场地、设备设施还有教师等的投入能够有效弥补企业在培训上的不足，学校良好的社会影响力有利于企业品牌的树立及传播。

鉴于现代学徒制对培养高素质技术技能人才和推动我国经济社会高质量发展具有重大意义，加之法律制度不完善、经费保障不充分、评价标准不健全等问题的存在，为进一步高质量探索中国特色学徒制，构建中国特色现代职业教育体系，推动产教融合、校企合作，促进教育链、人才链与产业链、创新链有机衔接，为经济社会高质量发展提供人才支持和智力支撑，实有借鉴国际先进经验，对中国特色现代学徒制的创新发展加以研究探索之必要。

三、研究的基本思路及主要内容

(一) 基本思路

本书主要运用文献研究、历史研究和国际比较的方法，从现代学徒制的重要意义谈起，在讨论学徒制相关概念和理论构建之后，对美国、德国、英国、日本、澳大利亚等五个国家的现代学徒制进行探索分析，对中国从传统学徒制到现代学徒制的发展演变及突破创新予以研究阐述，进而在对中外学徒制加以比较分析的基础上，提出中国特色学徒制高质量发展的逻辑必然和实施路径。

（二）主要内容

本书共分六章。第一章为绪论，主要介绍了现代学徒制的重要意义和研究的必要性；第二章为学徒制的概念界定与理论构建，介绍了学徒制的核心概念和相关理论；第三章为学徒制的国际探索，主要研究分析了取得明显成效的美国、德国、英国、日本、澳大利亚等五个国家的现代学徒制概况、核心要素和主要特点；第四章为中国学徒制的历史追溯与发展，详细回顾了中国学徒制的历史演变，介绍了中国现代学徒制和企业新型学徒制的实施现状；第五章为中国特色现代学徒制的特点与突破创新，在总结中国特色现代学徒制架构特点和师徒关系文化特征的基础上，分析了其教学管理优化、学生管理优化及师资队伍的转型与重组；第六章为中国特色学徒制的高质量发展思考，在对比分析中外现代学徒制的基础上，提出中国特色学徒制高质量发展的逻辑必然和实施路径。

第二章
学徒制的概念界定与理论构建

与学徒活动有关的叙述可以追溯到早期的人类活动，而学徒制则出现在较晚的历史阶段，并逐渐演变为当下的现代学徒制，在这个过程中，不同的国情、不同的时间、不同的学者对现代学徒制的描述也发生了变化。另外，在推进现代学徒制的发展中，很多社会理论家或学者试图明确哪些理论基础可以有利于现代学徒制的构建。为了更好地确定本书中现代学徒的研究基线，有必要对现代学徒制的相关概念进行界定以及有关理论基础进行探究。

第一节
学徒制的核心概念

受政治、经济、文化等因素的影响，不同国家对现代学徒制的界定也表述不一，即便如此，现代学徒制在发展中仍逐渐表现出某些共性特征。为了明确本书的研究范围，笔者需要对涉及的相关概念进行界定。因此，本节将会对"学徒""学徒制""现代学徒制""企业新型学徒制"等相关概念进行讨论。

一、学徒

学徒一词在我国有着丰厚的内涵。不同的资料对学徒有不同的界定，但定义中却有着相似的要素，本书选取了几个具有代表性的概念进行阐述。

汉蔡邕的《司徒杨秉碑》中记载："于是门人学徒，相与刊石碑，表勒鸿勋。"这里的学徒泛指从师受业者。《后汉书·郑玄传》中提到的"家贫，客耕东莱，学徒相随已数百千人"和《晋书·虞溥传》中的"大修庠序，广招学徒"均印证了学徒有从师学业者之意❶。

---

❶ 赵攀.学徒制在我国的发展历程、实践与启示 [J].武汉商学院学报，2021，35（03）：86-90.

《韦氏第三版新国际英语词典》（1976 年）中对"学徒"的解释为："①受契约或法律合约限制，为某人服务一定时间同时在师傅的管理下按当时或以前的教学方式学习某项技艺或行业的人；②在高技能员工的指导下，通过实际经验，学习某个行业、技艺或职业的人，通常有预定的时间周期，并获得预定的工资。"❶

《朗文当代英语辞典（第 5 版）》将"学徒"定义为："在某一固定时期内为雇主工作以获得某一特定技能或工作的人。"❷

《技术职业教育辞典》中"学徒"的含义是："青年在家长或监护人之监护下与雇主成立协议，在协议之条件下，由雇主供给青年学习一种技术行业或其他职业之机会，此等青年称为学徒。"❸

《现代汉语大词典》将"学徒"解释为："在商店里学做买卖或在作坊、工厂里随师学技术的青少年。"❹

《教育大百科全书》中"学徒"的定义是："为了学到某个行业或商务的技能而签订契约，在一定阶段服务于一个雇主的人。"❺

在《教育大辞典》中，"学徒"亦称"学徒工""艺徒"或"徒弟"，指"企业中在师傅指导下学习技术或其他手艺的青少年。"❻

综上所述，"学徒"的特征概况如下。

（1）明确的目的：以学习一项技术技能或者获取一份工作为目的。

（2）特定的身份：在一定场所工作或者学习的人（如作坊、工厂等），有一部分人会与雇主签订协议，且以青年人为主。

（3）情景化的教学：在指定的学习场所，师傅边操作边讲解，学徒通过情景化的观察、模仿、锻炼、总结来获取技术或技能。

二、学徒制

目前，关于学徒制的概述也有很多，大体上可以概述为四种：作为一种制度的学徒制；作为一种以师傅为主体的教育模式的学徒制；作为一种以学徒为主体的教育模式的学徒制；作为一种代表身份地位、工作时间、契约安排等具体形式的学徒制。

（1）作为一种制度的学徒制。《新哥伦比亚百科全书》（第四版）将学徒制定义为：学徒制是学习一项技艺或行业的制度，学员被规定并为其学习付出一定年限的劳动❼。国际劳工组织第 117 号建议书（目前已被取代）将"学徒制"定义为："主要在一个企业内或在一个独立工匠指导下进行的对公认职业的系统长期培训，这种培训应遵照书面学徒制

❶ 陈俊兰.中国学徒制的现实与运行机制研究 [J].教育与职业，2011（33）：19-22.

❷ PEARSON L. Longman Dictionary of Contemporary English（5th Edition）[M/CD].New Jersey：Pearson Education，2009.

❸ 杨朝祥.技术职业教育辞典 [M].台北：三民书局股份有限公司，1984.

❹ 阮智富，郭忠新.现代汉语大词典·下册 [M].上海：上海辞书出版社，2009.

❺ [英]K.金.教育大百科全书·职业技术教育 [M].重庆：西南师范大学出版社，2011.

❻ 顾明远.教育大辞典·增订合编本（下）[M].上海：上海教育出版社，1998.

❼ WILLIAM H H，JUDITH S L. The New Columbia Encyclopedia [M]. New York：Columbia University Press，1975.

合同的规定，并符合既定标准。"❶《教育大辞典》中将学徒制表示为：①中国古代官府手工业作坊培养工匠的制度；②西方各国的职业训练制度❷。

（2）作为一种以师傅为主体的教育模式的学徒制。《技术职业教育辞典》将学徒制理解为工厂制未发展之前的旧式学徒教育，具有三个特征：①学徒受师傅管教；②师傅负责传授技能并介绍就业；③师傅供给膳宿❸。《现代劳动关系辞典》给出的学徒制解释为：用以师带徒的方式培训从事专门职业劳动者（主要是技术工人）的培训制度，它是一种传统的技术培训制度❹。

（3）作为一种以学徒为主体的教育模式的学徒制。关晶（2010）指出：学徒制是指以师傅带徒工为主要形式，以某行业或职业的知识技能为学习内容，徒工可因劳动获得某种形式回报的职业教育形态❺。Philipp Gonon（2011）认为：学徒制是一种在特定的学习场域中，以教育青少年使其能够适应工作和社会为目的的学习模式，同时它也是一种合法的组织设定形式❻。

（4）作为一种代表身份地位、工作时间、契约安排等具体形式的学徒制。《韦氏第三版新国际英语词典》里将学徒制定义为：①新手的服务或身份；②新手服务的时间❼。《牛津高阶英汉双解词典（第 7 版）》对"apprentice（学徒）"的解释为：在固定时期内为了获得工作所需的特定技能而为雇主工作的年轻人，并将"apprenticeship（学徒制）"翻译为学徒的学习时间和学徒工作❽。

在本书中，学徒制是指通过师傅带徒弟的形式，一批年轻人在特定的时间与环境下掌握所需的技术技能并得到一定报酬的教育模式。

三、现代学徒制

现代学徒制的英文是 Modern Apprenticeship。从构词上就可看出现代学徒制的核心是学徒制，"现代"是学徒制的修饰语，强调了学徒制的"现代性"，以区别于传统学徒制。在界定现代学徒制之前，有必要先将传统学徒制做个简单介绍。

关于中国传统学徒制的研究，很多学者以时间为分割线，划分很多研究阶段，譬如中国古代时期的传统学徒制研究，奴隶社会时期的传统学徒制研究，民国时期的传统学徒制研究等。本书中的中国传统学徒制度是最大范围的广义的概念，涵盖中国现代学徒制之前

❶　国际劳动局.高质量学徒制框架（中文版）[DB/OL]（2019-11-29）[2022-05-16]. https：//www.ilo.org/ilc/ILCSessions/110/reports/reports-to-the-conference/lang--en/index.htm.

❷　顾明远.教育大辞典·增订合编本（下）[M].上海：上海教育出版社，1998.

❸　杨朝祥.技术职业教育辞典 [M].台北：三民书局股份有限公司，1984.

❹　苑茜，周冰，沈士仓，等.现代劳动关系辞典 [M].北京：中国劳动社会保障出版社，2000.

❺　关晶.西方学徒制研究——兼论对我国职业教育的借鉴 [D].上海：华东师范大学，2010.

❻　PHILIPP G. Apprenticeship as a Model for the International Architecture of TVET[A]. ZHAO Z Q，RAUNER F，HAUSCHILDT U. Assuring the Acquisition of Expertise：Apprenticeshipin the Modern Economy[C]. Beijing：Foreign Language Teaching and Research Press，2011.

❼　GOVE P B. Websters Third New International Dictionary [M]. Massachusetts：G.&C.Merrian Company，1976.

❽　霍恩比.牛津高阶英汉双解词典（第 7 版）[Z].王玉章，等译.北京：商务印书馆，2009.

的所有时期的学徒制形式。

中国传统学徒制又被称作"艺徒制"或"师徒制"，原始社会的学徒制以"教民以耕""教民以猎""教民以渔"的形式在农业、畜牧业方面出现。奴隶社会时期手工业迅速发展，带动商业持续繁荣，学徒制度以强制性教育的形式出现在手工业作坊。先秦时期家业父传的职业教育形式通过官府加以推广，出现了设官教民的职业教育形式，开创了职业教育之先河。封建社会朝廷在中央政府和地方政府机构中都设有管理官营手工业的机构。在传统私学教育中出现了对自然科学与技术应用的研讨与传播❶。在这一时期职业性学校规模扩大并且学科增多。民国时期社会贫富差距增大，只有富人家的孩子才能够享受学校教育，穷人家的孩子以学习一门手艺为主要出路。但是由于当时职业教育不发达，学徒制度承担了职业教育的角色。

现代学徒制中的"现代"是相对于"传统"而言的。"现代"不仅是时间上相对于"传统"的概念，相较于传统学徒制而言，现代学徒制在经济社会背景、生产组织形式、技能传播范围、师徒关系的性质、是否有教育机构参与以及对人的要求等方面，更全面地被赋予了社会发展的要求❷。为了更好地界定现代学徒制，首先将现代学徒制与传统学徒制进行比较分析（表2-1）。

表2-1　现代学徒制与传统学徒制的比较分析

比较的内容	现代学徒制	传统学徒制
身份	学生与学徒；教师与师傅	学徒；师傅
师徒关系	平等的合作关系	亲密、具有等级性和依附性的关系
培养目标	高素质技术技能人才	熟练的工人
培养内容	理论知识与实践技能	技术操作
学习场所	职业院校、企业	生产一线
考核方式	由职业院校和企业共同完成对学生技术技能及综合素质的考核	由师傅完成对学徒的技能掌握情况的考核

关于现代学徒制的概念，学术界并没有统一的界定。整体来看，目前对现代学徒制的界定有四类：现代学徒制是一种教育制度；现代学徒制是一种人才培养模式；现代学徒制是相对于学校职业教育的另一种职业教育形式；现代学徒制是一种学习形式❸。

（1）现代学徒制是一种教育制度。例如，联合国教科文组织国际职业技术教育与培训中心（UNESCO-UNEVOC）在其2015年远程会议报告《通过高质量的学徒制以实现职业教育与培训》中将现代学徒制定义为一种独特的职业教育形式，该形式通过具体定义的能力和工作流程将基于岗位的学习与基于学校的学习紧密结合。学徒制受法律、标准的社会保障计划，以及书面的雇佣合同约束。这份雇佣合同中包含了雇主的义务支出。在确

❶　张可然.中国传统学徒制对现代学徒制发展的启示 [J].高教学刊，2015（24）：168-169.
❷　贺艳芳.我国企业参与现代学徒制动力问题研究 [D].上海：华东师范大学，2018.
❸　詹慧.现代学徒制人才培养成本分担机制研究 [D].沈阳：沈阳师范大学，2018：11.

定的时间段结束后，学徒可以获得一个正式的评价以及一个被承认的证书❶。

北京师范大学职业教育与成人教育研究所所长赵志群教授认为，现代学徒制是"学校与企业相结合，以企业为主；理论与实践相结合，以实践为主"的双元制职业教育制度❷。

上海师范大学高教所关晶教授（2011）提出现代学徒制是第二次世界大战后以德国双元制为典型，适应社会、经济发展的现代性要求，以校企合作为基础，纳入国家人力资源开发战略的学徒制❸。

湖南大学教育科学研究院陈俊兰博士认为，现代学徒制是建立在信息社会、知识经济与"产品导向"生产组织形式基础之上，伴随着创新、自我实现和终身学习等教育理念，在全球竞争加剧、产品创新周期大幅度缩短的情况下，将生产现场的学徒培训与现代学校教育思想相结合的一种合作职业教育制度❹。

（2）现代学徒制是一种人才培养模式。例如，根据国际劳工组织的相关界定，现代学徒制指向此类教育体系：某一行业的雇佣者依据合约，在一定时间内雇佣年轻人并向其提供系统的培训；学徒在此期间于雇主处工作❺。

湖北大学教育学院院长李梦卿教授认为，现代学徒制是在学校、企业有效合作的前提下，学生在校学习期间由教师传授专业知识和基本的技能及要领，在企业里由师傅传授操作规范和对应的岗位操作技能，并通过岗位实践加强技能操作的熟练程度，促使学生/学徒掌握相关行业/职业的基本知识和技能的人才培养模式❻。

（3）现代学徒制是相对于学校职业教育的另一种职业教育形式。例如，德国不来梅大学技术与教育研究所所长、国际学徒制创新研究网络（INAP）主席费利克斯·劳耐尔（Felix Rauner）教授认为，现代学徒制是一种有关职业教育与培训的现代整体概念，同时具有受培训者、职校生、企业雇员三重身份的青年人在实践性团体中学习，在从学校到工作的过渡中，完成从新手到专家的转变，促进个体职业能力的发展❼。

上海市教育科学研究院杨黎明教授认为，"现代学徒制"以校企合作为基础，以学生（学徒）的培养为核心，以课程为纽带，以学校、企业的深度参与和教师、师傅的深入指导为支撑，既不同于传统的学徒制，也不同于单纯的学校职业教育。

河北医科大学党委书记翟海魂博士认为，现代学徒制是工学结合，以专业教学与现场实践紧密结合国家有关职业资格证书制度标准为基本特征，以学校和企业两个施教主体为核心的职业教育形式❽。

（4）现代学徒制是一种学习形式。例如，瑞士苏黎世大学职业教育专家菲利普·高农（Philipp Gonon）教授认为，现代学徒制既是一种在特定学习地点进行的现代学习途

❶ 李政．职业教育现代学徒制的价值研究 [D].上海：华东师范大学，2019：6.
❷ 赵彩侠．职业教育的质量提升与科学发展——北京师范大学职业与成人教育研究所所长赵志群教授专访 [J].中国教师，2014（15）：27.
❸ 关晶．西方学徒制研究——兼论对我国职业教育的借鉴 [D].上海：华东师范大学，2010.
❹ 陈俊兰．职业教育现代学徒制研究 [M].长沙：湖南大学出版社，2014.
❺ 田英玲．瑞士现代学徒制"三方协作"研究 [D].沈阳：沈阳师范大学，2014.
❻ 雷成良．职业教育现代学徒制人才培养模式研究 [D].重庆：西南大学，2016.
❼ 石伟平．时代特征与职业教育创新 [C].上海：上海教育出版社，2006：330-340.
❽ 翟海魂．实施现代学徒制深化工学结合 [J].职教论坛，2008（1）：1.

径，也是一种合法的组织方式，主要目的在于帮助年轻人适应未来工作与社会的要求[1]。

欧盟委员会 2013 年发布的《欧洲工作本位学习：实践与政策要点》中认为，在欧盟国家，工学交替与学徒制这两个术语经常被交替使用。这两种模式的特点就是高强度、高频率的一体化或真实的工作情境。学徒制作为工学交替具体的学习形式之一，可被定义为"在工作场所和教育机构或培训中心进行的有系统性的、长期的交替培训"[2]。

由此可见，不同概念下的现代学徒制，其侧重点不同。本书认为学徒制的授业方式为师傅言传身教，而现代学徒制则是在传统学徒制中融入了学校教育这个现代因素，是由顶岗实习到订单式培养再到现代学徒制的层层递进，是职业教育同校企合作深度融合的一种崭新的教育形式。现代学徒制作为国家高技术技能人才培养的一种重要模式，实现了五项教育对接，如图 2-1 所示。同传统教学模式相对比，现代学徒制为双主体办学，学校招生同企业招工相统一，学生拥有学生、学徒双重身份，教学课程体系同国家的职业资格相融通，教学、工学交替，这是现代学徒制最典型的几个特征。

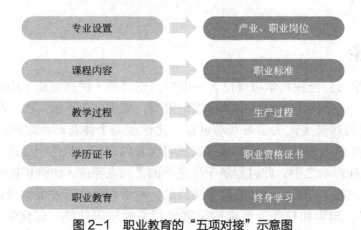

图 2-1 职业教育的"五项对接"示意图

简而言之，本书中的现代学徒制是一种为适应经济发展新形态，以政府为引导，以融合传统的学徒培训与学校教育为基础，以校企合作、工学结合为主要形式，以培养高质量技术技能人才为目标的现代职业教育人才模式。

四、企业新型学徒制

在 2015 年人社部和财政部联合印发的《关于开展企业新型学徒制试点工作的通知》中提出"企业新型学徒制"一词，这是继现代学徒制后，我国开展的另一种关于学徒制的模式。企业新型学徒制是按照政府引导、企业为主、院校参与的原则，在企业（含拥有技能人才的其他用人单位）全面推行的，以"招工即招生、入企即入校、企校双师联合培养"为主要内容的学徒培训制度[3]。企业可以结合实际生产自主确定培养对象，采取"企

---

[1] 李梦卿，杨妍旻. 现代学徒制发展的诸种背景要素支撑功能比较研究 [J]. 职教论坛，2013（16）：19.

[2] 孙玉直. 欧洲现代学徒制 [M]. 北京：中国劳动社会保障出版社，2016.

[3] 人社部，财政部. 关于全面推行企业新型学徒制的意见 [J]. 职业，2019（02）：4.

校双制、工学一体"的模式，即由企业与技工院校、职业院校、职业培训机构、企业培训中心等教育培训机构采取企校双师带徒、工学交替培养等模式共同培养学徒。推行企业新型学徒制，探索企业员工培训新模式，有利于更好地推动终身职业技能培训制度，创新职业培训模式，为供给侧结构性改革提供人才支撑。

值得注意的是，企业新型学徒制的内涵应当包含两点：一是培训模式的双元性，不同于传统学徒制的单一育人模式，企业新型学徒制是企业与职业院校、培训机构等单位合作下的协同育人；二是它区别于以学校为主体的现代学徒制模式，它是一种以企业为主体的人才培养模式。

第二节
现代学徒制的理论构建

一、学习理论

《我们如何学习：全视角学习理论》一书中，克努兹·伊列雷斯（Knud Illeris）提出"两个过程"和"三个维度"的基本学习理论模型，如图 2-2 所示。在"两个过程"学习理论模型中，竖向双箭头代表学习互动过程，此过程是个体与环境之间的互动过程；横向双箭头代表学生学习的获得过程，获得过程包含着内容和动机两个要素，发生在个体互动所产生的冲动和影响之中，此过程属于生理性的❶。克努兹·伊列雷斯的学习"三个维度"包含互动、内容、动机。互动维度关注活动、对话和合作，发展学习者的社会性；内容维度关注理解、知识和技能，寻求构建意义和掌握知识技能，强化学习者的功能性；动机维度关注动力、情绪和意志，促使学习者追求新的知识与专业技能，发展学习者关于自身以及对环境的敏感性❷。在学习的获得过程中，内容、互动和动机三个维度之间存在紧密的相互作用，伊列雷斯认为如果要充分理解和分析一个学习过程，这三个维度必须始终被顾及。

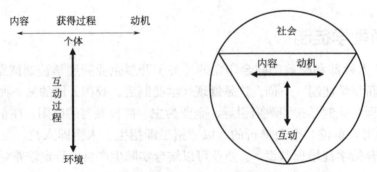

图 2-2 "两个过程"和"三个维度"的基本学习理论模型

---

❶ 杨艺萌.职业学校教师工作场所学习解析 [J].中国职业技术教育，2018（06）：84-89.
❷ 岳定权.意义的追寻：教师教材理解研究 [D].成都：四川师范大学，2020.

现代学徒制通过将学生置于规定的社会、企业、学校等环境中，按企业员工标准对学生进行培养，让学生通过学习获得就业所需的实践技能，为企业做好人才储备，有效解决学生就业难、企业用工荒的问题。目前，对现代学徒制的阐释更侧重于从校企合作方式、人才培养模式等外部组织因素进行，但以伊列雷斯的学习理论的视角来认识现代学徒制，其是一种特有的学习形式。从伊列雷斯的三个维度分析现代学徒制的学习过程，可以发现：首先，在互动维度层面，伊列雷斯按照学习者的主动性和活动程度由低到高将外部互动过程分成了六种类型，分别是感知、传递、体验、模仿、活动和参与，此过程在学徒接受在岗培训时表现较为突出❶。为了方便理解学徒在现代学徒制中的学习过程，将伊列雷斯的互动过程分为感知传播、体验模仿、参与活动三个阶段。在感知传播阶段，学徒通过观察附近的同事或导师来获取信息，师傅将内容传授给学徒，这个过程以接触边缘性工作为主。仅仅简单的感知和接受知识是不够的，所以学徒接下来将会进入体验模仿阶段。在这个阶段，学徒会在师傅的指导下进一步体验和模仿，尝试参与一些工作。随着职业技能熟练度的提高，学徒会迈入参与活动的阶段，在这个阶段，学徒在主动性和技能熟练度上都处于高等水平。其次，在内容维度层面，关于学习内容通常被认为是对知识与技能的学习，伊列雷斯认为学习的内容还应包括一些更深远的内容，比如，如何批判性地理解我们周边的事物，如何认识自己等❶，这些项目应该在现代学徒制的学习内容中有所体现。最后，在动机维度层面，学徒在学习过程中通过自身的思考、行动和体验而获取知识，从本质来看，学徒的学习行为与其价值观、情绪、兴趣和意志等因素均有关系，而不受导师或者其他因素的影响❷。综上所述，克努兹·伊列雷斯的基本学习理论可以作为现代学徒制的基础学习理论。

二、缄默知识理论

缄默知识理论（Tacit Knowedge，又被翻译为默会知识或隐性知识）最早出现在英国著名的物理学家和思想家波兰尼（Polanyi）于1958年出版的 *The Study of Man*（《人的研究》）一书中。他指出："人类有两种知识。通常所说的知识是用书面文字或地图、数学公式来表述的，这只是知识的一种形式。还有一种知识是不能系统表述的，例如我们有关自己行为的某种知识。如果我们将前一种知识称为显性知识的话，那么我们就可以将后一种知识称为缄默知识。"❸缄默知识是一种只能意会不能言传的知识，如人际交往能力、对复杂事件精准判断能力等，且这种知识往往隐藏在社会、生产、生活之中，无法形成如课本一般的格式化知识，只能通过感受与实践习得。

现代学徒制作为一种通过校企合作的形式培养满足岗位需求的学生的人才培养模式，其核心部分是"师傅带徒弟"。师傅在传授技能过程中多采用动作示范的形式，而徒弟不可能把师傅教授的技艺一模一样地呈现出来，只能通过观察、模仿、联系吸收其要点，其中涉及很多无法用言语表达的地方，这便是缄默知识在现代学徒制中的体现。从波兰尼的

---

❶ 克努兹·伊列雷斯.我们如何学习：全视角学习理论 [M].北京：教育科学出版社，2014.
❷ 陈欣欣，陈文浩，王运锋.国际视野下现代学徒制学习过程研究 [J].职业教育研究，2020（11）：4-11.
❸ 杨新建.缄默知识观照下的课堂教学理想 [J].教学与管理，2012（24）：13-15.

缄默知识理论分析，现代学徒制不仅要检验学生对显性知识的应用，更要注重对学生缄默知识的培养。

因此，现代学徒制需要帮助学生构建系统的知识理论体系，即"显性知识＋缄默知识"的理论体系，借助师傅带徒弟的形式传授只可意会的缄默知识，实现知识点的形象化构建，而学生通过主观感受或模仿获得缄默知识，以解决以往理论与实际脱节、知识与能力分裂等问题。从此角度来看，现代学徒制的开展需要以缄默知识理论作为基础。但在实施中应该注意，要用"多对多"的师徒模式改变以往学徒制中的"一对一"模式，使学徒博众家之长，以便对缄默知识进行积累。

三、关键能力理论

"关键能力"首先在职教界被提出，是指除专业知识能力外，对个体职业生涯发展起到关键性作用的通用能力、知识运用能力、专业迁移能力、适应能力等。联合国教科文组织指出，职业培训不仅要为个体现有的工作做准备，还应培养个体适应未来转岗、变岗等新变化的能力。所以，"关键能力"强调从业者不仅需要掌握技能，还需要掌握随环境变化的关键知识技能。

2017年9月，中共中央办公厅、国务院办公厅印发了《关于深化教育体制机制改革的意见》，指出要注重培养支撑终身发展、适应时代要求的关键能力，强化学生的认知能力、合作能力、创新能力和职业能力等四个方面的关键能力 ❶。现代学徒制的目标是培养高质量技术技能人才，在现代学徒制的人才培养中融入关键能力的培养，有利于满足国家经济发展需求，让学生在未来的职业生涯发展中适应职业变化需求。

四、终身教育理论

1965年法国教育家保罗・朗格朗（Parl Lengrand）在联合国教科文组织主持召开的成人教育促进国际会议期间，提出要注重人的职后教育 ❷。随着发展，职后教育这一理念逐渐发展成为终身教育理论（Lifelong Education）。它包括正规教育、非正规教育两种，力求借助这两种教育逐步整合所有教育培训资源，为个人提供一个有组织的终身学习的机会。

终身教育理论建议教学资源共享，让学校为企业的工人提供继续教育服务，让企业协助学校进行人才培养，因此终身教育理论是现代学徒制的一个重要理论参考。现代学徒制要与社会经济发展相适应，学习内容不仅要着眼于日益精细的社会分工，还需考虑环境、社会间的发展关系，应随岗位需求的变化不断与时俱进，以有效延伸拓展岗位能力。终身教育理论作为现代学徒制的重要理论指导，提醒学习者在学习知识和技能时，还要考虑经济变化带来的新需求。

---

❶　中共中央办公厅，国务院办公厅印发《关于深化教育体制机制改革的意见》[EB/OL].（2017-09-24）[2022-05-16].http://www.Gov.cn/xinwen/2017-09/24/content_5227267.htm.

❷　蒲文静.现代学徒制下我国中职教师专业发展研究[D].成都：四川师范大学，2019：13.

五、情景学习理论

　　情境学习理论认为，学习是将专业的理论知识视为工具，在不断的实践中提高学习效果的过程。学习者通过不同的课堂微环境，与同学者、教授者之间的互动，可以更快地理解、掌握所学知识点，避免了理论灌输与具体实践脱节的弊端。这一理论是让·莱夫（Jean Lave）和爱丁纳·温格（Etienne Wenger）在1991年出版的《情境学习：合法的边缘性参与》中提出的。书中描述了与情境学习有关的三个概念：一是实践共同体，是指共同参与某项工作的人形成的群体，并且会有新人不断地加入；二是合法的边缘性参与，它的意思是新来的人首先要先从事一些无关紧要的边缘事务，在实践中不断锻炼，等技术熟练后才被允许参与一些核心工作；三是学徒制，是指新来的人要通过师傅带徒弟的方式向其他人学习技能与知识。书中还提到"学徒制学习在某种程度上就是合法的边缘性参与"❶。

　　现代学徒制的学习过程与情景理论学习是相符的。在现代学徒制人才培养过程中，学徒在企业师傅的指导下在企业真实的工作环境中进行技能学习和训练，学徒随着熟练度的提高，实现从"边缘工作者"到"充分参与者"的转变。

---

❶ 周宏伟.现代学徒制试点中若干重要问题的探讨[J].职业教育研究，2017（09）：72-77.

第三章
学徒制的国际探索

基于国际上现代学徒制取得的成效，本章主要从发展概况、核心要素、特点等方面对美国、德国、英国、日本、澳大利亚等几个国家的典型现代学徒制加以梳理分析，以期为中国特色现代学徒制创新发展提供借鉴。

第一节
美国学徒制

从美国的历史背景和形成过程来看，美国殖民地时期的教育主要是各宗主国教育模式的移植。学徒制的最初形态源于对英国传统学徒制的模仿。但是美国在过去的几十年中，不断将英国传统学徒制本土化发展，不断完善已有的学徒制模式，目前已经形成适应美国国情、特色鲜明的现代学徒制度。

一、美国学徒制概况

（一）美国学徒制的历史演变

美国现代学徒制经历了从借鉴到本土化的发展过程，下面从模仿时期、自主探索时期、独立发展时期三个阶段阐述美国学徒制的发展过程。

1.学徒制模仿时期

1607年英国人在沙比克海滩建立了北美的第一个永久性殖民地，此后的150年中欧洲多国在北美建立殖民地，大量人员涌入北美，其中包括各国的手工艺人，北美成为巨大的移民地区。在1619年，伦敦具有一定手工艺的青年人在英国签订学徒契约后来到美国农场工作，将英国最早的学徒制理念传入美国，自此，美国开始知道学徒制的培养模式。美国学徒制是从殖民地学徒制开始的，最初的运行模式是模仿母国学徒制训练模式，但是，美国不存在与母国（尤其是英国）相类似的行会或者手工艺组织，因此对学徒制培训模式进行了一定的修改。在修改后，这种培训模式在殖民地区广泛实行，成为美国殖民时期最重要的教育方式。美国殖民时期劳动力严重缺乏，英国本国在行会作用下，劳动力市场过剩，这就促成了英国本国的过剩劳动力以契约奴役的形式进入美国，以补充美国的劳动力缺乏，这种契约奴役被认为是当时的学徒制。

1775 年美国爆发了反抗大英帝国殖民统治的独立战争，1783 年独立战争结束，美国独立。美国独立后迎来了世界范围的工业革命，18 世纪末，美国的马萨诸塞州建立了第一家棉花加工厂，标志着美国产业革命的开始。在工业革命期间，工厂化机械生产迅速代替手工劳动，技术快速变革对技术工人提出新的要求，传统学徒制的劳动力培养方式无法满足机械化生产的需求。传统师徒关系也受到资本主义生产方式下劳资关系的挑战，学徒沦为廉价劳动力，严重违背学徒制培养的最初目标。自此，模仿时期的传统学徒制模式逐渐走向衰落。

2. 学徒制自主探索时期

18 世纪末至 19 世纪初，美国进入工业革命时期，大规模的机器生产代替手工业生产，传统手工业技能师傅无法满足机械化生产的需要，美国政府为了让年轻人学习就业所需的先进工业机器生产技能，开始致力于创办实践性技术学习的学校，以机械讲习所、手工劳动学校等为代表的技术培训类学校逐渐走上职业教育的舞台❶。这种新形式职业教育学校在美国的蓬勃发展，使美国开始摆脱"复制模式"的英国传统学徒制，进入美国学徒制的主动探索时期。

1861 年美国南北战争爆发，1865 年战争结束，美国经历了 4 年的惨烈内战，全美各州开始全力投入战后重建工作。在教育方面，美国政府扩大高等教育的规模，为解决制造业技术技能人才短缺问题，政府鼓励在公立学校开展职业教育。学校职业教育在政府的支持下逐渐繁荣，严重影响美国传统学徒制的发展，参与学徒制培训的人数明显下降。

但是在此期间，美国各州的学徒制没有停止发展，如威斯康星州在 1911 年第一个颁布了本州层面的学徒制法律。1929 年美国爆发经济危机，经济大萧条，工业一蹶不振。1933 年 6 月，时任美国总统的罗斯福签署了《国家工业复兴法》(*The National Industrial Recovery Act*)，该法案要求，美国行业协会与管理组织共同制定行业的规章制度，管理各行业的正常运行等❷，特别对建筑类等行业专门制定了一系列的学徒制规定，而这正是美国注册学徒制项目的最早萌芽❸。

3. 学徒制独立发展时期

1934 年美国成立学徒培训的联邦委员会，负责确定学徒制发展方向及发展计划。

---

❶ 关晶. 西方学徒制的历史演变及思考 [J]. 华东师范大学学报（教育科学版），2010（1）：10.

❷ 宋凯旋. 美国现代学徒制改革研究 [D]. 石家庄：河北师范大学，2020.

❸ 武炎吉. 美国：不断创新的注册学徒制 [J]. 上海教育，2016（14）：38-40.

1937 年制定《国家学徒制法案》（*The National Apprenticeship Act*），此法案所阐述的学徒制与传统的师傅带徒弟形式的学徒制有本质区别，它是一种重视政府干预、强调多主体参与学徒培训、实行工学结合的学徒培养模式[1]。在此法案的推动下，美国联邦政府和各州政府加大对学徒制培训的宣传和投入，使学徒制培训覆盖面不断扩大，成为美国各州培养劳动力的重要手段。美国学徒制培训覆盖全社会各个群体，包括退役士兵、妇女、辍学青少年、适龄青年和成年群体。美国联邦政府除定期拨款资助全国范围内的学徒制培训外，还建立学徒制服务网站、举办"学徒制周（apprenticeship week）"等活动[2]。

在该项法案的影响下，美国学徒制培训人数大幅度增加，1941 年参与培训人数为 760 人，1953 年参与培训人数为 50220 人，在此期间累计培训约 68 万人，同时学徒培训机构完成了 19 万余人的学徒注册。在大力宣传和推进学徒制的过程中，美国学徒制具有了广泛的社会基础，并形成了具有自身特色的新的学徒制度，新的学徒制度由非注册学徒制度转变为注册学徒制度，美国最具特色的学徒制度——注册学徒制度形成。

（二）美国现代学徒制的法律体系

欧洲殖民者将学徒制传入美国，同时将学徒制的法律制度引入美国殖民地时期学徒制的管理。最初引入的是 1562 年英国颁布的《工匠学徒法》和 1601 年颁布的《济贫法》。这一时期，师傅并没有给予徒弟应有的权利，反而普遍对徒弟虐待、剥削，将其当作廉价劳动力使用。因此，制定与美国相适应的相关法律，要求师傅教授学徒技艺十分必要。从 1642 年起美国政府针对学徒制职业技能培训颁布了相关法律，各年度的法律一览表见表 3-1。

表3-1　美国现代学徒制法律一览表

年份	颁布法律	法律规定
1642 年	《马萨诸塞教育法》	家长和师傅要对子女、儿童的教育负责，提供职业技能培训
1647 年	《老骗子撒旦法》	进一步强化学徒制规定
1933 年	《国家工业复兴法》	提出注册学徒制
1937 年	《国家学徒制法》	起草学徒制规章制度，建立学徒制最低标准
1990 年	《帕金斯职业和技术教育法》	明确规定联邦政府每年向州政府和地方培训计划拨款
1992 年	《妇女学徒制和非传统职业法案》	帮助妇女进入非传统职业岗位
1998 年	《劳动力投资法案》	建立一站式就业指导中心，辅助开展学徒制
2014 年	《劳动力创新和机会法案》	取代《劳动力投资法案》，作为联邦劳动力培训主要法案，承认注册学徒制带来新的岗位培训机会，加快区域经济的发展

---

[1]　彭跃刚，石伟平 . 美国现代学徒制的历史演变、运行机制及经验启示——以注册学徒制为例 [J]. 外国教育研究，2017（4）：103-114.

[2]　National Apprenticeship Week［DB/OL］.（2016-08-30）[2022-05-16]. https：//doleta.gov/oa/naw/.

美国在特朗普执政时期，以促进就业为施政重点。2017 年 6 月 15 日美国总统特朗普在白宫的罗斯福厅签署了关于企业可以自己制定实习期和工作计划的行政法案。其目的是大力推广学徒制，希望以此创造就业的同时，解决某些行业招工难的突出问题。一直以来，美国企业长期缺乏训练有素的技术人员，特别是建筑、农业、制造业、信息技术、医疗等多个行业，而实施学徒制的企业非常少。以 2016 年为例，在全美 1.46 亿个岗位中，只有 0.35% 是通过学徒制填补的。与此同时，完成学徒项目的人不足 5 万，其中包括军方人士 1.1 万人。通过学徒制填补就业空缺，尚有很长的路要走。应加大私营部门的参与度，并将此作为促进学徒制开展的最有效策略。据报道，学徒制已在美国全国采用，企业现在要向劳工部注册，并遵守政府指导原则。随着这一行政令的颁布，私人公司向劳工部注册时将有更多的灵活性，也更容易通过 ❶。

（三）美国现代学徒制的组织管理体系

美国现代学徒制组织采用联邦政府与州政府二级组织管理形式，如表 3-2 所示。

表3-2 美国现代学徒制组织管理机构表

性质	名称	职责
监督机构	劳工部（DOL）	监督注册学徒制系统；提供认证
咨询机构	学徒制咨询委员会（ACA）	提供决策咨询与建议；开发和促进学徒制；制定劳动标准；确定示范项目；协调注册学徒制系统各部门
管理与实施机构	学徒制事务局（SAA）	制订符合标准的学徒制计划、颁发结业证书，推广和技术援助；保护学徒安全与健康；保障培训质量
	劳工部学徒制办公室（OA）	负责没有设立学徒制事务局的州的上述管理与实施工作
实施与教学机构	社区学院	理论课程教学；提供进修的机会
	雇主	制订课程计划与培养方案；提供培训；支付工资；提供学杂费资助
辅助性机构	一站式就业指导中心	提供职业培训与就业咨询；协助州学徒制事务局工作的开展

1. 美国学徒制的联邦级组织管理

美国现代学徒制联邦级组织管理机构为美国劳工部（Department of Labor），由其负责管理和协调学徒制的相关事宜。美国劳工部设立的学徒制咨询委员会（The Advisory Committeeon Apprenticeship，ACA）是美国劳工部和学徒制度办公室的智库，专门负责提供与现代学徒制相关的决策咨询和建议，主要针对五个战略领域提供建议："一是制定和实施影响国家注册学徒制度的政策、立法和法规；二是扩大注册学徒制模式在能源和医疗保健等行业中的应用；三是更有效地与公共劳动力系统、教育机构和社区合作，将注册学

❶ 张帅 . 特朗普签署行政令 推广学徒制项目 [J]. 世界教育信息，2017，30（21）：74-75.

徒制作为有价值的高等教育证书；四是发展职业道路，为每个人带来好工作，为新员工和在职员工、年轻人、未充分利用的弱势群体带来持续就业；五是努力提高国家注册学徒制度的绩效、质量等，这将培养安全、健康和公平的优质工作场所。"❶

另外在联邦级组织管理中，美国劳工部的联邦法规对注册学徒制体系有具体规定。明确定义了注册学徒制系统中的学徒事务管理办公室、学徒制委员会、学徒协议等要素。如学徒制委员会，分为联盟委员会和非联盟委员会，联盟委员会是由数量相同的企业雇主代表和雇员代表组成的一个真正的谈判代理人集体，非联盟委员会则是单边雇主代表，并不是能真正谈判的集体组织。可以说，联邦级管理组织指引着美国学徒制的大方向，却又因地域的差异而各具地方特色❷。

2. 美国学徒制的州级组织管理

以联邦政府的顶层设计为基础，各州设立州级管理组织负责学徒制的具体实施工作，如学徒制的选择、行业学徒制标准的确定、培养方案和时间的确定、学徒制协议的签订等。同时制定州级学徒制相关法律以保证学徒制顺利运行，如界定学徒制相关组织职责、确定学徒个人权利和义务等。本书以俄亥俄州注册学徒制相关法律为例，详细介绍州级组织管理情况。

美国俄亥俄州制定关于注册学徒制的详细法律条款，该州法典明确州级组织机构为"州学徒制委员"，其主要职责为负责管理和指导俄亥俄州注册学徒制工作。关于学徒制注册、执行的具体工作如下：①委员会办公室负责制定有关注册学徒制的管理条例和规定；②执行委员会政策和联邦法规，并根据本州法典相关条例进一步制订有关注册学徒制计划；③负责颁发学徒制项目注册证书、学徒资格证书、学徒结业证书及临时证书；④在相关项目标准下，解决注册学徒协议各方之间仍存在争议的冲突和投诉事件；⑤通过向现有的赞助者和学徒提供技术援助，鼓励注册学徒制度中利益相关者之间的信息共享，最大限度地提高注册计划的有效性；⑥推进注册学徒制的设立、注册等并加深公众对注册学徒制益处的认识；⑦建立被认可的学徒培训计划和注册计划，相关合作单位协助注册学徒的准备工作；⑧可以与对本州注册项目感兴趣的其他州或联邦政府进行合作❷。

州法典对学徒制项目及学徒也做了详细的要求。学徒制项目方面，州法典明确学徒项目内容、学徒项目质量、学徒项目管理、学徒参与、学徒福利及学徒项目注册程序等。在学徒注册流程方面，从学徒选择、学徒注册到学徒协议的签订都有明确规定。如法典中规定，学徒如果直接向州学徒制委员会办公室提交协议，应当于双方签署协议之日登记，在协议文件合规的情况下，协议签署之日起 15 个工作日提交，如果未在规定时间内提交，应于州学徒制委员会办公室在文件上加盖核准印章之日登记❷。

---

❶　Advisory Committeeon Apprenticeship[EB/OL].（2016-08-18）[2022-05-16].https：//apprenticeshipusa.work forcegps.org/resources/2016/08/18/15/21/Advisory-Committee-on-Apprenticeship.

❷　宋凯旋．美国现代学徒制改革研究 [D]．石家庄：河北师范大学，2020.

二、美国现代学徒制的核心要素

(一)美国现代学徒制的参与主体

在美国现代学徒制的实施过程中,利益相关主体主要有三者——学徒、雇主企业和社区学院,只有各方主体在每个实施的具体环节中相互配合,才能达到学徒培训的目标。

第一,学徒。学徒是现代学徒制中最基本、最核心的要素,也是学徒制中的最大受益者。学徒的培育对象一般为年满 16 周岁的中学毕业青年,拥有一定的操作技能,特殊专业年龄要求 18 周岁以上;在注册学徒制中,部分学徒的培育者来自社会,如退伍士兵以及社会专业技术人员。学徒与雇主之间要签订注册学徒制协议,根据规定学徒完成理论与实践的学习。学徒学习期间不收取学费,雇主企业还要支付学徒相应的实习工资。学习结束后,需要通过结业考试才能发放结业证书。学徒的学习年限一般为 1 ~ 5 年不等。

第二,雇主企业。美国现代学徒制的项目主要由雇主企业、劳动管理组织和行业中心组织者承担,雇主企业是学徒培训的主要实施者,是技术技能人才的主要获得者。雇主企业登记、备案成为学徒制项目承担单位后,可以履行学徒签署的学徒制协议,负责学徒在企业的实践课程教授和指导。雇主企业还要与学校、机构合作,负责制订学徒在企业的培养方案和课程计划,为学徒分配相应领域的师傅。此外,学徒学习期间的工资、学杂费和教材费都由雇主企业承担。

第三,社区学院。社区学院是学徒理论学习的主要教育场所。社区学院与雇主企业合作实施学徒制项目,根据学徒制项目的培训需要,社区学院有专业领域教师进行理论课程教学。社区学院的课程一般安排在企业休息日❶,所提供的理论课程需要满足每名学徒每年至少 150 个小时的学习。在学徒获取结业证书后,如果学徒希望继续技术技能理论课程的学习,可以向社区学院提出申请继续学习的机会。

(二)美国现代学徒制的学徒培养

1. 学徒准入资格

在美国现代学徒制中,学徒的挑选方法需要经过地方学徒理事会办公室批准,以公平、一致的准入标准选择每一个学徒制项目的学徒,在国家指导性方针政策下,各州政府制定相应的地方规定,确保准学徒的权利和义务。本书以俄亥俄州准学徒筛选方法为例,详细介绍学徒准入的步骤。

俄亥俄州的准学徒筛选方法主要分为以下三步。第一步建立"人才库"。设定人才库资格标准,主要包括能力倾向测试、学业水平、与职业相关的健康考试及工作经验等。根据标准评估系统,对所有申请学徒制项目的人员进行评分,并说明每项标准的最低分数线,达到要求的申请者进入"人才库",未达到要求的取消入库资格。第二步面试。面试结果决定第二轮筛选结果,面试不合格者从候选名单中删除,面试合格者的面试分数将补

❶ BONA D. Registration of apprenticeship programs and the turnover of skilled trade employees[M]. Kalamazoo: Western Michigan University,1997.

充评估分数。第三步个人确定。通过前两步筛选的申请人会收到以挂号邮件发出的登记通知，申请人须在规定时间内按要求回复，未及时或未按要求回复的取消登记注册资格。通过以上筛选步骤，并收到登记通知的申请人必须在规定时间内通过单独的学徒协议进行注册，学徒理事会办公室对学徒进行登记，这样才正式具有学徒身份。

2. 工学结合模式

美国现代学徒制的工学结合模式是在专业技能培养方案和课程体系的要求下，将"课实一体"的课程理念、真实工作环境的实训培训理念，以及过程性评价与总结性评价贯穿始终的学徒制培养模式。

"课实一体"的课程理念。该理念是指在校企合作的基础上，打破学科体系，以产业岗位需求为基准，以行业企业工作过程为导向，重新整合课程内容，实现专业课程和实践工作培训相结合。

真实工作环境的实训培训理念。该理念是美国现代学徒制工学交替模式的主要特点，指在真实的工作岗位完成学徒制实践培训课程，在工作之余完成理论教学课程的学习，鼓励雇主企业积极参与学徒培训，提高学徒关于真实工作环境的适应性和技能性。

过程性评价与总结性评价。由于学习环境与课程体系都采用工学结合的模式，教学质量评价也需要在实践教学评价和理论教学评价之间不断转化，因此评价方式由单一的总结性评价转变为过程性与总结性评价相结合的方法，主要的评价标准是学徒是否达到专业教学计划目标，整个过程学校、企业和行业紧密结合。

3. 学徒认证标准

美国《国家学徒标准》是由美国国家学徒制委员会制定的国家级法律法规，用于指导地方学徒制联合委员会制定行业标准和学徒注册管理标准。本书以俄亥俄州哥伦布电气行业为例，说明学徒认证标准。

俄亥俄州哥伦布电气学徒培训联合委员会（Columbus Area Electrical Joint Apprentice and Training Committee）为了促进学徒培训体系的完善，根据《国家学徒标准》修订了《俄亥俄电气行业学徒标准》（the Local Apprenticeship and Training Standards for the Contracting Industry）。首先，阐述地方学徒制主管机构的组成及职责，明确由当地政府任命学徒制协调专员负责协调学徒培训计划相关事宜。其次，阐明电工学徒项目，明确规定进入该项目的学徒的最低资格。最后，阐述学徒制标准的必备内容，如学徒注册流程、学习实习时间、薪资、电工等级、结业考核等事项。另外需要说明的是，这一标准适用于俄亥俄州所有电气行业学徒培训系统。对于其他专业电工学徒培训项目，一般会有额外的补充标准以规定其他项目。

（三）美国现代学徒制的师资建设

1. 美国职业教育师资培养的专业标准

美国国家专业教学标准委员会（National Board for Professional Teaching Standards，NBPTS）于 1987 年成立，由教学经验丰富的优秀教师组建，是美国第一个对优秀教师进行认证的机构。NBPTS 致力于研究优秀教师的更高标准，在 1989 年发表了《什么是教师应该知道和能够做的》报告，在之后的研究中，此报告成为 NBPTS 开发教育标准的基础[1]。此报告提出教学的五大核心主张，并为美国 25 个领域的证书委员会提供了同行评议和评估的标准。本书以此为例，对美国学徒制教师资格培养的专业标准进行说明。NBPTS 的五大教学核心主张及具体内容见表 3-3。

表3-3 NBPTS五大教学核心主张及其具体内容[2]

核心主张	强调内容	具体内容
教师应当把自己奉献给学生和学生的学习	教师在教学过程中的地位和作用以及职业精神	要认识到学生的个体差异并相应调整策略； 要了解学生是如何发展和学习的； 要平等对待学生
教师们知道自己所教授的科目以及如何将这些科目教授给学生	强调教师本身的知识技能基础	要能够欣赏所教科目，了解本科目与其他科目的联系； 需掌握向学生传授知识的专业技能； 能够创造多种获取知识的途径
教师对帮助和指导学生学习负有责任	强调教师在教学过程中对学生的责任	需采用多种方式以达到教学目标； 支持学生在不同的情境和小组中进行学习； 要重视学生的参与； 定期评估学生的进步情况； 让学生参与到学习的过程中
教师要系统思考教育实践，并且要从中进行学习	教师是复杂教学情境中的主体，需要发挥主体作用	利用反馈和调研来改进自身教育实践并以此对学生的学习产生积极影响
教师是学习化社会的成员	强调合作在教学中发挥的作用	与其他专业人士合作以提高效率； 与学生家庭和当地社区进行合作

2. 美国职业教育师资培养的资格认证

美国职业教育教师可以在大学毕业后开始任教，但是需要获取职业教育教师资格证书，职业教育教师资格证书分为三个级别，一般为临时证书、专业证书和高级证书。证书的获取路径有两种，即传统路径与替代路径。传统路径指教师获得大学相关学士学位后，获取教师资格证书；替代路径指通过工作经验的积累获得教师资格证书。教师资格认证是由各州的教育部门负责，民间的一些相关机构也能进行教师资格认证，如 NBPTS 就是优秀职业教育教师资格认证的权威机构。本书以 NBPTS 为例，阐明美国职业教育教师资格认定的程序与要求。NBPTS 的整个认定流程包括档案袋审核与评估中心审核。其中档案袋审核包括三个部分：教学方法的多样化；教学实践与学习情境；高效且具有反思精神的实践者。表 3-4 为 NBPTS 关于职业教育教师档案袋审核的基本要求。档案袋审核完成后的下一步是评估中心审核，申请者需要完成总时长为 180 个小时的 6 个在线任务来展现自己对专业领域有着深刻的理解。

---

❶ 吴广宇.美国国家专业教学标准委员会（NBPTS）标准及启示 [J].理工高教研究，2006（02）：82-83.

❷ 丁倩文.英、美两国现代学徒制比较研究 [D].苏州：苏州大学，2020.

表3-4 NBPTS关于职业教育教师档案袋审核的基本要求❶

条目	具体要求
教学方法的多样化	选择两种与职业生涯和技术教育相关的评估方式； 用所选的评估方式去评价两名学生的学习情况； 提交一份书面报告来描述、分析和评估学生的学习情况，并对自己的教学实践进行反思
教学实践与学习情境	提交一份涵盖所有材料内容的简要概述； 提交两个 10～15 分钟的教学视频，需包含不同的教学单元、内容和策略； 针对每个教学视频均需提交一份分析和反思教学实践的评论
高效且具有反思精神的实践者	提供本学年一组学生学习情况的描述性材料，所挑选的小组可以是一个班，也可以是一起工作并有着相似特征的学生； 要能提供支撑材料并证明你与熟悉学生群体的人有过交流； 对收集到的学生学习情况的信息进行反思，思考如何更好地为未来的教学实践做出积极改变

3. 美国职业教育师资培养的课程设置

美国职业教育教师都需要经过一定的课程学习才能获取职业教育教师资格证书。职业教育教师的课程主要由大学和社区学院开设，如美国俄亥俄州立大学、明尼苏达大学、阿什兰大学都是知名的职业教育教师资格培养机构。本书以明尼苏达大学农业教育专业的传统路径课程和俄亥俄州立大学替代路径课程为例，说明美国职业教育教师资格培养的课程设置。

（1）传统路径课程设置。通过传统路径获取职业教育教师资格证书需要先获取相关专业的学士学位，在明尼苏达大学农业教育专业，想要获取学士学位需修满 120 个学分。学生毕业后要获取职业教育教师资格证书还需要从事农业相关工作，或者参加农业相关领域的教师培训。明尼苏达大学农业教育专业为学生提供的课程包括通识课程、专业课程和教育类课程三大类别，具体课程名称见表 3-5。

表3-5 美国明尼苏达大学农业教育专业课程❶

课程类别	课程名称
通识课程	物理与生物科学
	数学
	生物技术、人类与环境
	心理学导论
	技术与专业写作
	建筑施工技术
	公共演讲

❶ 丁倩文.英、美两国现代学徒制比较研究 [D].苏州：苏州大学，2020.

续表

课程类别	课程名称
专业课程	农业教育、传播与市场概论
	当前技术能力概况
	本专业的早期职业探索和实践经验
	农业教育：教学方法
	本专业高级写作
	动物科学
	应用经济学与农业经济
	食品科学
	自然资源
	植物学
	土壤学
教育类课程	教学与学习的应用技术
	儿童和青少年发展的教与学 I
	儿童和青少年发展的教与学 II
	学校和社会
	人际关系：学校和社会的应用技能
	英语学习者和学术语言
	特殊需求学生的教学
	农业教育
	教育实习

（2）替代路径课程设置。通过替代路径获取职业教育教师资格证书需要在具有专业工作经验积累的基础上参加教师资格相关培训。俄亥俄州立大学要求完成 24 个学分的学习，其中包括 4 个学分的夏季研讨会，20 个学分的春季和秋季需要完成的课程，其具体课程如表 3-6 所示。

表3-6 俄亥俄州立大学职业教育教师替代路径课程[1]

课程名称	具体内容
职业及技术实践 I	在具体教学情境中指导教学实践

---

[1] 丁倩文．英、美两国现代学徒制比较研究 [D].苏州：苏州大学，2020.

续表

课程名称	具体内容
职业及技术实践Ⅱ	在具体教学情境中指导教学实践
教师软件应用入门（或教师高级软件应用）	对计算机软件应用的基础理解与技能开发（或对计算机软件应用的高级理解与技能开发）
劳动力发展与教育基础	提供劳动力发展领域的经济、社会、心理、教育等方面的基础知识
职业技术教育中的工作本位学习	职业技术教育中基于工作本位学习项目的发展策略
职业技术教育教学方法	职业技术教育的教学理念，包括教学方法、教室及实验室管理方法
职业技术教育的课程教学与评估	研究职业技术教育中的课程和评估程序
职业技术教育的"顶点"	教师教学档案袋评价
新教师研讨会	培养职业技术教育新教师的基本认知和实践技能

（四）美国现代学徒制的保障体系

美国现代学徒制保障体系是由证书规范制度和行业认证机制来实现的。首先，证书规范制度。在美国已经建立了国家范围内认可的证书制度，这一制度对于统一学徒培养质量，建立学徒制保障体系起到了关键作用。为了保障美国注册学徒制的学徒培养质量，联邦学徒制办公室会制定学徒培训评价标准，依据培训标准的相关要求，对学徒进行相应的考核，各州对所有完成学徒培训计划的学徒进行登记，统一颁发证书，通过证书规范学徒培养质量[1]。

其次，行业认证机制。美国注册学徒制还通过行业资格认证制度来确保学徒培养质量，因此在学徒制评价中引入行业资格认证制度。例如，美国劳动部与国家金属研究所联合，与行业协会共同开发国家技能标准、特殊技能职业培训课程体系，为企业学徒提供行业资格认证保障。美国推行的"行业认可学徒计划"中明确提出实行行业认可的技能标准和证书认证，但是要求第三方对新规定的标准予以认定。第三方认证实体可以是符合条件的贸易集团、公司、教育机构、国家和地方政府、非营利组织、工会、联合劳动管理组织以及某一专业或行业的认证和认可机构[2]。"行业认可学徒计划"通过以上措施来确保打造高质量的学徒制。

目前，世界上很多国家和地区已经建立国家层面的学徒制资格框架。在美国，各州拥有较大自主权，联邦把教育工作的具体实施下放到各州，由各州集权领导。在联邦制度的背景下，美国虽然支持国家资格框架和相关保障机制的建设，但其资格框架的建立情况仍不容乐观[3]。

---

❶ 高羽.美国注册学徒制的历史演进、改革举措及启示 [J].中国职业技术教育，2018（21）：39-44.

❷ 贾文胜，何兴国.美国现代学徒制运行机制研究 [J].浙江社会学，2020（11）：149-154.

❸ 张伟远，段承贵.终身学习立交桥建构的国际发展和比较分析 [J].中国远程教育，2013（09）：9-15.

三、美国现代学徒制的特点

美国现代学徒制形式多样，其中注册学徒制是美国现代学徒制的典型代表。注册学徒制是在政府管理机构和多元参与方共同努力下形成的比较规范的学徒制，是一套完整的现代学徒制体系，其特点有以下几个方面。

（一）学徒制法制体系健全

美国是一个法制健全的国家，法律贯穿着政治、经济和教育的各个方面，美国注册学徒制也具有多项法律支持。从立法部门来看，美国是由联邦政府和州政府两级政府颁发注册学徒制相关法律。从立法内容来看，注册学徒制需要在政府相关管理部门登记备案，培训结束后颁发全国范围或州范围认可的证书，因此两级政府的法律规定更加具体，涉及参与学徒制的相关组织和个人的责任界定，同时对学徒制实施过程中的细节也进行详细规定，如制定学徒标准、培训内容和时间、签署培训协议等。从法律实施方面来看，联邦政府不直接干预注册学徒制的运行，主要采用资助拨款、培训补贴等方式对各州的法律实施进行监督。在联邦政府的学徒制法案中，明确规定资助项目、拨付经费标准、经费分配方式、经费使用方向及监督等内容，各州或者学校想得到资助就必须按照联邦政府的法律要求进行，并接受监督，最终联邦政府通过资助的方式实现教育立法的实施。

（二）学徒制组织管理完善

根据《国家学徒法》，美国学徒制由联邦政府与各州合作监督国家学徒制度的实施，并形成联邦政府和各州二级管理的形式，各个管理机构具有自己的责任和权利。以注册学徒制为例，美国劳工部学徒办公室与国家学徒机构一起负责登记注册符合联邦和州标准的学徒计划，向学徒颁发结业证书。各州建立国家办事处，直接在各州管理注册学徒制计划的报名、培训等具体工作。

（三）学徒制经费资助持续

美国注册学徒制经费的来源主要分为联邦政府和州政府相关部门的投入。2014 年 9 月，美国劳工部宣布为成长型产业提供 1000 万美元经费，支持其发展注册学徒制。为推行注册学徒制振兴计划，奥巴马政府拨款 1 亿美元促进建筑业和制造业的发展。2015 年，美国劳工部为 46 家公私合营企业提供学徒培训经费 1.75 亿美元，促使雇主、非营利组织、地方政府和教育机构扩大高质量的学徒制。经费的投入将用于注册学徒制的课程开发、规模的扩大；同时也为雇主、培训提供者及学徒提供相应的补贴及贷款。2018 年，特朗普政府投入 1.45 亿美元用于扩大学徒计划，提供了额外的 1.5 亿美元赠款机会，以扩大新兴领域学徒制的发展❶。2021 年拜登政府拨款 1 亿美元用于培训新项目所需员工，以支持州政府领导的学徒制扩展工作。在州政府层面，降低税收，补贴雇主投资学徒制费用，长期资助学徒等经费投入，鼓励注册学徒制发展。

---

❶ 孟通通. 美国注册学徒制研究 [D]，石家庄：河北师范大学，2019：21.

（四）学徒制整合社会资源

美国注册学徒制在多方参与开展学徒制方面的做法非常突出。平衡多方利益中起关键作用的是政府，政府综合运用行政和市场手段引导各方深入参与学徒制。首先，政府提供足够的资金支持。其次，政府提供学徒制所需要的配套服务，如协调参与方、实时跟进指导、及时解决问题等。最后，配置整合各种资源，为学徒制实施提供有利条件。

（五）学徒制评价标准和证书体系完善

在长期实践中美国现代学徒制形成了较为完善的评价标准和证书体系。评价标准主要以政府制定的政策和行业协会的要求为依据。美国注册学徒制证书体系是建立在科学职业分类基础之上的证书体系，学徒在注册学徒制培训结束，考核合格后，会获得国家和所在州范围内均认可的学徒制培训证书。因此注册学徒制主要在高科技产业和新兴产业中推行。

第二节
德国学徒制

德国是一个由 16 个州组成的联邦制国家，同时也是世界工业大国，历来有"工匠王国"的美誉，其制造业在全球更是占据重要地位。对于德国、瑞士、奥地利等德语系国家来说，现代学徒制是这些国家的典型制度代表，也是"市场引导型"学徒制的最典型代表。德国职业教育开始较早，现代学徒制在德国经历了非常漫长的发展过程，"双元制"在此过程中将学校、企业、政府等元素有机融合，逐渐发展形成了完善的教育体系。据统计，2014 年德国年轻人失业率为 7.7%，为欧盟国家中最低[1]。德国双元制有效地解决了青年人的失业问题，使德国经济得到飞速发展，被称为德国经济腾飞的"秘密武器"。为此，德国"双元制"一直以来都是各国推进学徒制建设的研究对象。

一、德国学徒制概况

（一）德国学徒制历史演变

德国职业教育是世界职业教育的典范，以"双元制（Duales System）"为特色的学徒制在德国职业教育中扮演着很重要的角色。"双元制"指的是学校和企业"双元"通过合作培养高技术人才的教育模式。"双元制"是德国经济社会发展和科技快速进步的产物，它是德国经过两百多年的探索研究，沉淀凝练出来的符合本国职业教育发展的一种教育体系。在德国，现代学徒制更被广泛欢迎的概念是"双元制"，现代学徒制只是对"双元

---

[1]　人民网．德国年轻人失业率全欧盟最低 [EB/OL]．（2015-08-16）[2022-05-16]. http：//world.people.com.cn/n/2015/0816/c157278-27468120.html.

制"的一个概述❶。追本溯源，德国"双元制"职业教育起源于中世纪早期的行会学徒制，经历了"萌芽—形成—发展"三个重要的阶段，才形成了如今这样备受推崇的教育模式。

1. 德国双元制溯源（12 世纪～ 19 世纪中期）

根据最早史料 1182 年的《科隆地区车旋工培训规章》记载，德国双元制职业教育模式可以追溯到中世纪的行会学徒制，并且该制度在当时得到盛行，联动手工业行会的兴起❷。12 ～ 13 世纪正是农村手工业与城市手工业交汇的时期，到 14 ～ 15 世纪，城市手工业达到鼎盛时期，家庭作坊便是当时手工业的主要组织形式。据史料记载，当时的德国已经建立了众多的行会，仅法兰克福、纽伦堡、里家、汉堡、吕贝克五个城市就有 566 个❸。直到 16 ～ 17 世纪，德国仍在沿袭行会制度这个传统。

中世纪时期，德国主要以手工劳动的形式进行商品生产，但商人和手工业者在生产、生活上的利益不同，难免会产生冲突，为了利益平衡，二者成立了一个互助合作的行会组织。在这之前，商人之间已联合成立了同业公会，称基尔特（Gilde）或汉萨（Hanse）。同业公会规定其成员遇到疾病、灾祸、经济困难等情况时，要相互帮助，并领导市民反对城市贵族的压迫，保护自身利益❹。11 世纪末，手工业者行会出现，其主要职责是保护成员利益，负责监督行会政策的执行。一般认为出现在 13 世纪的师傅带徒弟模式便是学徒制。这种师带徒模式在中世纪末达到鼎盛，是当时手工行业培养人才的重要途径，但其主要目的并非传授技能，而是通过学徒制控制生产规模，减少竞争。学徒制在当时是被手工业行会严格管理的，手工业行会主要通过制定章程或"案卷"对学徒资格、合同签订、师傅守则、学徒期限和满徒要求等进行管理❺。手工业行会中的从业者被严格地划分为"学徒—工匠—师傅"三级。一般学徒在 12 ～ 18 岁时开始跟着师傅学习手工艺技能，学徒期通常为四年，期满参加"满徒"考试，合格者被升为工匠。工匠要到其他师傅的手工作坊完成游历学习，结束后，通过师傅考核被授予师傅称号，才能获得独立开业的资格。

16 世纪开始，由于商路的转移，德国工商业开始衰退，行会力量逐渐被削弱，行会学徒制也进入衰败期。到 18 世纪，德国手工业行会对学徒培训的控制力已经非常薄弱，甚至出现了滥用学徒制的现象，进而引发了许多社会问题。为此，德国政府不得不出台各种规章法令对学徒制进行政策干预。进入 19 世纪后，德国政府一方面想鼓励自由经济发展，另一方面又不想舍弃手工业行会对经济的控制，因此出现在自由经济和保护主义之间的摇摆。直至 1869 年《北德意志联邦工商条例》的颁布最终确定了经营自由制，废除了学徒制中强制性的职业资格证书、书面学徒合同以及学徒费用和时间等规定，规定学徒合同是私人合同，只受到普通合同法的规范❺。

---

❶ 李安萍，陈若愚. 手段还是目的：现代学徒制的国际比较及启示 [J]. 中国职业技术教育，2019（03）：13-18.
❷ 石伟平. 比较职业技术教育 [M]. 上海：华东师范大学出版社，2001.
❸ 张海明. 德国双元制职业教育模式的福建本土化改革与提升研究 [M]. 福州：福建教育出版社，2019.
❹ 刘风彪. 借鉴德国"双元制"职业教育模式加速我国职业教育的改革与发展 [D]. 保定：河北大学，2004.
❺ 关晶. 职业教育现代学徒制的比较与借鉴 [M]. 长沙：湖南师范大学出版社，2016.

2. 德国双元制的萌芽（1869～1920年）

随着第一次工业革命的开始，德国进入工业化进程，缺乏理论指导的学徒制的狭隘性越发明显，已经不再适应德国工业发展的需求，从此德国开始探索适应工业发展的新型学徒制。在1878～1908年三十年里，德国通过了一系列的行业法案来保护小零售业和规范学徒制，如：1881年、1883年、1884年、1886年、1891年对《北德意志联邦工商条例》的修订；1890年通过的"小资格证书"规定，只有拥有"小资格证书"的企业主，即通过"师傅"考试，才能获得学徒培训的权利❶；1897年，《手工业者保护法》的颁布使处于低谷的学徒制得到重生；1908年再次修订手工业条例，从法律层面对手工业师傅资质提出更高要求，为德国"双元制"职业教育的"企业元"奠定了基础。

另一方面，学校教育也开始出现在学徒制中。1869年的《北德意志联邦工商条例》虽然放宽了对学徒制的要求，却规定未满18岁的学徒和工匠必须到进修学校接受职业教育补习。之后的德国也多次出台相关法律法规要求履行该项教育义务，比如1872年的《普通学校法》、1881年和1883年的《帝国工商条例》、1891～1901年的《帝国工商条例》修正案、1919年的《魏玛宪法》分别对接受进修学校义务教育的对象、师傅履行的义务、开设进修学校的条件、女性劳动者接受进修学校的义务、进修学校作为普及义务教育的主体等方面进行了规范。据统计，到1900年，德国的工业进修学校共有1070所，在校生已达15.29万人❷。至此，进修学校主要还是普通教育性质的，到1920年全国学校大会上将进修学校正式改名为"职业学校"，促使进修学校完成从普通教育到职业教育的转变，标志着企业培训与学校教育双轨并行的"双元制"雏形的基本形成❸。

3. 德国双元制的形成（1920～1969年）

在20世纪初，因为双元制的制度尚未确定、综合法案尚未形成、校企合作机制尚不清晰、手工业学徒制的影子尚未摆脱等，通常认为1920年的双元制只是一个起点。1920年～1969年，德国从法律制度、培训标准、培训方法等方面不断探索发展双元制。例如：1938年在国家义务教育法规中德国将职业技术教育正式规定为义务教育，并由国家出资进行职业教育的具体施行，这种义务式的职业教育为后来的职业技术教育发展奠定了良好基础❹；1937年德意志教育部制定统一的教学计划和1938年德国技术教育委员会与德国工作前线合作开发全德课程，使培训系统标准化、系统化。直至1969年，德国颁布了《职业教育法》，才真正意义从法律层面确立了双元制。经过近五十年的探索发展，德国双元制"从大工业前那种松散的、不统一的企业与学校独立发展逐步走向较现代化的和结构化明细、合理的发展阶段"❺。

❶ 李红琼. 德国"双元制"职教模式研究 [D]. 成都：四川师范大学，2009.
❷ 翟海魂. 发达国家职业技术教育历史演进 [M]. 上海：上海教育出版社，2008.
❸ 田晨. 德国双元制职业教育研究与分析 [J]. 管理工程师，2015，20（04）：60-63.
❹ 王涛. 德国职业教育的发展演变、特点及启示 [J]. 职业时空，2013，9（09）：10-12.
❺ 国家教委职业技术教育中心研究所. 历史与现状：德国双元制职业教育 [M]. 北京：经济科学出版社，1998.

4.德国双元制的发展（1969 年~至今）

20 世纪 70 年代后，德国的职业教育一度受到了冲击，主要原因是产业结构日益高级化之后，工人需要掌握更多知识及技能，而传统的职业教育是不能满足这些要求的。此背景下，德国双元制需要朝着合理化、科学化、规范化的方向发展。

进入 20 世纪 70 ~ 80 年代，德国教育委员会建议在"结构性教育计划"中引入基础职业培训年，并于 1972 年在一些州开始实施职业培训年活动。据统计 1973 ~ 1974 年，基础职业培训年共培训 1.25 万个学生，到 1983 ~ 1984 年增加到 10.35 万人❶。同期，联邦政府开始向跨企业中心提供资金，帮助企业开展培训。另一方面，联邦职业教育研究所于 1970 年成立，1972 年的《企业基本法》对企业管理委员会在职业教育中的权利与义务进行了详细描述，这些变革使德国双元制的相关单位职能划分越来越明确。1984 年，联邦议院决议通过了《职业培训促进法》，进一步明确了双元制的发展方向。

进入 20 世纪 90 年代，双元制在整个德国实施和推广。为了应对经济结构性变革所引发的职业教育趋势性的变革，德国又制定了新《职业教育法》，使德国双元制在制度及法制上更加完善。

进入 21 世纪，德国不断完善政策法规以保障双元制的顺利开展。如，2005 年德国颁布的《联邦职业教育法》进一步明确了德国职业教育的发展方向。另一方面，德国双元制的运行模式和培养方式不断优化。当前德国的双元制多采取的三年制，各地所设置的职业学校有近 9000 家，专业超过 300 个，几乎涵盖所有制作业的领域，比如说农产品加工、钻石打磨、木匠、钢琴制作、厨师甚至清洁工等❷。企业在德国的双元制职业教育体系中发挥主导性作用。德国政府每个月都会举办数十场针对学徒的招聘会，学生先在招聘会上同相关的企业签署好协议，协议签订后一边在学校学习理论知识，一边在企业实习。且学生在企业实习、实训的时间在其全部学习时间中的占比应 > 70%，而实习期间，企业会承担学生培训费用。企业还会按照学生工作量对其发放一定数额的工资薪酬。据统计，2019 年德国新签署的职业教育合同学习者的人数为 52.51 万人，人数比上年减少约 6300 人，减幅为 1.2%，双元制在读人数超过 130 万人。手工业、工业和贸易等领域相关职业新签署合同人数减少，而自由职业和公共服务领域新签署职业教育合同人数有所增加。有意愿接受职教的人数为 78.69 万人，双元制职教流入率（新签署职教合同人数与有意愿接受双元制职教人数之比）为 66.7%，略高于 2018 年（66.0%）。2018 年底，双元制职教新学习者（首次签署职业教育合同）人数为 49.03 万，占同龄人口 54.5%，连续两年上升，同时近年来高于德国高校新生同龄人口占比（45.6%），德国职业教育体系促进了年轻人就业。据报道，约有七成的双元制学生毕业后留用实习企业，实现了从职教到就业的无缝对接。

新冠肺炎疫情防控期间，为避免疫情扩散，德国大量展会被取消，但是学徒招聘会并没有停止，还是照常举办。双元制教学方式是以市场需求作为指引的，这种教学方式避免了学校教育同市场需求间的脱节问题。不可否认的是新冠肺炎疫情使德国职业培训的合同出现了一定量减少，对年轻人产生了重要影响，据德国工商联合会统计新冠防控期间在工商会登记的学徒新培训合同在数量上下降了 13.7%。且因对于流行病管控限制，学徒的工作

---

❶ 关晶 . 职业教育现代学徒制的比较与借鉴 [M]. 长沙：湖南师范大学出版社，2016.

❷ 李强 . 德国：从职教到就业无缝对接 [J]. 职业，2020（31）：6.

面试及实习也不能进行，很多离校生发现自己培训结束之后在职业开端面临着更多的困难。为解决这些问题，德国工商业联合会（Industrie-und Handelskammer，IHK）也给出了很多解决措施，如学徒制启动推迟的时间仅为 2～3 个月，以便让更多人可顺利接受职业培训。尽管这样，疫情防控期间参加职业培训的人数还是减少了约 10%，比 2008 年金融危机的时候状况还要糟糕。受疫情影响，德国手工业出现了 2.9 万空缺学徒工位置，德国手工业协会主席沃尔瑟弗为此呼吁要继续加大职业培训的力度，认为政府在此期间应给予企业更多过渡性的援助措施，比如说为少于十名员工的企业也提供 100% 复兴信贷银行即时贷款等。

（二）德国双元制发展背景

1. 德国教育体系

双元制的成功离不开德国整个教育体系的支持。德国的教育体系较为复杂（图 3-1）。目前，德国实行 12 年制的义务教育，将青少年应当接受的教育年限限定在 18 岁。德国义务教育的对象除了 6～18 岁的青少年以外还有双元制的学员，这里特别说明的是在双元制的学生中有一部分人的年龄超过了 18 岁。而整个教育系统通常分为四个阶段，即学前教育阶段、初等教育阶段、中等教育阶段、继续高等教育阶段。德国的分流制度贯穿整个教育阶段，学生在接受教育的过程中将面临不少于三次的学习阶段分流[1]。

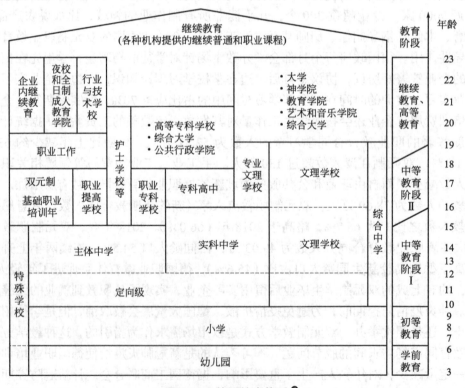

图 3-1　德国教育体系[2]

❶ 王璐. 德国"双元制"职业教育法律法规研究 [D]. 天津：天津大学，2009：5.

❷ 关晶. 西方学徒制研究 [D]. 上海：华东师范大学，2010.

（1）学前教育阶段：以 3 ～ 6 岁年龄段的儿童为受教育对象，这个阶段相当于我国的幼儿园阶段，没有规定的入学时间。

（2）初等教育阶段：以 6 ～ 10 岁的学生为受教育对象，这个阶段相当于我国的小学阶段。小学入学对尚未达到上学年龄的儿童来说是自愿的。目前，入学时间为 6 岁。除柏林和勃兰登堡州是六年制外，德国绝大多数联邦州与地区的小学学制均为四年制。在小学阶段的最后一年，学校会评估每位学生的核心科目成绩、学科表现以及综合表现，其中的核心科目主要包括德语、数学以及科学，学科表现则包括了学生的课堂参与度、自主学习能力、专注力以及全局性思考能力等，而课堂表现具体反映在学生能否友好与同学相处、公平待人、与人合作、助人为乐等 ❶。学校会根据综合评估为每位学生提供一份择校建议，学生父母则会依据择校建议为子女选择合适的中学就读。至此，学生进入第一阶段的分流。

（3）中等教育阶段：此阶段的教育又可以细分为中等教育阶段Ⅰ和中等教育阶段Ⅱ。

中等教育阶段Ⅰ：以 10 ～ 15 岁或者 10 ～ 16 岁的学生为受教育对象，此阶段相当于我国的初中阶段。在这个阶段学生将面临第一次分流，分别进入文理中学（Gymnasium，也被称为文法中学）、综合中学（Gesamtschule）、实科中学（Realschule）以及职业预科学校（Hauptschule，或普通中学，主体中学）。其中，文理中学以语言或者非职业性学习为主，在文理中学学习是进入高等院校的首选之路，其学制为八年，最后一年会设置毕业考试，合格者可以进入文理中学高年级就读，不合格者要另择校。综合中学是将文理中学、实科中学和职业预科学校综合于一体的一类学校，以"机会均等"为理念办学，学生毕业之后可以进入普通高等院校抑或选择实习工作，因其灵活性而受到家长和学生的喜欢。文理中学与综合中学属于学术教育型学校，其学生均有资格参加高考。实科中学主要衔接较高等学校与职业教育学校的过渡阶段，学制为六年，学生主要来自德国中产阶级家庭，往往成绩中等，这类毕业生的选择自由性很大，部分成绩优异的毕业生可以通过考试进入文理中学或者综合中学重新接受学术教育，部分学生则进入中等职业学校接受职业培训。职业预科学校接受的培训范围较实科中学窄，强调操作与动手训练，学制为五年，大多数是成绩较差、社会背景薄弱或德语为非母语的学生，此类学校在德国乡村较多，毕业后多接受双元制职业教育，完成学徒训练；在德国个别州特别重视这点，为此当地教育委员会决议通过开放职业预科学校与实科中学的转学制度，从而改变职业预科学校学生受教育的情况。实科中学与职业预科学校属于职业教育型学校，教授内容相对比较简单，在实科中学与职业预科学校拿到毕业证的学生可以进入中等职业学校学习，学生原则上没有以应届生身份参加高考的资格。根据德国联邦教育与科研部（BMBF）的数据，2019 年德国八年级学生按学校分布为：职业预科学校 9%，实科中学 18%，职业预科和实科混合制中学 13%，综合中学 22%，文理中学 38% ❷。

中等教育阶段Ⅱ：该阶段的受教育对象为以 15 ～ 18 岁或者 16 ～ 19 岁的学生，这个

❶ 侯隽 . 德国职业教育：从 meister 到企业高管的进阶之路 [J]. 中国经济周刊，2021（20）：28-29.

❷ BMBF. Bildung und Forschung in Zahlen 2021[R]. BMBF，2021：34.https：//www.datenportal.bmbf.de/portal/de/bildung_und_forschung_in_zahlen_2021.pdf.

阶段相当于我国的高中阶段。在完成中等教育阶段 I 后，学生迎来了第二次分流：一部分进入普通类高中，包括文理学校、专业文理学校和专科高中，毕业后可以直升大学；一部分进入职业类高中，包括"双元制"职业教育学校和职业专科学校等，职业类高中毕业后大部分学生可以选择直接就业 ❶。

（4）继续高等教育阶段：这个阶段包含了两部分，高等教育阶段和继续教育阶段。

一是高等教育阶段，这个阶段相当于我国的大学阶段，也是学生面临的第三次分流，即高中毕业后的分流。学生可以选择进入综合类大学（Universität，Uni，5 年），应用技术类大学（Fachhochschule，FH，也被称为高等专科学校，此类学校类似于国内的理工 / 科技大学，4～5 年），职业学院（Berufsakademien，3 年）。其中，综合类大学主要教授学生理论知识，重点培养学生的学术研究能力及创新能力，学生毕业后可以在这继续攻读硕士或者博士；应用技术类大学主要教授学生应用性强的课程，比如摄影、游戏设计、建筑和计算机，重点培养应用型人才，注重实习（实习次数有时可高达 5 次），学生经 4～5 年的专业学习，可取得高等专业学院毕业文凭（Diplom FH），这类学校一般是不设置博士点的，但应用技术大学毕业的学生可以申请综合性大学的博士课程，继续学习；职业学院则侧重培养学生的专业技能，主要通过州立学院和有职业教育资质的企业或社会事业机构的合作，为企业和社会事业机构提供符合要求的一线实践型、应用型人才，学生毕业时可获得"职业学院文凭（Diplom BA）"。在德国 97% 以上的学生会选择就读于前两类高等学校。但是，职业学院的毕业生平均年龄在 23 岁，综合类或者应用类大学的毕业生平均年龄在 29 岁，这就意味着职业学院的学生可以更早就业。此外，在这个阶段即便是接受了文理中学的高中毕业生也可以选择应用技术类大学或职业学院。

二是继续教育阶段，也被称为成人教育，主要有三类：普通与政治继续教育、职业继续教育和科学继续教育。其中，专科学校作为职业继续教育中最重要的一类学校，包含了技术员学校和师傅学校，其生源主要是"双元制"职业学校的毕业生（一般具有 2～5 年职业经验），以培养技术员或技师为目标，是一种高中后非高等教育机构 ❷。

德国教育体系的重要特点是多次分流，非"一选定终身"，成功地平衡了学术教育与职业教育，满足了社会发展对人才的需求。在德国的教育体系中，学生至少要经过三次分流：早期（小学毕业时），根据个人兴趣实现学术教育与普通教育的分流；中期（初中毕业时），可选择的方向多，但是也不会"一选定终身"；后期（高中阶段），可以根据实际情况，选择适合自己的大学，而大学阶段也有充分的选择空间。整个教育系统纵横贯通，学校的区分不僵化 ❸。

2. 德国职业教育体系

德国是当今世界公认的职业教育强国，每年大约有 2/3 的年轻人选择职业教育。德国职业教育成功的原因是德国的教育资源分配均匀，职业教育的社会认可度高，职业教育的

---

❶ 张海明. 德国双元制职业教育模式的福建本土化改革与提升研究 [M]. 福州：福建教育出版社，2019.

❷ 饶坤罗. 中外中等职业教育办学模式的比较研究 [D]. 杭州：浙江工业大学，2007.

❸ 沈智，刘强，盛晓春，等. 德国"双元制"职业教育模式剖析与借鉴 [J]. 江西科学，2021，39（03）：562-565.

学生可以享受免学费的福利，而且职业教育的学生和高等教育学生待遇差距小，互通式的职业教育体系使学生可以更换赛道。其特点主要有：①互通式的职业教育体系；②以企业为主体的运作方式，以培养实践技能为核心，以经济市场需求为导向。正因如此，德国的职业教育有效地促进了社会效益最大化❶。

德国拥有一个完整、系统的职业教育体系。2019 年颁布的新《职业教育法》（BBiG）中指出德国的职业教育包括职业预备教育、（传授完全职业资格的）职业教育、职业进修教育以及改行职业教育。职业预备教育是通过传授职业行动力所需的基本内容，使学习者进入针对国家认可的职业教育。职业教育针对不断变化的劳动环境，通过规范的教育向学生传授从事职业所必需的职业技能、知识和能力（职业行动力）。职业进修教育包括适应性进修和晋升性进修两种形式，其中，适应性进修是指通过进修保持和更新职业行动能力，晋升性进修指通过进修获得高级职业资格，实现晋升。改行职业教育是传授另一种职业能力的教育。

值得注意的是，在德国并非任意场合都满足职业教育学习场所的要求。在 2019 年修订的《职业教育法》将职业教育场所分为三类，详细描述如下：经济界的企业，经济界以外特别是公共服务、自由职业从业者的同类机构以及家庭（企业型职业教育）；在开展职业教育的学校（学校型职业教育）；学校型职业教育和企业型职业教育以外的职业教育机构（企业外职业教育）。在符合职业教育目标的前提下，职业教育部分学习可以在国外完成，但国外学习总时长不能超过职业教育条例要求的教育年限的 1/4❷。

另外，德国的《职业教育法》和《手工业条例》规定，经国家或者有关主管机构认可的教育职业需颁布相应的职业教育条例，以作为这一职业开展教学的标准❸。职业教育条例中应包含国家认可的教育职业名称、学制、职业教育内容最低要求、有关教育内容与时间安排的说明、考试要求等内容。同时，招收职业教育者需与学习者签订职业教育合同，保障职业教育的顺利开展。合同内容至少应包含：

① 职业教育的形式、内容和时间安排及职业教育目标，特别是教育应针对的职业活动；

② 职业教育的开始时间和教育过程持续时间；

③ 实践教育机构外的教育措施；

④ 每天的常规教育时间；

⑤ 试用期限；

⑥ 报酬支付与金额；

⑦ 休假时长；

⑧ 解除职业教育合同的条件；

⑨ 对适用于该职业教育关系的劳资合同、企业协议和公共服务协议的提示；

⑩ 填写书面或电子版的职业教育记录证明❷。

❶ 沈智，刘强，盛晓春，等.德国"双元制"职业教育模式剖析与借鉴 [J].江西科学，2021，39（03）：562-565.
❷ 刘立新，张凯.德国《职业教育法（BBiG）》——2019 年修订版 [J].中国职业技术教育，2020（04）：16-42.
❸ 王继平，尉淑敏.职业教育标准生成机制的国际比较及启示 [J].教育与职业，2021（06）：27-34.

近年来，随着经济的不断发展，"专业学士""专业硕士"等学位制度也被引入职业教育体系，不断完善学徒最低津贴标准和每年增幅标准，以平衡职业教育与高等教育的关系，提升职业教育的认可度❶。

（三）德国双元制开展现状

1. 双元制的开展模式

在德国，每年约有一半的职业教育学生选择双元制，剩余学生则进入全日制职业学校或者过渡系统参加职教培训❷。目前，德国双元制开设的职业近320种，根据职业不同，学制从2～3.5年不等，学生有约1/3的时间在学校接受理论学习，其余时间在企业或者跨企业培训中心学习实践技能。双元制典型的模式如图3-2所示。

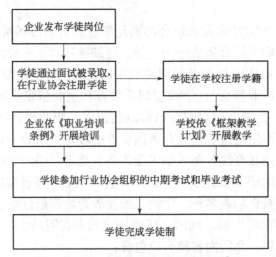

图3-2 德国双元制的典型模式 ❸

（1）入学标准。德国的中学毕业证书主要分为三类：一是高校入学资格证书（Abiturientern），即高级中学文凭；二是实科中学毕业证书（Realschula-bschluss或MitterlereReife），即中级中学文凭；三是职业（预科）中学毕业证（Hauptschulab-schluss），即低级中学文凭❹。二十世纪六七十年代，德国双元制培训对象主要是职业（预科）中学毕业生。后来因就业形势紧张，一些拥有高校入学资格证书或者是实科中学毕业证书的毕业生也进入双元制体系，从而提高了双元制的学徒的学历水平，也为双元制的顺利开展储备了人才。

参与双元制的企业每年都会根据自身需求制定学徒培养计划，并在各州劳动就业服务

❶ 张毅荣. 综述：德国"双元制"职业教育让学习和实践紧密结合 [Z/OL]. (2021-04-23). [2022-05-16]. http://www.xinhuanet.com/2021-04/23/c_1127365362.htm.

❷ 郭赫男. 德国双元制新观察：我们到底应该向它学什么？ [J]. 中国职业技术教育，2020（15）：57-62.

❸ 关晶. 职业教育现代学徒制的比较与借鉴 [M]. 长沙：湖南师范大学出版社，2016.

❹ 何杨勇. 德国双元制职业教育发展中的公平问题 [J]. 高等教育研究，2017，38（03）：104-109.

机构登记注册或通过互联网等渠道发布培训信息，为学徒提供岗位信息。有意愿参与双元制培训的学徒可以直接向公司或者职业服务机构的职业介绍中心申请学徒资格。企业以面试的形式考核学徒的从业能力，以判断学徒的思维能力、动手能力和表达能力是否适合双元制培训。通过面试的学徒，需要与企业签订《学徒培训合同》，主要包括培训的起止时间、培训计划的安排、试用期限、学徒的权利与义务、企业的责任及解除合同的条款等，劳动法对其有解释权，并在行业协会登记注册学徒。同时，学徒需要到企业指定的职业院校注册学籍，开启双元制的培训之路[1]。

（2）开展过程。企业作为双元制的实施主体，主要对学徒进行实践技能方面的培训。企业根据《职业培训条例》的相关条例开展培训，主要涉及培训专业的名称、培训期限、培训应达到的要求、培训大纲（培训的内容及安排）、考试规定等方面的内容[1]。企业的培训主要有三种方式：一是在实训工厂的技能训练，使学徒能够由浅到深、循序渐进地掌握职业技能；二是企业内的课堂教学，主要是讲解职业理论知识和一些能提高学徒综合能力的知识，比如外语；三是岗位培训，提高学徒的职业能力，使其深入了解企业情况。

在德国，少数大企业可以提供完整的学徒培训，一些中小型企业由于师资数量、设备等条件的限制无法完成学徒培训时，可以由几个企业联合提供培训，或者将部分培训内容转移至跨企业培训中心[1]。跨企业培训中心一般由行会管理。

职业学校则按照《框架教学计划》与企业配合开展教学，通常学校采用分散式教学，学徒每周 1 ～ 2 天在学校学习理论知识，3 ～ 4 天在企业学习实践技能。有时，学校也会配合企业，开展集中授课，有时候是几周甚至更长时间。

培训期间，学徒一共有三次参加考核的机会，一次预考，两次正式考试，分别是期中考试和毕业考试。通过考试后，可获得职业资格证书和毕业证，如果两次正式考核都没有通过，则终身不能重学同一职业[2]。通过考试的学徒可以进入培训企业或者去其他企业就业。

2. 双元制涵盖的职业领域

德国双元制的专业设置以职业分析为导向，又被称为"教育职业（Aushildungsberuf）"，并且针对不同的地区会开设不同的专业。"教育职业"是将一个或者多个相近的"社会职业"归类为一个职业群后的对应产物，是对"社会职业"的职业群所需知识与技能的一种概括与提炼[3]。

国家承认的教育职业目录的编写与发布是由联邦职教研究所（BBIB）负责。截止到2020 年，德国共有国家认可的培训职业 323 个[4]。从专业分布来看，德国双元制的专业划分更加精准和广泛。在 1978 年的职业基础教育年换算条例中，教育职业分布在经济与管

---

❶ 王宇东 . 德国双元制职业教育研究 [D]. 大连：辽宁师范大学，2010.
❷ 郭雪松，李胜祺 . 德国现代学徒制的制度建构与当代启示 [J]. 中国职业技术教育，2019（03）：30-36.
❸ 王惠莲 . 德国"双元制"职业教育专业设置的经验与启示 [J]. 教育与职业，2019（05）：86-92.
❹ BIBB.Datenreport zum Berufsbildungsbericht 2021[R]. Bonn：BIBB，2021.

理、机械技术、营养与家政、农业等 13 个领域❶。德国劳工局发布的年度职业信息手册显示，培训职业已被划分为 16 个领域和涵盖了上百个子职业领域，其中包括建筑工程、服务、生产与制造等❷。从专业数量来看，德国双元制专业数量逐渐减少。1950 年德国"教育职业"为 776 个，1971 年变为 606 个，1994 年减少为 370 个，2011 年双元制培训职业只有 344 个。近年来，德国双元制的培训职业数量有所下降（表 3-7）。在此过程中，不少专业被合并，还有一些不符合社会经济发展需求的传统专业被淘汰。与 2019 年相比，2020 年培训职业的数量从 324 个减少到 323 个，这是因为在调整过程中，媒体设计师、音像编辑等职业被合并为一个培训职业。

随着数字化时代的到来，德国双元制的培训职业也在不断更新。从联邦职业教育所的解释来看，新的"培训职业"分别指"新设置的培训职业"和"修订的培训职业"。其中，"新设置的培训职业"是指根据社会和经济技术发展需要，设置以前没有的培训职业，例如市场传播。"修订的培训职业"一是指修订了《职业教育条例》内容，改变了"培训职业"内涵，二是指既改变原有名称，又修订内容，三是在合并和撤销基础上形成新培训职业❸。2011～2020 年，共有 122 个职业进行了调整。十年间共更新 118 个职业，同时新增 4 个职业（表 3-8）。这种动态的调整保证了双元制专业设置的科学性和实用性。

表3-7 2011～2020年德国双元制培训职业数❹

年份	2011	2012	2013	2014	2015
职业总数/个	344	344	329	327	327
年份	2016	2017	2018	2019	2020
职业总数/个	326	326	325	324	323

表3-8 2011～2020年新增和更新培训职业数量❹　　　　　　　　单位：个

年份	新增职业数	更新职业数	总计
2011	1	15	16
2012	0	5	5
2013	2	12	14
2014	0	9	9
2015	0	17	17
2016	0	9	9

❶ 谢莉花，唐慧. 德国双元制职业教育专业设置探析——"教育职业"的分类、结构与标准 [J]. 现代教育管理，2018（03）：92-97.

❷ BA Bundesagentur fuer Arbeit. Beruf Aktuell——Lexikon der Ausbildungsberufe [Z/OL]（2021-04-30）[2022-05-16]. https：//www.arbeitsagentur.de/datei/dok_ba014834.pdf.

❸ 陈东. 德国职业教育《"培训职业"目录》特点及启示 [J]. 中国职业技术教育，2021（29）：48-53.

❹ BIBB. Datenreport zum Berufsbildungsbericht 2021[R]. Bonn：BIBB，2021.

续表

年份	新增职业数	更新职业数	总计
2017	0	12	12
2018	1	24	25
2019	0	4	4
2020	0	11	11
总计	4	118	122

　　根据不同的企业要求，培训职业内部进行了再次细分，主要有五种类型：单一型、带有方向型、带有重点型、带有可选模块型和带有拓展技能型。单一型指的是不需要再进行细分的职业，如机械制造、营销员。带有方向型指的是根据企业专门要求在某个培训职业内进行了细分，如信息技术分了应用开发和系统集成两个方向。带有重点型指的是根据企业特殊的工作情况，将相近的培训职业集中为一类，如机械制造、精密机械、模具制造、切削技术4个培训职业被归集为精密机械设备培训职业类。带有可选模块型是指根据职业要求，设有若干专业模块，如数字媒体和印刷媒体的设计有数字编辑、图像、与客户签订合同、音乐制作技术、媒体产品等67个技能模块供选择学习❶。带有拓展技能型是指多数情况下指没有被放入"带可选模块型"的内容。如表3-9所示，2011～2020年期间，每种培训职业都有所更新，通过这种细分，保持了培训的宽泛性和针对性，提高了双元制教学的适应性。

表3-9　不同结构的培训职业数量❷　　　　单位：个

年份	2011	2012	2013	2014	2015	2016	2017	2018	2019	2020
单一型	262	261	244	242	241	242	241	239	238	236
带有方向型	53	54	56	56	55	55	55	58	58	58
带有重点型	29	29	29	29	31	29	30	28	28	29
带可选模块型	25	26	26	27	27	27	27	26	26	27
带有拓展技能型	6	6	6	7	8	8	8	20	20	20
总计	344	344	329	327	327	326	326	325	324	323

　　同时，根据不同工作领域的要求，学习年限也有所不同，分为18个月、24个月、36个月和48个月四种类型。由图3-3可知，2011～2012年存在极少的18个月的培训职业，2012年后学习年限以36个月为主。设置不同学习年限提高了双元制的教学效率。

❶ 陈东.德国职业教育《"培训职业"目录》特点及启示[J].中国职业技术教育，2021（29）：48-53.
❷ BIBB. Datenreport zum Berufsbildungsbericht 2021[R]. Bonn：BIBB，2021.

图 3-3　2011～2020 年按培训时间划分的培训职业数量❶

3. 学徒注册与完成情况

德国联邦教研部部长安雅·卡利切克曾对媒体说："德国青年失业率之所以低，很大程度上得益于我们完善的高中阶段'双元制'职业教育体系。"❷ 双元制的优势在于企业积极参与，企业认为高素质、高技能的员工是企业在激烈的市场竞争中处于不败之地的核心竞争力，因此企业每年都会为学徒提供大量的学徒岗位，见表 3-10 和表 3-11。同时，每年都有大批学徒申请参与双元制，但受新冠肺炎疫情的影响，2020 年德国约有 46.7 万人新签订了"双元制"职业教育合同，比 2019 年减少 9.4%。

表3-10　2010～2020年企业提供学徒岗位数量和学徒申请岗位数量❶

年份	2010	2011	2012	2013	2014	2015	2016	2017	2018	2019	2020
企业提供的岗位数/个	579.858	599.868	585.333	564.261	561.651	563.838	563.832	572.274	589.068	578.175	527.433
学徒申请岗位数/个	640.416	641.796	627.378	613.284	604.590	603.198	600.876	603.510	610.032	598.758	545.721
供需比/%	90.5	93.5	93.3	92.0	92.9	93.5	93.8	94.8	96.6	96.6	96.6

表3-11　2002～2020年新增学徒合同数量❶

年份	2002	2003	2004	2005	2006	2007	2008	2009	2010	2011
新增学徒合同数/份	572.322	557.634	572.979	550.179	576.153	625.884	616.341	564.306	559.959	569.379

❶　BIBB. Datenreport zum Berufsbildungsbericht 2021[R]. Bonn：BIBB，2021.

❷　臧梦璐. 德国如何培养高素质产业工人 [J]. 光彩，2021（10）：26-27.

续表

年份	2012	2013	2014	2015	2016	2017	2018	2019	2020
新增学徒合同数／份	551.259	529.542	523.200	522.162	520.272	523.290	531.414	525.039	467.484

另一方面，德国青年失业率长年保持在 7% 以下，远低于欧盟 16.8% 的平均水平❶。根据德国斯塔蒂斯塔调查公司的数据显示，2020 年德国 15 ～ 25 岁年龄段群体的失业率为 5.6%，过去 10 年这一数据始终维持在 7% 以内，在欧盟国家中表现优异❷。应该说，德国"双元制"毕业生普遍拥有良好的职业前景。另据 2018 年的统计数据，约有七成的双元制学生毕业即被实习企业留用，实现从职教到就业的无缝对接❸。

二、德国双元制的核心要素

（一）德国双元制的组织构架

德国双元制拥有完整的组织机构和管理体系，依据"利益协调"的原则，在实践中逐渐形成了"教育部门主导、经济部门和劳动部门协同，地方和行会实施，科研机构支撑"的局面❹，如表 3-12 所示。

表3-12　德国双元制参与主体及主要职责

层面	主要部门	主要职责
联邦层面	联邦教育与研究部（BMBF，简称联邦教研部）	（1）联邦职业教育研究所的主管单位； （2）制定并颁布与职业培训、继续教育以及教师职业能力相关的法律法规； （3）执行企业职业教育促进法； （4）审批相关经济部门颁布的培训条例； （5）实施职业教育研究与改革项目； （6）投入对联邦职业教育研究的经费及对跨企业培训中心、地区行业协会的培训设施等提供帮助； （7）资助职业教育中表现优异的学生； （8）编写德国教育年报； （9）开展国际合作

---

❶ 董毅，顾莹.德国"双元制"职业教育模式的经验与借鉴 [J].科技经济市场，2019（08）：95-96.

❷ 张毅荣.综述：德国"双元制"职业教育让学习和实践紧密结合 [Z/OL].（2021-04-23）.[2022-05-16].http://www.xinhuanet.com/2021-04/23/c_1127365362.htm.

❸ 李强.德国：从职教到就业无缝对接 [J].职业，2020（31）：6.

❹ 廉迅，杨裕梅，谭燕泉，等.五年制高职教育发展现代学徒制培养模式的探索：基于德国"双元制"的思考 [J].教育现代化，2019，6（47）：9-10.

续表

层面	主要部门	主要职责
联邦层面	联邦职业教育研究所（BIBB，简称联邦职教所）	（1）参与职业教育条例及相关法规的制定； （2）制定并颁布国家承认的培训职业目录； （3）编制职业教育年报； （4）向联邦政府提供有关职业教育原则性问题的咨询建议； （5）实施促进跨企业职业教育机构的国家支持，支持这些教育机构的规划、建设和继续发展； （6）开展企业内职业教育实践的试验，提供经验； （7）改进职业教育教学技术； （8）承担远程教育保护法的确定任务，并不断完善与扩展远程职业教育的任务
	联邦经济与技术部（BMWI）	（1）认证国家认可的教育培训职业； （2）负责《职业培训条例》的制定与颁布
	联邦劳动与社会部（BMAS）	推动职业教育与继续教育的发展，包括职业咨询、职业指导及职业教育中介服务等，以确保德国职业技术技能人才在国际竞争中的优势
州层面	各州职业教育委员会	（1）向州政府提供与本州职业教育发展有关问题的意见； （2）推动学校职业教育与企业职业教育的合作； （3）改善区域职业教育与培训、就业条件等
	各州的教育与文化事务部	（1）制订供学校使用的《职业教育框架教学计划》； （2）监督与管理职业学校的教学与管理； （3）向职业学校提供经费支持
行业协会层面	行业协会	（1）认定企业资质，监督企业职业教育运行； （2）向培训师和学徒提供意见； （3）审查管理《职业教育合同》； （4）组织由雇主、雇员和职业学校教师构成的职业教师考试委员会，并实施结业考试； （5）修订审批教育期限； （6）建立专业决策机构； （7）调解仲裁教育纠纷； （8）制定颁布教育相关规章（如考试章程）； （9）根据学徒表现评定学分
研究机构层面	联邦职业教育研究所	（1）参与职业教育条例及相关法规的制定； （2）制定并颁布国家承认的培训职业目录； （3）编制职业教育年报； （4）向联邦政府提供有关职业教育原则性问题的咨询建议； （5）实施促进跨企业职业教育机构发展的国家政策，支持这些教育机构的规划、建设和继续发展； （6）开展企业内职业教育实践的试验，提供经验； （7）改进职业教育教学技术； （8）确定远程教育保护法，并不断完善与扩展远程职业教育的任务
	劳动市场与职业研究所（IAB）	研究劳动力市场与职业之间的需求关系，开展就业途径与就业保障的研究

层面	主要部门	主要职责
研究机构层面	各州研究所	开展有关本州经济发展对技术技能型人才需求的职业教育与培训研究
	大学研究所	研究大学职业教育与培训相关事宜
	职业教育研究共同体（AGBFN）	（1）建设职业教育研究数据库、文献库； （2）发表研究报告； （3）举办研究论坛
机构层面	企业	符合《联邦职业教育法》规定的职业教育资质标准且经过商会认证的企业才有资格开展企业培训
	职业学校	根据《联邦职业教育法》、州"职业学校框架教育计划"对双元制学徒开展教育教学活动

注：表格内容来源于对关晶《职业教育现代学徒制的比较与借鉴》和张海明《德国双元制职业教育模式的福建本土化改革与提升研究》的整理。

在联邦层面，主要的参与机构有：联邦教育与研究部、联邦职业教育研究所、联邦经济与技术部、联邦劳动与社会部。其中，联邦教育与研究部是德国教育的最高主管机构，是联邦职教所的主管单位，拥有政策最终决策权。在州层面，主要责任单位包括各州职业教育委员会和教育与文化事务部两个部门。在行业协会方面，德国"双元制"的行业协会，是衔接企业和职业学校的中立机构，具有支撑作用。在研究机构层面，主要机构有联邦职业教育研究所、劳动市场与职业研究所、各州研究所、大学研究所和职业教育研究共同体。企业和职业学校都是双元制开展的重要参与机构，其中以企业为主，学校为辅，两者直接提供双元制的有关教学和培训。在这种体系中，政府、学校、企业各司其职，相互协作，以保证双元制的高效运行。

（二）学徒培训协议

德国双元制学徒合同中明确规定了培训企业在学徒培训中承担的职责，并规定学徒签署合同应得到监护法庭许可，学徒应由父母共同来承担在监护上的职责等内容。具体合同包含的内容如下。

职业教育的期限：是对职业教育周期起止时间的规定，规定学徒培训期限，并对学徒提前完成培训的情况进行了规定，规定了后期合同延续的相关情况等。

职业教育的地点：合同中必须对除建筑工地、培训企业、生产组装线之外的其他学徒培养的场所进行明确规定。

甲方义务（企业及学校）：甲方在学徒培养期间需明确职业教育目标；对职业教育老师进行明确，明确是委托培训，还是属于企业自行提供；明确职业教育条例；明确所有的职业教育材料；学徒培养中对学徒在职业教育课程及地点外的教育活动进行督促；明确学徒培养后的书面职业教育证明；明确企业及学校在职业教育中各自的工作任务；明确其对学徒有照料的义务；需督促18岁以下学徒体检；明确注册申请；明确学徒培训中需组织期中考试，组织结业考试；合同中还要对在主要培训场所外进行的职业教育活动进行注明。

乙方义务（学徒）：学徒有学习的义务；有自觉遵守公司制度参与培训的义务；需按照规定参加职业学校的教育培训，参加培训考试，并参加合同所注明的培训活动；有按要求对机械、设备、工具妥善使用、保管的义务；培训中要保守商业及行业秘密；培训中需按照相关要求提交培训的书面记录；培训中需严格遵守缺勤请假制度；培训中还要遵从企业及学校的体检要求。

薪酬福利：合同中需对学徒培训中津贴的发放日期、数额进行明确规定；明确规定企业需要给学徒缴纳社会保险，并对学徒可能的加班进行规定；明确企业需为学徒提供居住、生活费等福利性保障；对培训场所之外的主要成本的承担方式进行明确；明确学徒工作服装的提供方，明确学徒培训中的穿戴；明确学徒离岗期间可带薪的相关情况。

合同终止条款：学徒试用期结束合同终止；对合同终止可成立的理由进行明确；对合同终止形式进行明确；对合同终止无效相关情况进行明确；明确企业如提前结束合同需给予赔偿；明确规定企业如破产将会失去职业教育的资格。

证书授予：学徒完成培训之后，企业应对学徒授予培训证书，并在证书上明确培训性质、获得的技能，及学徒在培训中获得的资格。

争端仲裁：合同中应明确出现相关争议应在提交劳动法庭判决前通过行会纠纷调停委员会调解，调解不成再仲裁处理。

合同执行地：多是学徒的培训场所。

合同其他条款。

在合同最后还要对合同份数进行注明，并标明培训企业在行会中注册的登记号；标明培训企业针对学徒培训考试所申请的考试登记；还需附上培训时间表及培训的大纲规划。

（三）德国双元制课程体系

双元制的课程体系以市场需求为导向，基于企业培训计划，融合学校教育，如图 3-4 所示。学生每周需要 1 ～ 1.5 天在学校接受德语、宗教、体育以及专业理论知识，以丰富理论知识；每周 3 ～ 4 天在企业生产车间进行实践操作培训，以提高动手能力❶。为了适应不断变化的社会环境，德国双元制也重视对学生自主学习能力的培养。学生除了学习特定的专业知识，还要掌握许多综合知识，例如德国汽车技术职业学校的两年制教学计划中（表 3-13），学生不但要学习与汽车技术有关的专业课程，还必须要学习德语、英语、数学、经济和社会学、经营心理学、企业管理课程，其中德语、英语、数学以及经济和社会学课程是将来进入应用技术大学（Fachhochschule）的必修课程，另外也可以选修质量和环境管理、项目管理以及职业和工作教育学等课程❷。

---

❶ 崔驰，陈新忠. 德国"双元制"职业教育产教融合的特点及启示 [J]. 继续教育研究，2021（08）：79-83.

❷ 陈钰. 德国"双元制"职业教育成功的关键因素分析 [J]. 成人教育，2019，39（10）：79-84.

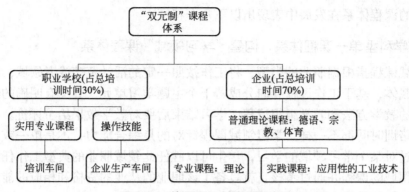

图 3-4　德国双元制的课程体系

表3-13　德国汽车技术职业学校两年制教学计划中的必修和选修课程

必修课程	周学时		选修课程	周学时	
	第一学年	第二学年		第一学年	第二学年
德语	2		能源产生和储存		3
英语	2	2	发电机		3
数学Ⅰ	5		电机和功率电子学		3
数学Ⅱ		2	汽车系统Ⅱ		3
经济和社会学	2		汽车轻质结构		3
经营心理学		2	制造和检验技术		3
物理	3		生产和制造		3
化学和材料学	3		汽车物理		3
设计Ⅰ	4		设计Ⅱ		3
信息学	2		新材料技术		3
电子技术	6		电力供应网络		3
汽车系统Ⅰ	4		汽车供电系统		3
电子学	2		电动汽车技术		2
控制技术		2	质量和环境管理		2
汽车通信系统		3	项目管理		2
机械零部件		2	项目工作		3
测量技术		3	专业英语		2
混合电动车		3	职业和工作教育学		2
企业管理		3			

双元制的课程体系在发展中表现出以下几个特征。

1.抛弃学科型单一课程体系，构建"学习领域"课程体系

学习领域课程指根据职业的类型，将工作按照一定的活动范畴或者领域，以职业典型工作任务为载体，基于工作过程导向分成若干个主题学习单元，其具有明确的学习目标和内容、确切的教学方法和教学组织流程，学习结束后要对教学效果给予评价。不同职业的学习领域和培训时间都不一样。学习领域课程针对的是综合能力，不是单一或者某一个专项能力。通过对某个学习领域的学习，学生可以胜任此领域职业的典型工作任务。学生学完所有学习领域的课程并通过考核，就具备了该职业的从业的资格和相应的能力，例如德国汽车机电一体化维修人员课程有 14 个学习领域。

2.重视过程导向，通过流程塑造质量

德国双元制的课程强调一个好的结果需要完美的过程来保障，学徒在学习过程中逐步养成良好的行为习惯，固化专业的操作行为，使技能操作规范化，将设备和工具保养严格按照日常点检要求保养到位，建立对待客户热情、友好的良好氛围。工作场地整洁，工具和零件摆放整齐、有序，在过程中不断磨炼，塑造高质量的学徒。

3.以典型工作任务为载体，强化技能培养

双元制的课程学习领域参考了实际工作过程，教学情境来源于工作现场，模拟工作流程，学习过程便是对工作流程的再现。借助典型工作任务，完成对一个职业活动的具体工作领域的复现。其中典型工作任务来源于实际工作过程中涉及的内容及组织方式，而任务完成中应用的方式方法及工作的最后结果则大多是开放性的，在工作任务完成后从业者职业能力会得到良好的发展。

（四）德国双元制的师资建设

德国在对教师培养上有很严格的要求。本科阶段，要求在 6 个学期内完成两门专业课，一门 30 学分的教育类课程；在研究生阶段，要求在 4 个学期内继续深入学习两门专业课与一门教育学课程，通过一次国家级考试才可获得硕士学历。随后进入两年的预备实习阶段，在经验丰富的教师的指导下完成少量授课，同时每年要在教师进修学院完成不少于 250 学时的培训，完成后需参加第 2 次国家级考试，以获取职业教师资格[1]。在所有课程的学习中，课堂讨论、项目展示、实习等会占很大的比重，以保障教师的专业与实践能力。

另一方面，德国双元制对教师有着严格的要求，职业学院的教师负责理论教学，通常拥有综合性大学的职业教育学院或应用大学的硕士学位和五年以上本专业工作经历，其中三年必须为企业工作经历；企业师傅负责实践教学，通常为教育技能合格者，并拥有五年以上的工作经历、没有犯罪前科等[2]。其次，德国设有专门的职业教育学院或者应用学院以为其培养人才，保障了双元制的师资队伍人才数量不断层。

❶　董毅，顾莹.德国"双元制"职业教育模式的经验与借鉴 [J].科技经济市场，2019（08）：95-96.
❷　孙中涛，赵芹.西方发达国家职业教育现代学徒制师资队伍的特点及启示 [J].柳州职业技术学院学报，2019，19（04）：42-46.

三、德国双元制的特点

（一）强有力的法律支撑

德国双元制的顺利发展离不开完善的立法。早在 1973 年，萨克森州对 15 ～ 18 岁的青年实施三年义务教育法令，这是第一个从法律层面承认职业教育的地区 ❶。1889 年颁布了企业学徒培训与职业教育相结合的《工业法典》。1969 年颁布了最基本的职业教育法令——《职业教育法》。之后，又相继颁布了《青年劳动保护法》《手工业条例》《企业基本法》《培训员资格条例》《职业教育促进法》《实训教师资格条例》等，这些相关法律法规都明确规定了企业在职业教育中的责任与义务，企业如不履行相应的责任和义务都被定为违法。1981 年 12 月，联邦政府相继颁布了《职业教育促进法》，补充和完善了《职业教育法》，首次将职业教育法与职业培训需求相结合。根据社会发展变化，德国政府不断调整政策，以保证双元制教育始终适应市场需求。至今，德国已形成了一套较为完善的职业教育法律体系，为德国职业教育发展保驾护航。

（二）健全的机制保障

德国双元制成功发展的重要法宝之一是拥有健全的机制作为保障。目前，德国双元制已形成了政府、企业、学徒共担的投资成本共担制度。其中企业为现代学徒制的一个主要投资主体，企业需要承担企业培训人员的培训经费，承担培训管理费用，承担学徒补贴、社会保险费等。还有一些产业部门成立专门的教育总基金，将基金用于部门进行现代学徒制培训的成本支出，企业各自负责自身学徒的培训投资。州政府及联邦政府作为投资成本的承担者，两者对职业教育的资助方式主要有直接承担和间接承担两种方式。直接承担是指政府直接为职业教育提供资金，用于学校设施设备、教师工资等项目。间接承担是指政府给予企业一些优惠政策，比如说企业雇佣了一个一年以上未找到培训公司的学徒，政府会给予 6000 欧元财政补贴 ❷。

在学徒培训过程中，学徒可以通过获得低工资的方式承担部分培训成本。如表 3-14，尽管当时学徒培训期每年的工资薪酬是逐年提高的，但是同行业内员工对比，他们的工资还是比较低的，且前三年学徒期时，学徒的工资也没有高于非技术人员。

表3-14 学徒与非技术人员工资比较表❷

人员		无工资 /%	4马克以下 /%	4～7马克 /%	7～10 马克 /%	10～15 马克 /%	超过 15 马克 /%
学徒	第一年	3.0	49.6	36.2	8.2	2.3	0.7
	第二年	2.3	26.5	39.2	24.4	5.9	1.7

❶ 崔驰，陈新忠.德国"双元制"职业教育产教融合的特点及启示 [J].继续教育研究，2021（08）：79-83.

❷ 凯瑟琳·西伦.制度是如何演化的：德国、英国、美国和日本的技能政治经济学 [M].上海：上海人民出版社，2010.

续表

人员		无工资 /%	4 马克以下 /%	4～7 马克 /%	7～10 马克 /%	10～15 马克 /%	超过 15 马克 /%
学徒	第三年	2.3	13.1	33.4	29.9	16.4	4.9
	第四年	1.6	6.9	32.1	36.1	16.9	7.4
	学徒期满	0.6	0.6	4.8	15.6	43.8	35.1
非技术人员		3.2	8.2	20.8	22.9	29.8	15.1

注：表中为 1992 年数据。

此外，多方参与也是德国双元制的一个主要治理制度，参与方不仅有教育部门，也有经济部门，呈三层双元的特征，如图 3-5 所示。德国的政府、企业，还有社会组织等多方利益相关主体都有较高的参与热情，各参与方参照《职业教育条例》明确分工，在健全的沟通协调机制下，企业短期需求通过协调可顺利满足，且能确保现代学徒制最终实现教育目标及经济目标，让公共部门及私人部门两者利益达到一个相对均衡的状态。

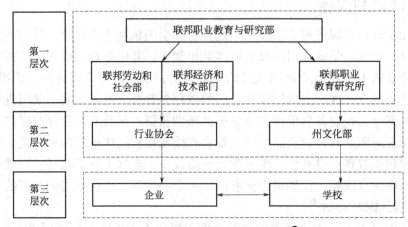

图 3-5　多元治理的结构示意图 ❶

对德国双元制来说集体谈判制度为其形成、发展的社会政治基础。集体谈判制度促进德国规范劳资关系，对企业良性竞争及员工利益进行了保障，也维护了德国劳动力市场的良好竞争性秩序，确保了劳资市场的稳定。集体谈判制度的形成得益于工会及雇主协会的介入。工会是德国现代学徒制历史演化中的重要介入力量，同各行会、企业等不同的利益团体间进行博弈，并为学徒及技术工人争取最大的利益。工会会同雇主就学徒培训数量、工资酬薪、培训期限、培训中企业的权利义务等方面进行协商，维护学徒工的切身利益是他们的一项重要责任。尽管雇主行会属于自治性的一类组织，但是在德国具有较高的行业权威性，在德国劳动力市场管制过程中也是具有准公共性的权力的。由工会还有行业协会等建立的集体谈判制度是受德国法律保障的，他们作出的谈判在德国不仅具备法律上的效力，且谈判给出的明确法律框架也有高度的规范性。集体谈判制度可以说是德国市场经济

❶ 多淑杰. 德国现代学徒制演变及形成的制度基础 [J]. 职业教育研究，2017（02）：71-74.

发展中的合理性的民主管理方式，此制度通过集体协商劳资、参与经济决策等方式，不仅使学徒及员工间工资差距有效缩小，还最大限度避免了企业间的恶性竞争，从而促进了学徒制向现代化方面的转型。

（三）注重理论和实践的结合

德国职业教育以实践为主。在国家教学框架计划和州教学大纲的指导下，企业和学校的教学不是杂乱无章的，企业和学校会根据教学大纲细化企业培养大纲和教学计划。学徒在企业先进行实践，获取感性认识，再回到学校进行理论学习，深化理性认识。学习的时间分配灵活多样。有按天分配的，如一周三天或三天半在企业实习，一天或者一天半回职业院校进行理论学习。在第一年，学徒主要学习公共基础课程，课程门类多，为了做好理论与实践的顺利衔接，保障学生记忆的连续性，往往理论和实践的交替频次高。也有按周分配的，如两周在企业实习，一周回职业学校进行理论学习。还有按月分配的，如两个月在企业，一个月在学校。学生入学两年到三年，要参与企业的大项目，为了保障学生对项目的全过程参与，会让学生从头至尾进行学习和实践；在高年级阶段，会让学生参加企业的大型生产项目，往往按照两个月在学校学习，四个月在企业实习的形式进行。

（四）以职业能力为导向的培训模式

德国双元制教育模式强调按市场需求引导学徒培养。曾经德国年轻人很喜欢经济专业，使得工程学院的生源出现了明显不足，造成了德国工程师短缺。之所以出现这种情况不是因为没有学生对工程专业进行报考，而是报考的学生数学基础及成绩普遍不好，不能顺利通过组织的考试。为解决这一问题德国一些大公司专门开发了数学学习的普及性软件，用以帮助学生更好地学习数学知识，学生可通过此软件对数学进行针对性学习。德国政府还采取了很多政策措施吸引学生学习工程专业，比如说选择一天作为每年的工程日，向民众广泛宣传工程专业。

双元制教育模式在学徒培养中重视的是学徒实践的过程，重视的是对学徒能力的培养及工作方法的训练。在此模式下，学生培训中所接触到的都是当前企业正在应用的设备及生产技术，而培训的内容也是在企业工作现场进行的，学徒培训针对性更强，目的也更为明确。就如有人所比喻的那样，德国双元制下培养的学生，上午毕业，下午就可以在企业岗位上轻松应对。双元制教育针对的是学生就业能力的培养。

（五）社会认同度高

德国双元制的成功离不开德国高度的社会认可，而高度的社会认可与其历来崇尚手工、尊重技能的悠久历史文化是密不可分的。根据德国劳动市场与职业研究所（IAB）的调查，除了医生等少数职业需要高学历，技术工人尤其是技术能手拥有可观且稳定的收入，绝大多数拥有职业进修资历的人其收入与拥有本科学历的从业者平均月收入差距并不大，如表 3-15 所示 ❶。

---

❶ 陈钰 . 德国"双元制"职业教育成功的关键因素分析 [J]. 成人教育，2019，39（10）：79-84.

表3-15 不同学历不同职业部门从业者（年龄31~34岁）的平均月收入[1]

单位：欧元

职业部门	平均月收入		
	职业进修资历	本科学历	硕士学历
土地、森林和园艺	2479	2752	2990
制造	3200	3099	3459
建筑	3126	3204	3374
餐饮	2455	2437	2729
医疗	2544	2912	4708
社会和文化服务	2814	2815	3335
零售	3673	3823	4365
企业管理	3744	3731	4292
信息技术	3699	3820	4230
交通和物流	3067	3087	3733

注：表中为德国劳动市场与研究所2014年的统计数据。

此外，通过"小学—中学—高中—大学"的教育路径与通过"小学—实科学校或职业预科学校—职业教育学校—大学"教育路径的人，二者的收入差距不大，失业率也都较小（表3-16）。根据2021年数据统计，取得毕业证书的学徒比没有接受培训的人平均（年）收入多143000欧元，受过高级技工培训的毕业生比一般性的学徒工的平均年收入多129000欧元，应用技术大学毕业的学生比高级技工培训的毕业生的平均年收入还要多267000欧元，综合性大学毕业的学生要比应用技术大学毕业的学生平均年收入还要多387000欧元[2]。

表3-16 德国不同学历人群的失业率[2]

各个学历人群	失业率/%
通过第一教育路径取得应用科学大学学历	2.6
通过第一教育路径取得综合大学学历	2.5
通过第二教育路径取得应用科学大学学历	2.4
通过第二教育路径取得综合大学学历	3.0

注：表中为德国联邦统计局2021年的统计数据。

德国职业教育是从小就为孩子们确定了职业方向的。比如说德国学生小学毕业之后就

[1] 陈钰.德国"双元制"职业教育成功的关键因素分析 [J].成人教育，2019，39（10）：79-84.

[2] 崔驰，陈新忠.德国"双元制"职业教育产教融合的特点及启示 [J].继续教育研究，2021（08）：79-83.

会面临三个方向的选择。第一个选择就是中学毕业之后就参加工作，这种选择又可分为两种去向：一种为在中学经过学徒技能培训后直接工作；还有一种就是中学毕业之后继续专科学习，在专科学习之后再就业。第二个选择则是上大学。可见德国从小就对学生普及了职业规划意识，且中学时就明确了职业方向。这些都表明，德国职业教育拥有较高的社会认同度，进而推动了德国双元制的发展。

第三节
英国学徒制

受西方人文主义文化思想的影响，英国文化以理性和科学为核心，重视个人发展，具有自由和自律的文化精神。同时受古典人文主义思想的影响，科学分为高雅和技艺两类；相应的教育也分为下层生产劳动者的技艺类教育，上层贵族的文雅教育。因此在英国职业教育领域，英国人不太重视系统理论知识的教学，更注重经验式、技艺式的教学内容。在传统思想的影响下，英国职业教育成为培养生产劳动者的主要渠道，受到社会的认可，但是社会认可度不高。

英国学徒制职业教育有效缓解了英国经济社会发展较为缓慢的问题，同时英国政府不断对学徒制进行改革和调整。到20世纪90年代，英国政府推出新型学徒制模式——现代学徒制，更加适应英国社会对人才的需求，同时大大提高了劳动者的素质和技能水平，这成为继德国双元制职业教育改革之后又一成功的学徒制改革案例。

一、英国学徒制概况

（一）英国学徒制的历史演变

英国学徒制产生于中世纪手工业繁荣时期，对促进经济发展起着不可或缺的作用。从中世纪开始到新世纪初期，英国学徒制发展经历了行会学徒时期、立法学徒时期、工会学徒时期和现代学徒时期等几个历史阶段，但发展历程也不是一帆风顺的。

1.行会学徒时期

大约在12世纪初，英国手工业迅速发展，手工业者和工商业者为了垄断生产、扩大利润，开始成立具有垄断性质的行会，那个时期的手工业行会力量强大，甚至超出国界。手工业的兴起迫使行会要培养合格从业者完成生产工作，学徒制成为唯一可以选择的培养方式。与此同时行会的迅速膨胀使同一行业内部出现许多细分行会，为了控制行业内部的竞争，明确要通过学徒制培养才能获得劳动者。另外在当时的英国，获得公民权的途径只有三种，世袭、购买、学徒制，这大大促进了学徒制的快速发展。

行会学徒时期的学徒制是按照行会章程中的规定实施的，手工业行会将从业者分为学徒、工匠、师傅三个级别，只有师傅可以单独从业，学徒、工匠都不能独立开展行业内工作。学徒的学习年限为5～9年不等；学徒需要向师傅支付学费并订立契约、完成登记才能开始学习；学习期间师傅会视情况给予少量报酬或者生活用品、食物；学徒学习期结束后，要接受行会的考查，通过行会的考查可以升级为工匠继续在师傅家中帮工，只有在制作出行业内认可的作品后才能升级为师傅，独立开展行业内工作。

2. 立法学徒时期

15世纪的都铎王朝时期，随着商品经济和社会化大生产的发展，英国的工商业迅速发展，手工工场出现，分工日益细化，资本主义经济开始萌芽。为了扩大生产和提高收益，行业师傅脱离行会向自由雇主身份转化，行会学徒制中的"师徒"关系演变为"雇佣"关系，行会学徒制度遭到了破坏，开始走向衰落。与此时期，英国社会动荡不安，师徒纠纷频发、农民起义四起，为了缓解社会矛盾，解决师徒纠纷，1563年英国颁布《工匠学徒法》，这标志着学徒制的立法与管理由国家接手。

《工匠学徒法》明确规定了学徒的身份、资格、学习时间、从业年龄及师傅的义务。但是此项法案并没有得到真正的落实。直到1601年《济贫法》发布，才真正落实了《工匠学徒法》中的各项规定，同时教区学徒制产生，为孤儿、流浪儿提供了学习技能的机会。这两个法案是英国学徒制历史上的重要法案，标志着英国学徒制进入了立法时期。18世纪60年代英国工业革命开始，劳动力出现短缺。1814年英国废止《工匠学徒法》，国家对学徒制管理与监督减弱，学徒沦为廉价劳动力，学徒制的作用和地位不复存在。

3. 工会学徒时期

1814年《工匠学徒法》的废止标志着立法学徒制时期的彻底结束，但是英国的学徒制在各行业中仍然存在，只是不再受法律的约束，变为师傅、学徒及监护人之间自由签订合同或者协议。在18世纪末，英国的劳工组织发展起来，逐渐在行业内形成工会组织，从1827年第一个工会组织成立到19世纪末，全英国成立了近100个工会组织。在这个时期，由工会组织规范和控制学徒制，主要在学徒数量和学徒权益上有所规定，但是仍然延续了原有的服务期限、年龄限制、职业划分等规定。为了保护儿童，1901年英国第三次颁布《工厂法》，规定童工的最低年龄限制为12岁，并且12～15岁的儿童只允许部分时间工作。这些儿童多为学徒，所颁布的法案中没有包含学徒能够参与职业教育学习的内容，学徒的教育仍然处于"唯师傅教授"阶段。

工会学徒时期是英国学徒制最薄弱的时期，缺少正规法案的支持，缺少正规技能要求，缺少统一学成考试环节。这一阶段的学徒制培训多为特定的企业或者岗位培训，所培训的技能只是为了成为熟练工而进行的。但是在工会学徒时期，学徒数量是最多的，主要的学徒存在于中小企业，但企业倾向于将学徒作为廉价劳动力使用。

4. 现代学徒时期

1945年第二次世界大战结束，英国作为战胜国与苏联、美国等国家均开始着手恢复本国经济。但是由于当时英国学徒制的衰落，国内技术工人长期处于严重缺乏状态，英国的经济已经与其他发达国家有了相当大的差距，英国政局开始感到忧虑不安。1962年在英国的《产业培训白皮书》中明确指出，阻碍英国战后经济恢复的重要原因就是长期缺乏熟练的劳动力。二十世纪六七十年代舒尔茨的"人力资本理论"开始流行，人力资本理论的核心理念是探究投资教育对经济发展的促进作用。1964年英国政府颁布《产业训练法》，这标志着英国学徒制重新由政府直接干预。之后，英国成立建筑、造船和工程三个产业培训委员会，以加强教育界和产业界之间的联系，专注于培养行业人才。同时，英国着手建立具有高等教育性质的技术学院，与行业联合开设高级技术课程，以满足行业对高技术人才的需求。

20世纪70年代英国政府开始将教育"市场化"的理念应用于英国教育，出台了政府削减教育经费、促进教育与产业紧密联系、增进教育与产业价值互认等政策。同时受终身教育思想的影响，英国民众越来越接受成人教育和继续教育，英国政府抓住时机开发一系列新的学徒制项目，如表3-17所示。

表3-17　20世纪70年代以后英国政府提出的学徒制项目、措施

序号	年份	学徒制项目、措施
1	1993年	面向16～17岁年轻人进行现代学徒制试点项目
2	1994年	在农业、工商管理、园艺等14个行业进行现代学徒制试点项目
3	1995年	现代学徒制试点扩展到54个行业
4	1999年	现代学徒制试点扩展到83个行业
5	2000年	成立学习与技能委员会，颁布《学习与技能法》
6	2009年	颁布《2020年宏伟目标：世界一流技能和工作》工作报告

20世纪80年代之后，英国现代学徒制得到英国年轻人的认可和青睐，英国现代学徒制的规模和范围不断扩大，整体呈现复兴的趋势。并且在成人教育和继续教育的发展下国家对于终身教育理论的认知更为全面，为后续现代学徒制改革发展奠定了坚实基础。

（二）英国学徒制的发展背景

1. 制度背景

英国在19世纪70年代中期出现经济大萧条，同时国际市场竞争激烈，英国政府意识到职业技术人才的缺乏是国内市场经济发展受限的一大问题，因此采取一系列发展职业教育的措施，如设立职业教育管理机构、制定相关法律等。

为加强政府、教育部门、产业部门之间的沟通合作，促进学徒制职业教育的发展，在1962～1973年期间，英国政府颁布了《产业培训白皮书》《产业训练法》（*Industrial Training Act*）以及《就业与培训法》（*Employment and Training Act*），从此政府开始重新管理和控制学徒制。政府开始推行一系列促进学徒制发展的计划，如青年机会计划（Youth Opportunity Program）、统一职业准备计划（United Vocational Preparation）。但在当时社会，项目式、计划式的改革方式并没有从根本上解决学徒制培养质量不高的问题，学徒制的参与人数仍然逐年下滑。到1993年英国启动现代学徒制（Modern Apprenticeship，

简称 MA）计划，在随后 5 年的运行过程中，不断扩大职业领域，并在培训层次上开发了高级学徒制（Advanced Modern Apprenticeship，简称 AMA），这一计划推动了英国职业教育与培训体系的振兴。

英国政府从 2000 年开始加大对学徒制的改革力度，如推行对应职业资格框架二级的学徒制项目；2003 ～ 2005 年将职业技术证书引入学徒制[1]；2008 年发布《学徒制战略发展报告》，提出要通过立法来明确学徒制的法律地位[2]；同年，英国政府专门为学徒制的运行和开发成立国家学徒制服务中心（National Apprenticeships Service，简称 NAS）。2009 年底首次颁布《学徒制、技能、儿童与学习法案》，标志着英国学徒制立法新时代的到来。

2011 年 12 月，英国商业、创新与技能部发布《新的挑战，新的机遇》（New Challenges，New Chances），明确提出要为学徒提供进步机会[3]。2012 年 9 月，英国 NAS 发布了《满足雇主的需求——本硕层次高等学徒制的咨询》，为学徒和雇主提供咨询与服务。2014 年 6 月，英国政府提出要大力增加学徒培训岗位，计划到 2014 年底要增加约 200 万个学徒培训岗位，以为更多的人提供学徒制培训机会。据英国官方数据显示，这一目标在 2014 年 12 月初就已实现。另外，在经费方面，英国政府也切实加大了对学徒制培训的投入，据 2013 年英国政府报告显示，政府为新高等学徒制提供 4000 万英镑的补助[4]。

2. 英国教育体系

英国的教育体系非常完善也相当复杂，英国的教育大致可分为五个阶段：5 岁以下为学龄前教育；5 ～ 11 岁为初等教育；11 ～ 16 岁为中等教育；16 ～ 18 岁为中等教育毕业生分流期，含有高等教育预科阶段、青年职业培训项目、继续教育；18 岁以上为高等教育。根据《教育改革法》规定，5 ～ 16 岁为义务教育阶段，这个阶段的青少年必须接受法定的教育。义务教育阶段中的中等教育阶段是英国教育体系中选择最多的一个阶段，初等教育毕业生参加 11 岁考试后，根据考试成绩分别进入文法中学、综合中学、现代中学、技术中学、城市技术学院。文法中学为纯学术性课程学习的学校，其他中学均在不同程度上提供职业教育课程。16 ～ 18 岁是中等教育阶段的延续教育，是为进入高等教育或者就业而进行的基础学习、准备阶段，通常称此阶段为第三级教育阶段。此后学生还可以进入大学、高等教育学院、继续教育学院完成高等教育的学习。具体如图 3-6 所示。

在教育行政管理方面，英国在中央政府设立教育部门，基层设立地方教育当局，实施偏向分权的中央与地方合作制，是一种互相制约的权利运行机制[5]。中央教育部门主要负

❶ 匡瑛 . 近距离看英国的学徒制 [J]. 江苏教育，2012：18-20.

❷ DCSF&DIUS. World Class Apprenticeships：Unlocking Talent，Building Skills for All[R].London：DCSF&DIUS，2008.

❸ Department for Business Innovation&Skills Progression of Apprentices to Higher Education[R].London：BIS，2013.

❹ Autumn Statement2013[EB/OL].（2013-12-05）[2022-05-16]. https：//www.gov.uk/government/topical-events/autumn-statement-2013.

❺ 吴景松 . 政府职能转变视野中的公共教育治理范式研究 [D]. 上海：华东师范大学，2008.

责全国教育宏观控制，如制定教育政策、法令。地方教育当局负责学校教育的具体实施工作，如教师聘用和管理、地方学校设置等。在职业教育领域，英国中央教育部门十分重视学徒制的发展，从中央层面将学徒制体系与国家职业资格制度相结合，以规范学徒制的培训、考核工作。

23								高等教育或继续教育
22								
21	大学	高等教育学院		继续教育学院				
20								
19								
18		第六学级或第六级学院		第三级学院			城市技术学院	中等教育
17								
16	公学	文法中学			现代中学	技术中学		
15			综合中学					
14								
13								
12								义务教育阶段
11	预备学校	初级学校						初等教育
10								
9								
8								
7								
6								
5	私立幼儿	幼儿学校						
年龄	私立	公立						教育阶段

图 3-6　英国教育体系

3. 英国现代学徒制体系

英国的学徒制体系是与英国国家职业资格制度（NVQ）紧密结合的。20 世纪 80 年代英国职业教育改革，改革中完成了国家职业资格制度的建立，这一制度于 1986 年建成，在经过多次改革、调整后，目前形成了 NVQ 的 8 个等级（表 3-18）。同时国家职业资格制度的各个层级与学术教育的各个层级相对应，形成横向融通的人才培养网络。

表3-18　英国国家职业资格（NVQ）框架

职业资格等级	对应学术教育层级	能力要求	岗位类型
NVQ8	博士学位	持有者为特定领域的首席专家或职业人，可开发新方法，拓展或更新现有知识或职业工作	专家、高层管理
NVQ7	硕士学位	持有者掌握专家层次的职业知识，具备创新地解决复杂和不可预测问题的能力，能够应对各种处境	中高层管理
NVQ6	学士学位	持有者具备特定工作或学习领域中专家级的高层次知识，能利用自己独到的见解研究处理复杂问题并掌握高层次职业知识	高级工程师

续表

职业资格等级	对应学术教育层级	能力要求	岗位类型
NVQ5	高等教育国家文凭	持有者具备高水平的知识、丰富的工作经验及管理和培训他人的能力，可应对复杂的问题和处境，提出解决问题的办法	工程师
NVQ4	高等教育证书	持有者具备从事某领域工作的专门技能，能对高层次的信息及知识进行详细分析和解读，可从事技术和职业工作或管理及培训开发工作	技术工人
NVQ3	普通教育高级水平	持有者掌握专业的知识及技能，可进入大学继续学习或独立承担工作，以及在特定领域指导和培训他人	技术工人
NVQ2	中等教育普通证书A-C等	持有者具备较强领会知识的能力，可掌握与许多工作相关的专业知识或技能，能在指导和督促下完成各种任务	
NVQ1	中等教育普通证书D-G等	持有者具备基本的常识和技能，能在指导和督促下学习，所学内容与日常活动或工作有关并涉及一些工作技能	学徒

依据英国国家职业资格制度，英国政府在 2013 年将英国现代学徒制的结构确定为 7 个层次，每一级学徒制都与国家职业资格制度紧密结合，并且每一层次与 NVQ 之间存在一定的对应关系，如图 3-7 所示。

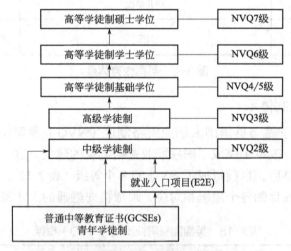

图 3-7　英国学徒制与国家职业资格对应图

自 1994 年以来，英国学徒制持续改革，学徒制体系不断调整。当前英国现代学徒制分为三级，面向 16 岁以上的所有人。中级学徒制——对应 NVQ2 级；高级学徒制——对应 NVQ3 级；高等学徒制——对应 NVQ4 级及以上。2017 年英国政府开始实行学位学徒制计划，高等学徒制中包含了高等学徒制基础学位、高等学徒制学士学位、高等学徒制硕士学位三个等级，分别对应 NVQ4/5 级、NVQ6 级、NVQ7 级，目前英国现代学徒制最高学历层次已经达到硕士学位。

近年来，英国现代学徒制所涵盖的领域在逐年增加，截至 2021 年所涵盖的领域已经增加到 13 大领域：农业、园艺和动物护理；艺术、媒体和出版业；商业、行政和法律；建筑、规划和建成环境；教育和培训；工程与制造技术；卫生、公共服务和护理；历史、哲学和神学；资讯及通信科技；休闲、旅游和旅游业；零售商业企业；科学和数学；社会科学。每个大领域包含若干子领域，每个子领域又包含若干职业岗位。

（三）英国学徒制的法律法规

一般认为，11 世纪手工业行会的繁荣发展使学徒制培训趋向于规范，13 世纪中期出现"学徒制"一词。14、15 世纪行会下的学徒制发展到鼎盛时期，该时期的学徒制度是在行会的完全控制下制定并实施的。英国正式意义上的国家层面的学徒制法律是 1563 年颁布的《工匠学徒法》，这部法律对学徒培养的年限、师傅可带学徒的数量等都进行了明确规定。1601 年英国还颁布了《济贫法》，这部法律对贫困儿童如何参与学徒培训进行了详细规定。《工匠学徒法》及《济贫法》两部法律从国家层面对学徒制进行了规定，也标志着英国现代学徒制正式拥有了立法。第一次工业革命时期，英国现代学徒制的学徒培训从手工艺培训转变为教授现代机器技术知识及生产技能。随着各种高效率机器的出现，学徒也逐渐沦为少数人控制之下的最为廉价的劳动力。1802 年英国颁布了《学徒健康与道德法》，此部法律主要对学徒在工厂需接受的相关的学徒培训的内容及责任进行了规定，还规定了学徒每天的工作时长，这部法律可看作英国工厂立法的一个开端。而机器出现、生产方式转化，对英国的传统学徒制也造成了极大的冲击，促使了此制度逐渐走向衰落。

第二次世界大战后，世界各国推崇经济复兴，提倡大力发展经济，但此时英国在工业产量方面的增长率同德国、日本等国家比较存在明显劣势。为此英国再次重视职业教育在经济发展中的促进作用，1962 年颁布的《产业训练白皮书》对学徒培训方式进行了改革，采取职业学校教育及企业培训两者有机结合的学徒培训方式。1964 年又颁布了《产业培训法》，此法明确规定现代学徒培养中的系列规则，比如企业在现代学徒制发展中需要承担的学徒培训方面的义务，规定了就业者要在接受培训后方能就业。这部法律的颁布标志着英国政府开始对学徒制进行了重新管理。1973 年英国政府依据《产业培训法》颁布了《就业与训练法》。

1993 年 11 月，英国为了提高国际竞争力，促进本国经济增长和提高国民职业能力与素质，开始实施现代学徒制。2000 年成立了英国国家学徒制服务中心，颁布了《学习与技能法》。2009 年的《学徒制草案》和《学徒制、技能、儿童与学习法案》等法律逐渐使英国现代学徒制规范化，培养体系日益完善。英国政府相继颁发的一系列学徒制培训的相关法律，见表 3-19。

表3-19　英国学徒制的相关法律

时间	主要法律法规	主要内容
1563 年	《工匠学徒法》1814 年被废除	规定学徒年限为 7 年；限定了做学徒与雇佣学徒的条件资格；规定了每个师傅可带徒弟的数量

续表

时间	主要法律法规	主要内容
1964 年	《产业培训法》各种企业培训的主要法律依据	规定产业培训的质量和数量；规定工业部门必须承担工人培训的法律义务；所有就业者都需要接受培训；确保产业界和教育界之间的沟通、合作与管理；成立产业委员会负责产业培训的机制与拨款
1973 年	《就业与训练法》	设立"人力服务委员会"，该委员会负责促进就业和培训事业的发展，对学徒制及各种企业培训进行干预；要求企业增加职业教育投资
2000 年	《学习与技能法》	每个 16～19 岁的青年必须接受教育与培训；鼓励雇主参与青年的教育与培训；规定培训形式要多样化
2009 年	《学徒制草案》	详细规定了学徒制证书、框架、标准、学徒协议等
2009 年	《学徒制、技能、儿童与学习法案》	规定了学徒制的管理以及雇佣双方的权责关系；是一部比较完善的学徒制管理法案

注：资料根据英国职业教育法律官方网站整理所得。

二、英国现代学徒制的核心要素

（一）英国现代学徒制的培训框架

1. 英国现代学徒制培训的基本要素

2005 年英国学习与技能委员会联合企业共同开发了学徒制教学培训框架，该框架是依据国家职业标准制定的，涵盖了学徒制的所有法定要求，是培训机构综合企业和学徒两方面的需求为他们量身定制的，适用于学校、雇主和培训机构，主要包括三大基本要素。

能力本位要素：学徒技能、能力方面的要素，通常由行业技能委员会和相关行业机构以及企业来确定能力本位要素，由行业技能委员会和资格与课程署合作负责评估，其测试依据是英国国家职业资格（NVQ）的相关标准。

知识本位要素：知识要素是最为基本的要素，主要包括学徒理论知识的学习。学徒从学徒制升级至高级学徒制或高等教育需要一定的知识要素作为基础。知识要素是通过技术证书的形式进行评估的。

关键技能要素：又称核心技能或可迁移技能，学徒的每一级别都对应相应的关键技能。关键技能包括信息通信技术、数字应用、与他人合作、交流、学习与业绩的自我提高以及问题解决等六类，是有关升学、就业、个人发展的基本技能。

另外，有些学徒制项目的教学培训框架包含有关雇员的权利和义务的要素。雇员的权利和义务包括工作者的权利和责任、在各大行业内本职业所起的作用、公共法律和政策对行业的影响、安全学习者概念的作用。雇员的权利和义务这一要素可通过技术证书或就职计划的一部分来实施。

2014年英国政府发布了第一个由学徒制雇主设计的新学徒制标准，这就使现有的国家级学徒制教学培训框架有被新的学徒制标准取代的可能。对于新的学徒制标准，国家政府高层予以支持，但是为了保证新标准的严格性，政府设置了学徒制的基本标准，所有新的学徒制标准应该达到政府制定的基本标准才能够进一步开发制定。

2.英国现代学徒制的培训课程体系

英国现代学徒制的培训课程体系需要保障学徒的职业能力和自身素质的提升，其培训目的是使学徒掌握自我学习能力、可持续发展的能力以及解决新问题的能力。课程体系主要包括三类课程，关键技能课程、国家职业资格课程、技术证书课程。

（1）关键技能课程。关键技能是学习者实现持续发展的重要动力，主要包括交流能力、数字应用、信息技术、问题解决、学习和业绩的自我提高和与他人合作六大方面。关键技能课程是对关键技能的培训，对学习者的学习起到关键支持性作用。

（2）国家职业资格（NVQ）课程。NVQ课程依据国家职业资格标准开发，以工作能力的培养为目标，主要关注职业能力和职业素质的训练和提高。NVQ课程根据NVQ等级也有所分类，涉及国家职业资格的多个领域和行业，为学徒的职业能力和职业素质的训练和提高提供培训。

（3）技术证书课程。英国现代学徒制向14～16岁的青年提供义务教育之后的技术资格证书课程。技术证书课程主要分布在会计、法律、农业园艺、动物饲养、艺术媒体、出版、商业管理等十几个行业领域，是学习者学习某专业工作岗位的知识和技能的良好途径。同时针对青年而言，技术证书课程有助于其职业生涯的良好发展。

（二）英国现代学徒制的师资标准

1.英国职业教育教师的专业标准

2021年英国成立教育与培训基金会，重新修订继续教育教师专业标准，2021年4月公布《教师和教育培训者的专业标准》，此标准突出了职业教育教师的核心专业素养，即要求教师不仅是教学专家还要是行业专家。该标准详细规定了职业教师的三个专业层次维度，即为专业价值观和品质、专业知识与理解、专业技能，并针对各个维度规定了此维度的二级要求指标，合计20条二级能力标准，详细内容见表3-20。

表3-20　英国职业教育教师专业标准要求

序号	专业层次维度	维度要求数量	维度要求详情
1	专业价值观和品质	6条要求	（1）反思有效的教学和培训，以满足不同学员学习需求； （2）评估和挑战自己的实践价值观和信念； （3）通过热情和知识，鼓励、激发学员产生学习的愿望； （4）创造性地选择和适应教学策略，以帮助学员学习； （5）珍视并促进社会和文化的多样性、时机均等的包容性； （6）与同事和学员建立积极的合作关系

续表

序号	专业层次维度	维度要求数量	维度要求详情
2	专业知识与理解	6条要求	（1）维护和更新自身的学科知识和职业领域知识； （2）维护和更新自己的教育研究知识，以开展基于研究的实践； （3）利用研究或其他证据，在教学、学习和评估中应用理论去进行有效实践； （4）评估自己和同事的实践，并评价其对学习的影响； （5）管理和促进学员的积极学习行为； （6）了解教学、专业角色及自身责任
3	专业技能	8条要求	（1）鼓励、激发和提高学员的学习动力，开展专业技能学习，以促进学员进步； （2）在平安和包容的环境中为不同团队和个人规划有效的学习方案； （3）利用技术，并支持学员利用技术； （4）解决学员在数学和英语学习上的困难，创造性地克服个体的学习障碍； （5）使学员分担对自己的学习和评估的责任，设定具有鼓励和挑战性的目标； （6）运用适当和公正的评价方法，提供建设性、及时的反馈，以支持学员的进步； （7）通过和雇主合作，维护和更新教学与培训的专业知识与职业技能； （8）通过和他人合作，促进组织开展和质量提升

2. 英国职业教育教师资格认证

英国职教教师的资格证书是和规范资格框架（Regulated Qualifications Framework，RQF）对应的。2013年，英国学习和技能提升服务部门对英国教学与培训资格进行整合和规范，结合规范资格框架，将职教教师资格证书归纳为教育与培训认证、教育与培训证书、教育与培训文凭、高级文凭和专门文凭5个级别[1]。英国职业教师资格认证等级体系见表3-21。

表3-21 英国职业教育教师资格等级[1]

证书名称	资格认证及培训内容	培训时间	等级水平
专门文凭	英语/其他语种者的英语、数学、特殊教育教学方面的教育资格证书，教学技能与研究生教育证书和教育资格证书的课程一致，另外还有英语、数学和特殊教育教学模块	1～3年	规范资格框架6或7级
高级文凭	高等教育机构所颁发，研究生教育证书及教育证书	1～3年	规范资格框架6或7级

❶ 汤霓. 英、美、德三国职业教育师资培养的比较研究 [D]. 上海：华东师范大学，2016.

续表

证书名称	资格认证及培训内容	培训时间	等级水平
教育与培训文凭	两年在职非全日制课程，与面向义务教育阶段后的研究生教育证书课程及教育证书课程内容相似	2年	规范资格框架5级
教育与培训证书	面向从事培训人员、课程开发及设计除外的内容	6个月	规范资格框架4或5级
教育与培训认证	教学导论、课程规划、教学实践	1～2周	规范资格框架3或4级

3. 师资培养课程模块与内容

英国师资培训课程是社会化的课程培训，但是需要通过高等教育机构授权或颁证机构认证。主要的师资培训机构有高等教育机构、继续教育学院、私立培训机构、成人与社区学习机构等，不同的机构为师资培养提供不同类型的课程。高等教育机构根据其自身优势，主要开设教育与培训文凭、高级文凭课程；继续教育学院主要开设培训认证类课程，如教育与培训认证、教育与培训证书课程等，也开设一些等级的培训文凭课程；私立培训机构和成人与社会学习机构提供教育与培训认证课程。

下面以英国某大学开设的职业教育教师专业教育证书课程为例，介绍师资培训的模块和内容。此类课程一般分为6个模块，2年完成课程学习，每年完成3个模块的学习，每个模块有固定的学分，所举例高校的每个模块占20学分，具体模块的学习内容见表3-22。

表3-22　英国某大学专业教育证书的课程模块[1]

学习阶段	模块名称	模块内容
第一学年	导论——如何在终身学习部门教学	探索学习本质、个人学习方式； 如何评价学习及教师如何为学习提供机会； 探索课程设计及实施、学习评价和教学评估等影响学习的因素
	教师专业发展1	为职业教师提供专业领域下基于批判性理念发展和提升教育技能及知识水平的课程
	专业学习	特定领域下确定挑战性教育问题，寻求讨论机会，通过个人商讨式学习，探索重要教育问题方式
第二学年	课程、政策及实践	后义务教育领域下，如何基于更广泛的视角剖析社会、政治、经济及文化背景； 如何帮学院批判性总结分析当下后义务教育政策对职业教育领域的影响； 帮助学院探索当代政治思想和规划对教师专业实践的影响； 为特定专业的学习者提供小规模教学计划研究的机会
	教师专业发展2	为职业教师提供专业领域下基于批判性理念发展及提升教育技能、知识水平的课程，让他们持续提升分析及反思能力，为成为良好教师提供机会

---

[1] 汤霓. 英、美、德三国职业教育师资培养的比较研究 [D]. 上海：华东师范大学，2016.

续表

学习阶段	模块名称	模块内容
第二学年	专业学习与在线学习	探索当前教育领域下，如何使用技术提高及改善学生学科学习的效率及质量； 探讨技术教学及学习中的影响因素及促进因素； 学习如何为特定学生群体设计和创建结构化的资源包，以作为专业教学和学习的工具使用

（三）英国现代学徒制的质量保障体系

1. 组织管理

近年来，英国大力改革现代学徒制，形成完善的现代学徒制管理体系，尤其在其管理机构方面，不同层面的管理机构完备，功能明确，主要的管理机构如下。

（1）总体负责学徒制改革的机构：创新、大学与技能部（Department for Innovation, Universities and Skills，DIUS），儿童、学校与家庭部（Department for Children, Schoolsand Families，DCSF）。

（2）分工负责学徒制项目的开发与管理，以及学徒制培训内容的制定的机构：学习与技能委员会（Learning and Skills Council，LSC）、行业技能开发署（Skills Sector Development Agency，SSDA）与行业技能委员会（Sector Skills Councils，SSCs）以及资格与课程署。

（3）地方层面学徒制实施的具体管理机构：学习与技能地方委员会、各地方颁证机构。

（4）具体教学培训的负责机构：培训机构与企业雇主。

英国现代学徒制管理体系责任明确，各管理机构的具体管理层面和主要职责见表3-23。

表3-23　英国现代学徒制的组织管理机构及职责

管理层面	相关机构	管理职责
总体负责	创新、大学与技能部以及儿童、学校与家庭部	共同负责英国学徒制改革的政策和进度、学徒制的总体开发和评估
项目开发与管理	学习与技能委员会	负责学徒制项目的管理，制定学徒制的政策和执行方针；向青年和雇主宣传学徒制
	行业技能开发署及行业技能委员会	负责开发国家职业标准（NOS）；起草和批准职业的学徒制框架并设计技术证书
	资格与课程署	负责资助职业标准的开发；审批 NVQ 证书、技术证书和关键技能证书的颁证机构；确定关键技能要求的内容
管理与实施	学习与技能委员会	通过 47 个学习与技能地方委员会，负责对学徒制的拨款和管理
	颁证机构	对学徒制培训框架所要求的各种要素进行认证

续表

管理层面	相关机构	管理职责
具体实施	培训机构	招募提供学徒制的企业和参加学徒制的青年，提供教学培训和评估
	企业	招募学徒，提供在岗培训和督导，负责培训并支付工资

注：资料根据英国国家学徒制服务中心（NAS）网站的有关资料整理而得。

2. 经费保障

近年来，英国政府在教育中引入市场机制，尤其是在职业教育经费保障方面，不再是政府全额拨款发展职业教育，而是引入校企合作，吸引企业投资职业教育。英国现代学徒制教育模式是一种新型职业教育模式，其经费来源主要有两个方面，一方面是企业经费的投入，另一方面是政府以项目拨款形式给予的资金支持。

企业经费的主要投资方式有三种：①职业教育税，每个企业每年要支付工资总额的1%作为职业教育税，用于企业的训练费用；②企业支付学徒工作薪金，企业与职业院校开展现代学徒制项目，为双重身份的学徒发放工作薪金；③技术支持、研究设备，企业在校企合作项目中为职业教育提供先进的技术支持、研究项目等。

英国政府的政府经费拨款主要有以下投资方式：①投资职业教育项目，政府通过与地方中小型企业的项目合作投入项目资金，为学徒制提供培训投资；②政府以学徒制框架培训为依据，投入学徒培训费用，英国政府的财政拨款主要通过学习与技术委员会拨给地方，可以以学徒年龄为标准，支付不等比例的学徒培训费用，一般16~18岁支付全部培训费用，18~24岁政府与企业各支付一半，25岁以上不支付。

3. 考核评估

英国学徒制本身没有专门的学徒制资格证书，但是通过学徒制培训形式，学徒可以获得学徒制培训框架认可的各种资格证书，如国家职业资格（NVQ）、技术证书和关键技能资格。资格考核和评估是保障证书质量的有效手段，英国授权考核评估与培训中心独立进行考核和评估。

（1）考核评估原则。英国职业资格是以提高就业者或学习者的职业能力为根本目标的，所以它的评估原则围绕以下目标设定：①能力本位原则，资格考核以"能做什么"为依据设计考核目标和考核方式；②真实情景原则，"能做什么"必须在真实工作环境下才能有效测量；③考核者胜任原则，考核者必须达到考核胜任条件，即具有考核和评估该等级资格的职业能力和专业知识，能客观公正评价被考核者；④直观证据原则，基于能力的考核主要以直接观察为主，直观证据是考核结果的主要依据。

（2）考核评估内容和标准。考核评估标准表述了学习者应该达到的水平与能力，以证明其学习成果的获得，并能对学习者已经获得的学习成果进行客观有效的、前后一致的评价。评估内容与评估标准包括两个部分，其一是学习成果，表述学习者在该资格中应该达到的水平或能力；其二是针对每一项的学习成果设定的具体的考核标准，在实施考核和评估过程中，按照一定的方法对照标准一一进行检验。

（3）考核和评价方法。评价方法主要有直接观察、模拟操作等多种方式，可用于能力考核或者知识考核。评价方式要依据考核和评价资格的类型、考核的方式及申请人的要求等合理采用，客观公平、真实有效地进行对学习者学习效果的评价。

三、英国现代学徒制的特点

（一）强化立法保障

英国政府为了促进经济发展，把职业教育和学徒制项目作为储备人才资源的主要途径。为此，英国通过各种立法确定职业教育和学徒制的法律地位，并制定多种政策促进现代学徒制的改革和创新，以满足现代社会对高技术技能型人才的需求，如《现代学徒制蓝皮书》《现代学徒制条例草案》《学徒制、技能、儿童和学习法案》及英国的学分与资格框架等。

（二）立足社会发展需求

英国现代学徒制不是一成不变的，它会随着社会的发展需求，不断更新调整以提高人才培养质量，满足社会需求。首先，英国现代学徒制适应经济社会产业结构转型升级和科学技术发展进步。20世纪以来，英国经历了两次产业转型和科技进步，第一次是20世纪中期电子计算机的问世，计算机的出现标志着信息化时代的到来，产业机构由第一、第二产业向第三产业转型，航天科技、生物技术、新材料等新兴产业加速发展。据有关数据统计：1983～1985年，英国约1/6的制造业工种被淘汰❶。第二次是在21世纪，经济活动全球化日益频繁，智能化、信息化成为产业升级的主旋律，人工智能、云计算等新技术掀起热潮，英国为了增加国际竞争力及满足本国经济发展需求，采取多种措施提高教育水平与质量，现代学徒制的发展很好地解决了劳动力结构需求调整带来的现实问题。

其次，英国现代学徒制适应知识经济发展和终身教育思想。2009年英国就业技能联合会发布调查结果：在2009年英国共有20个行业部门约65万人出现技能短缺，180万人出现技能鸿沟。进入21世纪，社会发展的核心竞争力是知识，英国迎来了知识经济时代。作为知识经济时代的劳动者，具备一定的专业理论知识并具有将知识转化为生产技术和技术创新的能力，是其必备技能。英国政府极力希望能够通过继续教育和企业培训渡过劳动力技能水平低这一困境，因此大力发展现代学徒制项目，提高就业群体的专业技能和学习能力，以促进社会经济发展。

（三）社会效果显著

英国劳动力调查结果显示：英国19～24岁的年轻人中无教育、无工作、无培训（NEET）的人员比例自2005年起高达15%以上，2011～2012年比例接近20%，2013年英国有33.3万名16～18岁的年轻人和150.9万名19～24岁的年轻人是NEET类型

---

❶ 冯俊丽.澳、英现代学徒制比较研究[D].广州：广东技术师范大学，2019.

人员❶。年轻人失业的主要原因是缺乏工作技能、职业资格水平较低、缺乏适应市场的能力。为此，英国政府发布一系列政策，采取一系列措施鼓励职业教育与企业合作开展学徒制项目，校企共同培训青年人，使其提升职业技能水平和就业能力。现代学徒制对青年人尤其是劳动力缺乏的员工提供技能和职业能力培训，对英国年轻人工作经验和职业素质的养成十分有利，很大程度提高了青年就业率。

第四节
日本学徒制

第二次世界大战后，日本战败，日本政府急需在短时间内恢复经济，采取的主要方法是发展教育，尤其是对职业教育的发展，从而建立完整的职业教育体系，培养社会经济发展所需要的技术技能人才。事实证明，教育手段使日本战后经济恢复得非常快，在短时间内步入世界经济强国行列。日本的很多传统文化和技术都源于我国，从明治时期开始，日本正视西方国家先进技术，开始学习和移植西方科学技术。日本现代学徒制就是对西方国家职业教育技术的移植，并在此基础上发展起来的。

一、日本学徒制概况

（一）日本学徒制的历史演变

1. 江户时代传统学徒制

江户时代是德川幕府统治日本的一个时代，从 1603 年到 1867 年的大政奉还一共经历了 260 多年的时间，也是日本历史上最后的一个封建统治时代。在这一时代，日本工商业发展迅速，手工业者及商户的经营规模不断扩大，所需要的劳动力数量大幅增加，仅靠家庭成员无法满足劳动力数量的需求，手工业者及商户开始招收本家族以外的成员参与劳动和经营。这种对家族外成员的培养就形成了早期的学徒教育，并在当时特定的经济环境和文化氛围中，衍生出了商人阶层的商家奉公人制度和手工业阶层的亲方制度。

（1）商人阶层的商家奉公人制度。"奉公"一词最早是在《史记·廉颇蔺相如列传》中出现，其原句为"君于赵为贵公子，今纵君家而不奉公"，原意为不徇私情、奉公行事之意。隋唐时期"奉公"一词传入日本，其含义是指为国家和朝廷效忠、献身之意。后来，"奉公"观念作为武士道德的重要内容影响到了商人和其他社会阶层，"奉公"一词逐

---

❶　Department for Business, Innovation & Skills. NEET Statistics quarterly brief-October to December[EB/OL]. (2017-02-23) [2022-05-16]. https：//www.gov.uk/government/statistics/neet-statistics-quarterly-brief-october-to-december-2016.

渐延伸为"为主人服务"之意,"奉公人"便成为被雇用者的同义语❶。

随着江户时代社会经济的发展,商人阶层形成商家奉公人制度。商家和没有血缘关系的奉公人结成模拟血缘关系和主从关系,让其成为家族成员的一部分以便于更好地打理家族业务。商家奉公人即商家受雇佣者按照"丁稚→手代→番头→支配人"的顺序逐级晋升。随着奉公人招募数量的增加,商家逐渐制定了有关奉公人招募、雇佣年限、教育管理、晋升与淘汰的相关规则。商家奉公人制度形成一套完整的学徒招募、培训、管理体制。

商家十分重视奉公人的招募录用,一般采用亲信介绍的方式进行招募。不使用中介进行招募的主要原因是商家希望更加了解奉公人的底细、家庭背景,易于商家对奉公人进行操控。另外招募年龄方面,小孩子听话、知识技能学习较快,因此多以 10 岁男童为主,商家也如同对待自己的孩子一样来对待奉公人,并认真培养。

奉公人在商家的组织体系中占有重要的位置,在商家奉公人制度中,奉公人不是低层次的劳动者,其自身是有上升渠道的。当奉公人晋升为高级层次的"番头"时,就承担起经营管理的重任。由于奉公人可能在以后要参与商家的管理,因此商家对奉公人的培养也是非常负责任的,尤其是在思想道德教育、文化知识传授、基础性商业技术培训方面,他们期待将奉公人培养成为忠诚而有才干的人。

表 3-24 为奉公人教育内容。在教育培训方面,可以说商家奉公人制度就是传统学徒制度,学徒通过工作中的观察和练习形成知识技能的积累。在这个过程中,奉公人即是徒弟的角色,而商家或上一级的奉公人则是师父。

表3-24　奉公人教育内容❷

奉公人等级	知识技能培养内容		思想道德教育内容
丁稚	基础文化知识	认字、写字和打算盘	
手代	业务技能	账目的记录	幕府法规 奉公意识 道德修养
		货币的鉴定	
		票据的书写	
		交易的方法	
		相关商品知识	
番头		家族业务经营	

(2)手工业阶层的亲方制度。江户时代手工业生产日趋繁荣,手工业者不断增加,并逐渐分化为亲方、手传、徒弟三个阶层。亲方即师傅,是上层手工业者,占有一定生产资料,独立从事生产和销售活动;手传即帮工,是受雇于亲方的手工业者;徒弟即学徒,是跟随亲方学习技术的手工业者。江户时代手工业中的亲方阶层组织形成控制、管理行业

❶ 吴佩军.日本雇佣制度的历史考察 [M].天津:南开大学出版社,2010.

❷ 王默.日本现代学徒制研究 [D].石家庄:河北师范大学,2017.

的行会组织，即株仲间。株仲间的成立使手工业亲方制度更加规范，各亲方开始通过此组织招收手传，并制定了有关招收和教育徒弟的各项制度，由此形成成熟的亲方制度。可以说，亲方制度不仅是传授手工业技艺的制度，就其本质而言，乃是一种规范封建社会手工业者劳动关系和组织关系的原则。

手工业亲方制度中，亲方与手传、徒弟之间的关系是主从关系，但是同商家奉公制度相似，为了保证手传和徒弟的忠诚，亲方与手传、徒弟之间是需要建立模拟血缘关系的。亲方对招募的徒弟有严格要求，同时亲方制度也对手工业者有所要求：第一，考察出身，亲方对徒弟的出身、年龄、资质及人品进行考察，需要经过认可才能成为徒弟。第二，签订"奉公人请状"并缴纳拜师费。第三，试用期工作，正式招收徒弟后，徒弟是不能直接学习技术的，需要先在亲方家做家务，经过 2 ～ 3 年的试用期后才能被允许跟随亲方学习技术。第四，亲方给予徒弟工钱及假期，根据规定，亲方负责徒弟的衣食住行，并给予徒弟一定工钱，每年有固定的假期回家探亲。第五，奉公期一般为十年左右的时间。第六，奉公期满后，徒弟会继续为亲方工作一段时间，被称之为"礼奉公"。第七，认证，一般徒弟在奉公期满后需要通过株仲间的认证，认证完成后才能成为正式的手工业者。

2. 日本近代工厂学徒制

明治初期，以明治天皇为首的新政府推行了一系列的改革措施。"脱亚入欧"建立起君主立宪政体；推行"殖产兴业"经济政策；提倡"文明开化"，学习欧美先进技术；大力发展教育，开创工业化浪潮等。此次改革使日本成为亚洲第一个走上工业化道路的国家，逐渐跻身于世界强国行列，是日本近代化的开端，同时也是日本近代历史上"学徒制"向职业技能人才培养演变的重要转折点。

（1）明治维新时期的工厂学徒制。明治维新之后，日本政府推行"殖产兴业"计划。开始兴建工厂，引进国外先进生产设备，形成从原料加工到机械装配的整套产业，以此带动整个社会新兴产业，社会工作岗位增加，技术人才需求量激增。1871 年日本建立第一所国立工业学校，同时在企业内也出现了相关的技术培训。明治政府从国内、国外两个方面解决技术问题，从国外引进技术专家学者，为工人进行技术指导；引进先进的教育技术，提升本国人才培养水平。在国内开办各种职业教育，由国内外专家进行讲授；挑选国内优秀技术人才出国深造，培养了一大批技术骨干。诸多做法在短时间内解决了人才紧缺的问题。自此，日本工厂学徒制开启了日本职业教育，这也是日本现代学徒制的萌芽。

（2）帝国主义时期的工厂学徒制。产业革命兴起后，日本迫切需要培养大批技术工人和职业人才。日本政府自 18 世纪末出台了一系列法令、法规，促使一大批采用学徒制教育的职业学校建立或发展起来，保障了企业所需的技工和职业人才的培养。这一系列的法令、法规见表 3-25。

表3-25　日本1893～1904年间颁布的职业教育法令

时间	职业教育法令名称
1893 年	《实业补习学校规程》
1894 年	《徒弟学校规程》

续表

时间	职业教育法令名称
1894 年	《简易农学校规程》
1894 年	《实业教育国库补助法》
1899 年	《实业学校令》
1899 年	《工业学校规程》
1899 年	《农业学校规程》
1899 年	《商业学校规程》
1899 年	《商船学校规程》
1901 年	《水产学校规程》
1902 年	《实业补习学校规程（修订）》
1903 年	《专门学校领》
1904 年	《徒弟学校规程（修订）》

第一次世界大战为日本带来了巨大财富，日本政府开始调整产业结构，大力投入重工业和化学工业当中，日本第一次迎来了"用工荒"。1917 年日本政府对原有的教育立法进行修改，与此同时，社会上的教育机构、企业中的教育机构都在日本政府的考虑范畴内❶。日本职业教育的"产学合作"也是在这一时期进行了完善和普及，为日本今后现代学徒制教育的发展奠定了基础。

经济大发展使企业有物质基础参与到企业培训中来，有些企业建立了自己的学校。例如：1901 年八幡制铁所（即现在的新日铁）设立了以小学毕业生为对象的"制铁所幼年员工养成所"，开展为期 3 年的全日制系统教育；1910 年日立制作所设立了日立工业专修学校；1934 年，松下幸之助也开办了员工培训学校，对新招收的员工进行 3 年免费培训❷。

1929 年全球金融危机爆发，日本金融业几乎垮台，工业大面积停产。为了缓和国内经济状况，日本政府希望通过侵略的方式转嫁矛盾，在第二次世界大战开启之时发动侵略战争。直到美国的原子弹在广岛和长崎爆炸，才警醒了日本民众。可为时已晚，日本到处是战争后的废墟，工厂学徒制教育也近于瘫痪。

3. 日本现代学徒制

第二次世界大战结束之后，日本政府为了复苏经济，学习西方教育模式，并结合当时的国情和近代工厂学徒制的成功经验，形成了日本的现代学徒制教育模式。1951 年日本政府颁布《产业教育振兴法》，明确划分了职业教育形式，将职业学校教育分为：职

---

❶ 赵彦彬 . 日本近代发展职业教育的经验及其启示 [J]. 河北大学成人教育学院学报，2006，8（1）：33-35.

❷ 张晓鹏 . 日本企业教育管窥 [J]. 复旦教育，1996，2：42-47.

业高中、短期大学、专修学校和高等专门学校。同时日本借鉴德国的"双元制"模式，鼓励各职业教育开展"日本双元制"教育形式，日本学校教育的现代学徒制进入高速发展时期。

企业教育的重心发生了转移，从战前对技术工人的重点培训转变为战后员工企业质量管理方面的培训，以缩小日本与美国在技术和管理上的差距；从过去对企业业务骨干为主的教育培训，也逐步转变为以提高全体员工综合素质为目的的教育培训。也就是说，完全根据企业的实际需要，提供各种各样的培训服务。另外，还出现了一些新的培训方式，包括"自我提高"在内的能力开发性教育培训方式。日本现代学徒制也形成了极具特色的培养模式，即企业教育。在日本政府的干预和指导下，日本企业教育形成较为系统和先进的教育体系，成为日本现代学徒制教育成功开展的典范。

（二）日本学徒制的发展背景

1. 社会背景

第二次世界大战结束后，日本战败，美国接管日本。美国逼迫日本天皇政权下放，在美国的带领下开始实施民主化改造，从政治、经济、教育等方面完成民主化改造，这标志着日本由封建社会彻底进入资本主义社会。同时日本政府颁布了《工会法》《劳动关系调整法》和《劳动基准法》，在法律层面保障了日本劳动者的利益。随后日本颁布《和平宪法》《徒弟改革法案》《教育基本法》，法律的颁布彻底将日本的封建残留铲除，日本进入一个崭新的时代。

2. 经济背景

1945 年日本宣布投降，1946 年美国在日本开展了一系列民主化改革，并且确立了战后的和平发展道路，日本的经济开始走上了复兴之路。20 世纪 50 年代中期到 70 年代，是日本经济的高速发展时期。1951 年到 1960 年，日本国民经济增长率呈递增状态，都在15% 左右。到 1968 年日本国民经济总产值已仅次于美国，位列世界第二。与此同时，日本在产业界进一步扩展，电子工业的发展突飞猛进。

到 20 世纪 70 年代之后，日本的企业面临着前所未有的内、外部环境。经济方面，发生了从经济腾飞到经济低迷的一个过程，尤其是在亚洲金融危机过后，经济衰退、企业利润下降导致企业纷纷裁员，产业结构发生了剧烈变化，并且随着产业结构的调整，岗位也发生了变化，新知识、新技术的应用促使一些新的职业产生。现有劳动者已经不能满足当前职业的需求❶。

3. 文化背景

日本是儒家思想与民族文化相互交融的国家，日本民众具有强烈的以国家为主的民族意识，正是这种民族意识影响了其民族的思维方式和价值取向，使得日本现代学徒制能够在其职业教育中发挥深层次的作用。首先，日本工人追求先进的经验技术。日本工人吸

---

❶ 谷峪. 日本的职业生涯教育及其启示 [J]. 职业技术教育，2006，10：81-84.

收东西方各国的先进经验技术，并以谦虚的态度学习适应本国发展需要的技术，可以说日本的发展是与其对先进事物的"为我所用"分不开的。日本的现代学徒制也是借鉴德国的"双元制"，是结合本国的"工厂学徒制"，经过实践及运用转化而形成的现代职业教育技术的产物。其次，日本工人具备勤奋努力的个人品质。在破除等级制度后，日本工人以能力本位来决定社会地位，劳动者的工作达到忘我的程度，表现为每时每刻都在努力工作，这种勤奋刻苦的精神，有益于现代学徒制教育实施目标的达成。最后，日本工人具备对事物的钻研精神，此精神源于日本传统的"奉公"精神，可以说钻研精神对日本现代学徒制的产生有着无可替代的作用。

（三）日本学徒制的法律法规

自 1958 年日本政府颁布《职业训练法》之后，政府多次修订此法案，就是为了适应社会经济发展，培养与社会需求相适应的技能人才，如表 3-26 所示。《职业训练法》根据各个时期的经济发展状况，确定了职业教育的培养目标和培养对象，同时将培训任务具体到由谁来负责，明确规定了培训承担方。

表3-26　历年《职业训练法》的变革[1]

发布时间	名称	培养对象	培养目标	培训承担方
1958 年	《职业训练法》	第二产业的技术工人	职业能力	学校与企业
1969 年	《职业训练法》	"适应所用工种"的技术人员	职业能力	企业
1978 年	《职业训练法》	离职、调动职工	职能能力再开发	企业
1985 年	改名为《职业能力开发促进法》	全体在职工	终身接受职业教育	各种渠道

在不同的经济时期，日本政府都力求能颁布相应的法律条文以满足企业对人才的需求，也确保现代学徒制教育的实施与法律条文紧密联系，这是日本现代学徒制教育能够取得成功的基础。此外，日本政府还通过立法的形式对就业情况进行改善，减少失业情况的发生，增加再就业的机会，以达到从旧工作到新工作的平稳过渡。同时促进劳动者个人素质和能力的提升，以使其适应更高水平技术岗位的需求。

二、日本现代学徒制的核心要素

日本的企业教育是日本现代学徒制教育中的重要组成部分，凭借其系统和先进的教育理念，在日本职业教育发展的浪潮中成为中流砥柱，可以说是现代学徒制在日本成功开展的典范。本书以日本的企业教育作为日本现代学徒制实施的成功案例，介绍日本现代学徒制的核心要素。

---

❶　王默. 日本现代学徒制研究 [D]. 石家庄：河北师范大学，2017.

（一）日本企业教育的制度框架

日本企业教育是以企业为主体的现代学徒制教育，在企业中实施，是企业运行的一部分，其实施与企业的以下制度息息相关。

1. 终身雇佣制度

所谓的"终身雇佣制度"起源于日本封建社会的武士奉公制度，是日本在经济高速增长时期形成的一种雇佣原则，即员工只能受雇于这一家企业，在其工作生涯中不能更换企业工作，其中暗含了员工对企业效忠的思想。另外需要说明的是，"终身雇佣制度"不只是员工对企业的忠诚，同时是企业对员工的承诺，这是员工和企业之间相互信任的约定。就是这种相互信任的约定将劳动者与企业紧密联系在一起，劳动者全心全意为企业效力，企业也会真正为职工的发展进行考量，并对员工悉心培养。"终身雇佣制度"对企业教育的发展起到了巨大的促进作用。

2. 职业资格制度

日本企业中员工的能力就体现在其职务和职能上，职务通过企业的考核和业绩情况进行升迁，而职能的等级就必须由职业资格鉴定部门来进行考核。职业资格鉴定一般分为4类：特级、一级、二级、三级。想要进入相应的等级，首先要满足等级所要求的学历、岗位工作时间等条件，还必须要通过职业资格鉴定部门的考核。同一资格各等级之间可根据要求进行晋升，但不同资格之间不能互换。职业资格制度对员工的自主学习有很大的促进作用，更为企业教育质量的提高提供了有力保障。

3. 企业教育保障制度

日本企业教育发展早期是由政府直接控制的，主要由企业的教育机构和公共职业训练机构合作完成。1958年政府颁布《职业训练法》，法律规定职业教育的主体由政府变为企业，企业开始主导职业教育的发展方向，至此企业教育在职业教育中占据主导地位。企业教育的保障基本来源于企业自身，从组织机构、教师队伍到经费等方面都由企业提供保障。在日本的企业教育中，尤其要强调的是教师的任职要求非常高，教师需要具备国立工业大学或综合大学的本科以上水平，同时具备教师许可证并经过实习，具备理论课程和实践课程操作双重能力才能够上岗。

（二）日本企业教育的培训体系

日本企业教育的培训体系由三部分构成，即在职培训（OJT，即 On the Job Training）、脱产培训（OFFJT，即 Off the Job Training）和自我拓展培训（Self-development）。三者之间相互补充，在日本企业教育中发挥着重要作用。

1. 在职培训

在职培训是指上级领导在工作现场对其部下实施指导、教育培训，主要针对职工所在岗位相关工作技能进行指导，同时对职工的思想方面开展教育。在职培训最大的特点就是在工作现场开展培训，不需要离开工作岗位，职工能够以最快捷、最有效的方式掌握现有工作技能。

在职培训的基本实施方式是上级领导把握其部下的实际能力和所承担工作的必须能力后，为职工制订相应的培养计划，设定相应的培训目标。在这个过程中，上级领导与职工多次接触，深入了解，上级能够按照职工的需要传授自己在工作中的经验和工作心得，增强职工对工作的热情和劳动意识。因此在职培训的过程是上级领导对职工的"教授"过程，上级领导像师傅一样教授徒弟，是学徒制教育模式的延伸。

在职培训的具体实施过程有以下几个方面。

（1）制定企业培训制度。在日本企业中，领导或者主管对下属的培训内容是其管理行为中必不可少的内容，培训效果与领导的考核和升迁都挂钩，是能够对领导进行约束的一种制度。领导或者主管制定企业培训制度成为在职培训的一个方面。

（2）制定在职培训手册。根据企业培训制度，日本各大企业都会制定专门的在职培训手册，其中包括计划、实施和结果评定三个阶段内容。

计划阶段：计划阶段分为员工个人计划阶段和企业制定培训计划阶段。首先，由员工个人提请个人进修计划；其次，由企业安排专门研究人员对员工的诉求进行研究，明确进修的教育重点；最后，由企业根据工作安排和教育培训内容，确定在职培训计划。

实施阶段：企业培训的实施阶段需要严格参照培训计划实施，对于参训员工来说，要根据自己的思考和判断将学习的内容用于处理自己的工作。对于培训的主管人员，要求对员工进行细致的业务指导并以身示范。员工可以自由运用所学知识进行工作，主管人员要随时掌握培训计划的实施进度。

结果评定阶段：培训结束前员工和主管人员均需要对本次培训进行评价。首先，员工和主管对本期中的业务成绩和能力提高情况进行评定；其次，明确指出每个受训者在知识、技能上的不足之处；最后，将所有不足列入员工个人培训档案，并加入下次个人进修计划中。

（3）制定职能职务标准制度。在企业中，员工能力是通过两个方面来具体体现的，即职务和职能。职务就是通常所说的岗位，是企业根据员工的工作能力给予的。职能是由职业鉴定机构认定的，是体现某一工作能力的标准。一名员工担任的职务以及承担的每一份工作都有职能标准。将职务与职能结合，划分一系列等级，就构成了"职务职能标准"。

（4）实施职务轮换制度。职务轮换制度是培养企业员工适应性和能力多样性的制度，可以提高员工各方面的综合能力。员工定期进行职务轮换，可减少长期在同一工作岗位工作的倦怠和单调感。在原有工作的基础上，员工参与其他岗位的工作，能够在原有知识和能力的基础上，寻找新的工作定位，也能够确定新的职业生涯规划，还可以使员工在工作中获得更高层次的满足感。

2. 脱产培训

脱产培训是员工离开工作岗位，专心参与的一种学习型培训。脱产培训可以是企业内部进行的集中教育培训，也可以是依靠企业外部专门的教育机构进行的教育培训。按照被培训人员的职务可以将脱产培训划分为3种。

（1）员工培训。员工培训能够提升员工的个人素质和可塑性综合能力，分为新员工（岗前）培训和老员工（骨干）培训两种。

新员工培训又称岗前培训，主要包括企业基本知识和专业技能的培训。首先是企业基本知识培训，主要进行企业文化教育、职业道德教育、企业岗位了解、职业生涯规划等内容的培训。岗前培训可以使员工更加深入地了解企业及岗位，消除对新工作的恐惧感、新环境的不适应，快速融入企业文化之中。对专业技能的培训主要采用学徒制的方式开展，根据岗位分工，由老员工对新员工进行一对一培训。

老员工培训又称骨干培训，一般指面向工龄在 5 年以上的员工开展的培训。主要培训内容是与工作岗位相关的业务能力提升培训，同时进行团队合作精神、人际关系协调能力、解决实际问题的能力等方面的培训。

（2）管理人员培训。在日本企业中，管理人员是把握质量的关键人员，分为基层、中层和高层三类，对管理人员的培训尤为重要。针对管理人员的工作职责，此类培训主要涉及管理能力、决策能力、事件处理能力、环境适应能力等方面的内容。

（3）经营者培训。经营者属于企业的最高决策层，本身具有相当丰富的管理知识和管理经验，对其培训主要集中在评析外部环境变化的能力、寻找新的商机的能力、培养继承人的能力等。培训形式主要采用专家、学者讲座或者座谈会、出国考察等。

3. 自我拓展培训

自我拓展培训是员工根据自己的需求，在业余时间进行的个人能力提升的培训，一般通过社会培训机构完成。此类培训的目的是通过学习，提升自我素质、提高知识技能。随着终身教育理念的推广，自我拓展培训在企业教育中所占的地位逐渐重要，尤其是社会认可度较高的自我提升类培训。此类培训是以员工自我需求、自我兴趣为出发点，自觉参与的培训，所以员工的学习积极性很高，近年来广受企业青睐。

（三）日本现代学徒制的经费保障

企业教育的办学主体是企业，企业承担办学经费，但日本政府也会通过"直接援助"或"间接援助"的方式给予经费帮助，以此达到对企业教育宏观调控的目的。"直接援助"是对企业教育的援助，主要包括帮助企业完成其没有能力完成的技术技能培训；"间接援助"是对企业以外其他事物的援助，主要包括对职工、社会培训机构、职业研发机构等进行援助，采用政府补贴的形式实现。政府对企业的援助多是"间接援助"，以发挥企业自身的主观能动性，促进企业教育的完善。日本政府为支持、激励企业内的职业培训所设立的"职业形成促进补助金"的补贴形式，如表 3-27 所示。

表3-27　职业形成促进补助金补贴形式[1]

津贴补助对象	补贴项目	补贴形式
企业	政府对企业提供的培训补贴	（1）对企业内部参加职业培训的员工，国家将补贴 1/4 ～ 1/3 的培训费用； （2）给予企业内部的受训员工进行 1/4 ～ 1/3 的培训期工资补助

❶ 詹慧. 现代学徒制人才培养成本分担机制研究——以辽宁林业职业技术学院为例 [D]. 沈阳：沈阳师范大学，2018.

续表

津贴补助对象	补贴项目	补贴形式
企业员工	职业能力开发休假补贴	（1）对休假期间参加教育培训与评估的企业员工补贴 1/4 ～ 1/3 的应考费用； （2）对休假期间参加培训的企业员工补贴 1/4 ～ 1/3 的工资
企业员工	教育培训休假制度奖励金	对连续一个月以上在休假期间参加职业教育培训的企业员工，给予只限一次的奖励金，奖励金的金额为 30 万日元
企业员工	政府对职业能力评估进行补贴	（1）对进行职业能力评估的企业员工补贴 3/4 的应考费； （2）在职业能力评估期间对企业员工补贴 1/4 ～ 1/3 的工资
企业员工	对地区人才高级化的开发能力进行补助	（1）对参加此类培训的员工进行补贴，补贴标准为职业培训所需要经费的 1/3 ～ 1/2； （2）对在工作期间或者休假期间进行此类培训的企业员工补贴 1/3 ～ 1/2 的工资
职业咨询机构	职业咨询补贴	对推进相关工作的机构，补贴服务年费所需费用的 1/2

三、日本现代学徒制的特点

（一）政府法规的系统完整

在日本现代学徒制的实施过程中，日本政府会进行必要的干预，但基本是用政策法规的形式来满足企业的发展需求。企业也会依据法律法规和政府框架制定企业的教育、培训制度，尤其是企业教育这种教育形式，基本依照政府制度来实施。政府法规和政策为现代学徒制提供支持和指导，现代学徒制中的教育制度则成为法律和政策的实施方案，以此形成一个完整的系统，涵盖企业对员工教育的各个层面，而且制度之间相互依存、相辅相成，有效保障现代学徒制的顺利开展。

（二）企业与教育的紧密连接

日本学习研究德国"双元制"，发展"日本双元制"教育，在职业学校重点推广"产学合作教育"，并且要求产学合作课程占总学时的 70%，教育内容与企业需求密切相关。在企业发展中，产业结构的变化、技术环境的变化、市场环境的变化、价值观的变化等都作为教育决策时的参考依据，以企业人才需求为目标，对员工进行有计划的教育培训。这样的教育能够在一定程度上缩短企业入职培训的过程，使日本的职业教育及现代学徒制教育更加具备科学性和紧密性。

（三）终身教育的成功推广

随着现代科学技术及网络的发展，日本现代学徒制的教育形式从"言传身教"潜移默化地转变为"终身教育"。在日本政府的提倡下，整个社会对于终身教育十分重视。以企业教育为例，企业会定期组织员工到各地以及海外学习研修，对新入职的员工举办专业技术培训，工人自发组织技术兴趣小组等。企业通过对员工进行长期的教育，促使其在专业技术领域能够有较长远的发展，以便于日后回馈企业，为企业带来更大的进步。在日本的企业教育中，终身雇佣制度和终身教育政策充分体现了教育的持续性和广泛性。

总而言之，日本现代学徒制是科学的、先进的学徒制。和传统的学徒制相比，日本现代学徒制在教育目标上由所需技能的培养扩展到了职业生涯能力的培养，教育方式也由单一的师徒之间的手口相传发展为多种多样的教学手段，教育的过程也从终结教育向终身教育延伸，另外政府在法律和政策层面的支持使得日本现代学徒制能够成为日本职业教育的中流砥柱。

第五节
澳大利亚学徒制

澳大利亚的职业技术教育与培训在世界范围内被广泛认可，澳大利亚学徒制作为职业技术教育与培训中的一种特殊的模式，历史悠久，在推动澳大利亚职业教育发展的道路上扮演着不可替代的角色。因此，本章对澳大利亚学徒制进行研究。

一、澳大利亚学徒制概况

（一）澳大利亚学徒制的历史演变

澳大利亚学徒制具有悠久的历史，最早开始于澳大利亚土著父子世袭经验或者技能的模式。作为英国曾经的殖民地，澳大利亚学徒制在很长一段时间都跟随英国的脚步。直至 20 世纪 70 年代，澳大利亚联邦政府开始大举发展学徒制。到 1998 年，澳大利亚成立了"新学徒制中心"（New Apprenticeship Centers，NACs），并正式开始执行《新学徒制》（*New Apprenticeship*），这一制度标志着澳大利亚现代学徒制的诞生。自此，澳大利亚学徒制不断完善，经历了探索起步、稳步发展、纵深改革三个时期，走出了属于自己的特色之路。

1. 澳大利亚传统学徒制的渊源与发展

（1）澳大利亚传统学徒制的产生和初步发展。澳大利亚学徒制最早可以在澳大利亚原土著居民父子间相传职业的做法中找到痕迹，这也是澳大利学徒制最早的雏形。18 世纪，随着英国殖民者入侵和殖民地的建立，出于建设的需求，新的生产方式被引入澳大利亚，伴随而来的还有英国契约式学徒制，至此英国传统学徒制开始在澳大利亚扎根。

1805 年，澳大利亚行会通过制定培训计划介入学徒制，规定各行业学徒制的期限，成立有关机构等事宜，学徒制转向一种有组织性、系统性的培训方式。同时，为解决普通学校面临的师资不足问题，澳大利亚政府推出小先生制（也叫教生制）以培养教师，从本质上看，小先生制也是学徒培训。到 19 世纪末，学徒制在人才培养上已表现非常突出，并被大众所认可。

1894 年，澳大利亚制定关于确立州监管地位的《1894 新南威尔士学徒法案》，明确了学徒最低和最高界限、培训的期限等，具体规定为：学员年龄不得低于 12 岁；学徒时间期限在 7 年以内；雇主及学员活动事项受到培训合约的管理❶。《1894 新南威尔士学徒法案》标志着澳大利亚学徒制从此走出一条与英国学徒制不同的道路。1901 年，澳大利亚联邦政府成立，结束了澳大利亚 100 多年的殖民史，并对《1894 新南威尔士学徒法案》进行了修订，新修订的法案规定了：学徒培训年龄不得低于 14 岁，最高不得超过 21 岁；学徒期限不能超过 7 年；雇主和学徒行为受培训契约的约束等❷。这一法案对澳大利亚学徒制有着至关重要的影响。

此后，澳大利亚政府开始强调学徒的学校教育。1917 年，南澳大利亚州政府颁布《学徒技术教育法》，规定所有的学徒必须在技术学校学习 3 年的课程，其他州也有类似规定❸。另外，第一次世界大战后学徒培训期从 7 年缩减至 5 年，20 世纪到 60 年代，缩减为 4 年。这些做法都表明澳大利亚正在逐渐摆脱英国学徒制模式，走上从模仿到创新的转变之路。

（2）第二次世界大战后的学徒制。第二次世界大战后，澳大利亚的经济发展迎来了春天，畜牧业、制造业等行业的利润均有大幅增加，三大钢铁中心成立，学徒制也衍生出一些新的模式，比如日脱产、短期脱产培训模式。然而，传统学徒制的开展会受到行业和雇主的制约。为此，澳大利亚政府开始对学徒制的发展情况进行调研，针对学徒制的缺陷制定新的教育培训计划。1954 年联邦州学徒制调查委员会公布《莱特报告》(*Wright Review*)，该报告对学徒制的完善提出 90 条意见，并建议各州统一与学徒契约有关的政策法规，该报告是澳大利亚发布的第一个关于学徒制的国家性政策。1959 年，澳大利亚产业发展协会（Australian Industrial Development Association, AAA）高级委员提交《1959 年产业培训报告》，进一步完善学徒制，该报告为学徒制发展提供了近百条意见，如建立行业准入机制，学徒制既要面向青年群体也要面向成年群体，以能力为考核标准而不是以培训期限或课程来评价是否完成学徒制等❹。

为进一步规范学徒制管理，1967 年联邦经济部颁布《职业培训法》（草案），两年后被通过，这是澳大利亚首部《职业教育法》。1968 年，新南威尔士工业委员会对新南威尔士的学徒体系进行全面研究，详细报告说明有关学徒制的问题，这在澳大利亚学徒制发展史上具有里程碑意义。1971 年，第一次国家工业与商业培训会议在堪培拉国立大学召开，专门发布报告以提高人们对产业培训的意识。1972 年又建立了 2 个培训师培训中心；1973 年在 14 个部门成立了产业培训委员会。1978 年，国会通过《职业教育法》修正案，首次从法律层面确认了学徒制的地位。

从这些政策和报告来看，联邦政府更多关注的是国家层面的问题。尽管联邦政府已经意识到并做出一些改革，但这些改革并未带来实际的变化。

❶ 邢莹莹.澳大利亚现代学徒制改革研究 [D].南昌：江西科技师范大学，2014.
❷ 熊平.走进现代学徒制 [D].上海：华东师范大学，2004.
❸ 黄日强.澳大利亚学徒培训制度的发展轨迹 [J].职教通讯，2007（07）：69-72.
❹ 陈京来.二十世纪八十年代以来澳大利亚现代学徒发展研究 [D].兰州：西北师范大学，2019.

（3）政府财政资助时期。出于对移民的减少和劳动力可能匮乏的担忧，1973年澳大利亚联邦政府提出了"学徒制国家支持计划（National Apprenticeship Assistance Scheme，NAAS）"，为学徒制提供资金上的支持。这是澳大利亚首次在财政方面支持学徒制。同年，在联邦政府的干预下，各州也积极参与到学徒制政策的制定中❶。

1974年，《澳大利亚技术与继续教育委员会（Australian Committee on Technical and Further Education，ACOTFE）报告》建议联邦政府向技术与继续教育（Technical and Further Education，TAFE）学院提供思想体系和财政资助，改善学校设施，提高教学质量，强调TAFE学院要从满足产业需求转变为满足个人需求❷。

为进一步解决学徒制的质量等问题，联邦政府用全日制学徒培训联邦回扣计划（Commonwealth Rebate for Apprenticeship Full-time Training，CRAFT）代替了NAAS，鼓励雇主参与学徒培训❷。

（4）受训生制发展时期。20世纪80年代，澳大利亚惨遭严重的失业问题，尤其是在青少年中。为此，1984年的《柯尔比报告》（*Kirby Review*）提出受训生制度以解决青年人失业这一大问题。受训生制是可以使劳动者快速进入初级劳动市场的捷径，适用于那些非传统行业和完成12年学校教育的十六七岁青年，其规定：包含65天的正规的脱产培训，培训可以以每周2天或集中13周的形式来完成❸。

为扩大行业范围、拓宽学徒体系，澳大利亚的学徒制在受训生制度的影响下也发生了变化，如取消学徒年龄限制、改善雇主补助等。但是，受人们对受训生制度的认可的制约，受训生制前10年并未到达预期的效果。

（5）职业培训体系完善期。从20世纪90年代起，澳大利亚加大对雇员能力本位的培训，不断对学徒制进行完善。1990年的《培训保障法》详细规定了：每年收入超过22.6万澳元的雇主在雇员的总工资里最少抽出1.5%来培训他的雇员，使其拥有足够的能力来完成工作，如果没有达到最低的要求，雇主将面临向国家机构缴纳差额的处罚❷。1992年，联邦政府准许针对所有年龄段都可以执行学徒制。同时，澳大利亚政府成立国家培训局（ANTA），建立联邦、地方政府、产业界以及职业教育机构三级管理机构。

1995年，澳大利亚颁布"澳大利亚资格框架（Australia Quality Framework，AQF）"，此框架整合了职业教育、高中教育和高等教育在内的所有职业资格证书和学历证书，建立了国家统一的资格证书体系，为学徒制培训及能力标准提供了依据。

2. 澳大利亚现代学徒制的产生与发展

为推动经济转型与升级，澳大利亚于1998年1月1日正式实施"新学徒制（New Apprenticeship）"计划，该计划的实施标志着澳大利亚现代学徒制的诞生。新学徒制强调将实践与"培训包"相结合，建立全国的资格认证框架（Australia Recognition Framework，ARF），引入"使用者计划（User Choice）"等以保障学徒制工作的顺利实施。

❶ 熊平.走进现代学徒制[D].上海：华东师范大学，2004.
❷ 温振丽.澳大利亚现代学徒制的变革及其启示[D].杭州：杭州师范大学，2018.
❸ 邢莹莹.澳大利亚现代学徒制改革研究[D].南昌：江西科技师范大学，2014.

1999 年后，培训包逐渐替代了原来各州设计的课程和模块。2001 年，澳大利亚建立 "澳大利亚质量培训框架（Australian Quality Training Framework，AQTF）"，规定使用两套标准提高培训质量。到 2002 年，全澳大利亚约有 33.6 万人接受新学徒制培训，其中 93% 的毕业生在 3 个月左右被录取 ❶。同年，开始通过量化指标对注册培训机构的教学质量进行动态监测。2003 年，澳大利亚又建立了 11 个行业技能委员会（Industry Skills Councils，ISCs），明确了要根据岗位需求更新培训包的主要内容。2003 年底，澳大利亚政府和国家培训局出台了《塑造未来——澳大利亚 2004—2010 年职业教育与培训国家战略》（*Shaping our Future: Australia's National Strategy for Vocational Education and Training 2004-2010*，以下简称 VET 国家战略），提出三个远景、四个目标以及三大目标实现策略，试图解决传统行业技能和劳动力短缺等问题 ❷。2005 年，澳大利亚出台《2005 年澳大利亚劳动力技能开发法案》（*Skilling Australia's Workforce Act 2005*），明确了职业教育发展的国家规划、管理、目标、拨款等制度。从此，澳大利亚进入注重学徒培训质量发展阶段。

2006 年，澳大利亚将 "新学徒制" 更改为 "澳大利亚学徒制（Australian Apprenticeships）"，试图构建全国统一的学徒制框架。至 2007 年，学徒数量不断增加，为了保证学徒培训质量，提高注册培训机构的业务水平和课程实效性，澳大利亚政府决定完善 AQTF2005，形成 AQTF2007。AQTF2007 由基本标准和其他标准两部分组成，其中基本标准包含注册强制标准、州和领地负责注册机构标准、优秀标准；其他标准包含课程标准和各州及领地地区负责人课程机构标准 ❸。

2008 年，全球爆发金融危机。此后，各行业均出现供大于求的情况，澳大利亚的学徒完成率也受到一定程度的影响。为了改善这一现状，2009 年 12 月至 2010 年 11 月，澳大利亚政府立刻执行学徒启动计划。2011 年，澳大利亚颁布《共同的责任：面向 21 世纪的澳大利亚学徒制》（*A Shared Responsibility：Apprenticeships for the 21st Century*），进一步规范学徒制的内容，强调以能力为本的培训、开展学徒激励项目，以及改善支持服务 ❹。同年，澳大利亚政府还发布了《加速学徒计划》（*Accelerated Apprenticeships*），基于 "能力本位" 提出缩短学徒培训时间的 "早期签收" 和先前学习认可两种学徒实施方式。2013 年，澳大利亚又提出新版国家资格框架，该框架包括 10 个等级，全面涵盖普通教育与职业教育的 14 种证书，加快构筑教育 "立交桥"，促进了证书间的互认与转换 ❺。

随着工业 4.0 的到来，各国产业结构不断发生变化，2014 年澳大利亚联邦政府提出《工业创新和竞争力议程：澳大利亚强盛的行动计划》（*Industry Innovation and Competitiveness Agenda: An Action Plan for a Stronger Australia*），规划新一轮的职业教育与培训改革，为澳大利亚学徒制提供方向上的指引。2015 年 12 月，澳大利亚联邦政府教育与培训部（Department of Education and Training，DET）宣布实施 "工业 4.0 高级学

❶ 温世儒，吴霞. 澳大利亚新学徒制培养模式优势特征分析 [J]. 教育观察，2018，7（07）：18-19.
❷ 刘丽平，刘竞竞. 聚焦澳大利亚职业教育改革——《澳大利亚 2004—2010 年职业教育与培训国家战略》探析 [J]. 职教论坛，2014（18）：91-96.
❸ 陆志慧. 澳大利亚新学徒制及对我国学徒制教育的启示 [J]. 教育与职业，2017（11）：109-112.
❹ 易烨，石伟平. 澳大利亚新学徒制的改革 [J]. 职教论坛，2013（16）：89-92.
❺ 过筱. 澳大利亚高中阶段普职融通的经验、挑战与发展趋势 [J]. 职教通讯，2018（1）：27-33.

徒制计划（Industry 4.0 Higher Apprenticeship Project）"，开始实践"学徒制培训创新模式试点项目（Apprenticeship Training-alternative Delivery Pilots）"，并在新兴产业部门的试点项目中投入 920 万澳元的经费资助，实现政府、企业和大学三方在学徒制培训项目上的深度合作❶。2017 年，澳大利亚发布"工业专家学徒指导（Industry Specialist Mentoring Program）"计划，此计划有利于学徒及时解决在岗位上遇到的技能问题，并能定期接受高技能专家的一对一指导❷。

然而，在经济飞速发展、产业快速转型和升级的背景下，供需结构的矛盾也愈发明显，澳大利亚政府仍然需要结合实施不断推进学徒制的完善与改革。

（二）澳大利亚学徒制的发展背景

1. 国家背景

澳大利亚位于大洋洲，是世界上唯——一个国土独占一个大陆的国家。它在 1788～1900 年是英国的殖民地，1901 年成为一个独立的联邦制国家。目前共有六个州和两个自治领地，州和领地高度自治。澳大利亚地广人稀，矿产、农业和畜牧资源非常丰富，是世界十大农产品出口国之一和六大矿产资源出口国之一，被称作"骑在羊背上的、坐在矿车上的、手持麦穗的国家"。此外，澳大利亚是典型的移民国家，外来移民数量居世界第一❸。其中多数澳大利亚白色人种是 19～20 世纪的英国移民。早期主流文化源自英国，但随着美国的兴起和新移民的进入，澳大利亚的文化呈现出以美英为主的多元化风格。

2. 教育背景

澳大利亚中小学及职业学院由联邦政府负责拨款资助、各州或领地的教育部负责管理，大学则由联邦政府管理，其教育体系如图 3-8 所示❹。在澳大利亚，5～15 岁的儿童接受义务教育，其中小学六年，中学四年。完成义务教育后，学生可以考取 10 年级证书，也可以继续升入高级中学学习两年，从而获得高级中学教育证书，进而申请进入大学或技术与继续教育（TAFE）学院。

没有在高级中学学习的学生，有三种职业教育发展路径可以选择：①在注册培训机构学习职业教育认证课程；②在注册培训机构学习职业教育非认证课程；③参加澳大利亚学徒制。这些职业教育的发展路径都是以获得澳大利亚资格框架中的某一职业资格为目标的，具体包括二级证书、三级证书、四级证书、职业教育文凭（五级）和职业教育高级文凭（六级）。其中二级和三级证书是中级技能层次的，四级证书、职业教育文凭和职业教育高级文凭是高级技能层次的。另外，由于澳大利亚的职业教育采取了模块策略（即将职

❶ 过镞，石伟平.澳大利亚现代学徒制的演进过程、特点分析与经验启示——基于 20 年的政策回顾 [J].职业技术教育，2019，40（06）：36-41.
❷ 熊岚.澳大利亚推出"工业专家学徒指导"计划 [J].世界教育信息，2018（6）：75.
❸ 莫衡.感受南半球的人、车、路——澳大利亚之行随想 [J].商用汽车，2013（12）：61-70.
❹ 陶田田.民族地区基本公共服务均等化实证研究 [D].北京：中央民族大学，2012.

业资格分解成若干个能力模块，允许学生在不同场所分别学习和考核不同模块），学生通过这三种方式都可以获得相关能力模块的"完全证明"，再通过模块的组合，获得相应的资格认证。

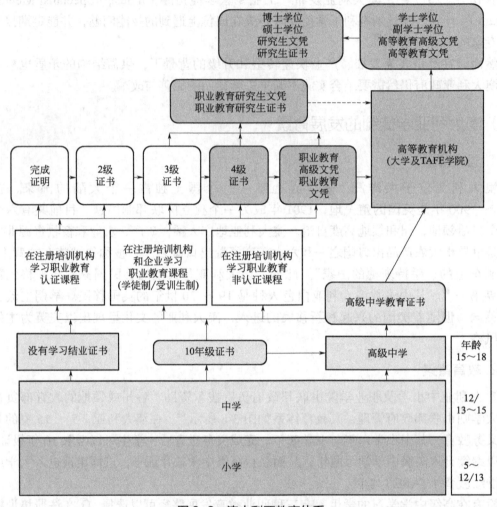

图3-8　澳大利亚教育体系

获得三级、四级证书以及职业教育文凭或高级文凭的学生，还可以继续学习六个月或一年，以获得职业教育研究生文凭或职业教育研究生证书。这两种资质和职业教育文凭/高级文凭的学分，都可以转化为普通高等教育的课程学分，学生凭此可争取获得普通高等教育的学位。

（三）澳大利亚学徒制的法律法规

澳大利亚学徒制发展需要法律作保障。由于澳大利亚是一个联邦政体性质的国家，各州都有自治权。为了支持现代学徒制的发展，澳大利亚制定了一系列的法律法规，如《职业教育法》《高等教育法》《职业培训法》《培训保障法》等。在现代学徒制改革过程中，澳大利亚政府也颁布了一些政策法案，如《2005 年澳大利亚劳动技能开发法案》《共同的责任：面向 21 世纪的澳大利亚学徒制》《工业创新和竞争力议程：澳大利亚强盛的行动计划》等，有效地促进了现代学徒制的管理与发展。

二、澳大利亚学徒制的核心要素

澳大利亚学徒制的培训全过程如图 3-9 所示。在澳大利亚，直接承担职教教育的是澳大利亚技术与继续教育学院（Technical and Further Education，TAFE 学院），尽管 TAFE 是学院，实际上学院的学生 80% 的时间是在工作现场进行的工作本位学习，剩下 20% 的时间在 TAFE 学院进行本位学习，实质上 TAFE 模式是一种新型的现代学徒制模式[1]。本书以澳大利亚 TAFE 模式为例介绍澳大利亚现代学徒制的基本要素。TAFE 学院是以"行业导向"为其办学特色的一种人才培养模式，是世界职业教育与培训的典范，其成功的关键因素是将行业力量全方位地引入职业教育办学中[2]。

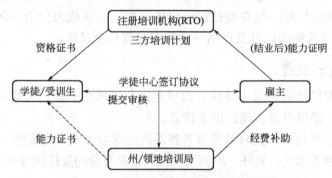

图 3-9　澳大利亚新学徒制的实施情况

TAFE 模式涵盖了职业教育的很多方面，如图 3-10 所示，既有与行业紧密联系的课程管理体系、招生与就业体系，也有与教学实践相关的教师发展体系和行业参与体系，同时澳大利亚还制定了周密的保障体系以保障 TAFE 模式的有效运行。

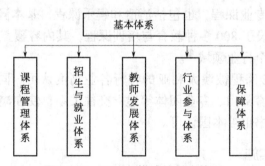

图 3-10　TAFE 模式的基本体系

[1]　白雪，张兵 . 新型现代学徒制度：澳大利亚 TAFE 模式的启示 [J]. 经济研究导刊，2008（15）：149-150.

[2]　张劲博，邵丹璐 . 澳大利亚 TAFE 学院行业参与的经验与思考——对中澳合作项目的启示 [J]. 职教论坛，2021，37（12）：169-176.

（一）澳大利亚 TAFE 模式的课程管理体系

TAFE 模式的课程管理体系是"在澳大利亚资格框架下以行业组织制定的行业标准和国家统一的证书制度为依据，为满足行业需要而设计的理论知识学习和技能培训并重且多数是以技能培训为主的一组结构严谨有序的科目组合"❶，其以"能力本位"为特色，以培养学生的实际能力为目的。TAFE 课程已有 100 多种，并且具有统一编号、统一名称、统一学时数、统一能力标准、统一测试要求❷。从课程安排来看，理论课占 1/3，实践课占 2/3。从类型上看，可以分为国家资格课程、学员自选课程、商业定制课程和培训招标课程等四种课程类型。

1. TAFE 课程的开发

TAFE 模式的课程以职业岗位需求为起始点，培养学生的职业能力。TAFE 模式的课程具有严格的开发依据，主要是依据由行业培训顾问委员会制定经澳大利亚国家培训局（ANTA）批准后颁发的培训包，如果行业没有制定培训包，则以现有的行业能力标准为依据❸。TAFE 课程的开发一般要经过就业市场分析—职业能力分析—制定行业培训包—课程的开发与编制—课程的认可及评估—课程实施等几个过程。

2. TAFE 课程的设置

TAFE 课程设置以社会需求为导向，以满足岗位要求为宗旨，依据市场变化及时调整课程的设置。TAFE 课程设置表现出以下特点。

（1）灵活性。学生可以根据自身需求选择不同的学习方式来完成学习，比如现场学习、网络学习、远程学习等形式；另外，不同人群可以依据自身的安排选择全日制学习或者短期培训。

（2）实践性。TAFE 课程是经过行业咨询委员会调查分析后确定的，对社会需求的契合性相对较高，主要目的是培养学生的职业能力，通过理论与实践相结合的形式，满足企业要求。

（3）种类多。TAFE 模式的课程分类普遍，有职业、非职业课程，就业、教育预备课程，手工艺、半专业及专业课程，也包括消遣和娱乐课程，基本涵盖了各行各业，如：昆士兰州的 TAFE 学院开设了 800 多种教育与培训课程，其内容覆盖了 2000 ～ 2002 年昆士兰州政府优先发展的多个行业领域❸。

（4）通用性。TAFE 课程被澳大利亚的各行各业高度认可。同时，澳大利亚的 TAFE 学院也同其他国家的教育部门、专业团体等建立交往关系，使在澳大利亚读 TAFE 学院的学生所取得的资格或证书也被本国认可。

3. TAFE 课程的实施

TAFE 课程的实施以学生为中心，教师以引导者与辅助者的角色采用适当的方法开展

❶ 黄日强，万福恩，王平凤. 澳大利亚 TAFE 学院的课程设置 [J]. 职教论坛，2005（13）：59-61.
❷ 张惠典，陈欣. 澳大利亚 TAFE 模式及其对我国职业教育改革的启示 [J]. 今日科苑，2021（10）：59-70.
❸ 杜秀群. 澳大利亚 TAFE 课程设置的特色及借鉴 [J]. 山西青年管理干部学院学报，2006（02）：98-99.

教学，培养学生计划、组织、团队协作、交流及运用理论知识解决实际问题等职业能力和创新思维的能力。随着互联网的普及，澳大利亚 TAFE 课程也基本实现信息化、网络化，为学生学习带来了诸多便利。

4. 对 TAFE 课程的评价

对 TAFE 课程的评价主要考虑以下这几点：课程开发和设置是否符合培训包的要求；能力标准与测试标准是否统一，是否和国家能力标准一致；课程是否符合市场需求并具有实用性；课程实施过程是否科学合理；学校是否有开设此门课程的师资、设施等条件以及是否通过国家相关部门的审批等[1]。

另一方面，TAFE 模式对学生的考试主要是理论与实践两方面。其中，对理论领域的考核比较宽松，理论考试未过者，可以参加一次补考，如果仍未通过，学院会再组织一次面试，一般不会出现因为理论考试不合格而未通过的人[2]。相对而言，TAFE 学院对实践层面的考核会很严格。

（二）澳大利亚 TAFE 模式的招生与就业体系

TAFE 学院的招生在国内外均有，一般入学条件为：有一年以上工作经验，可申请绿色通道入学；申请资格证书的学生，一般要完成 10～11 年级的学业；申请专科或副学士的学生，要完成 12 年级的学业；参加正式课程的学生，必须参加 TAFE 测试或托福 530 分以上[3]。

另外，澳大利亚规定只有拥有相应的 TAFE 证书才能从事相关职业，从而出现不少本科生、硕博士生毕业后以及在职人员争相考取 TAFE 证书。据统计，参加全日制学习的学员，平均年薪为 4.82 万澳元，未完成者其年薪为 4.07 万澳元[4]。

（三）澳大利亚 TAFE 模式的教师发展体系

1. 资格与资格认证

澳大利亚 TAFE 模式的教师资格有六个资格等级，分别是四级证书、文凭、高级文凭、学士、研究生和博士。多数情况下，大学、TAFE 学院或者国家注册培训机构均可以颁发四级证书，但国家注册培训机构不可以颁发其他五类资格证书，大学、TAFE 学院是可以的。

TAFE 教师的资格认定是指有关部门根据培训包的规定，对申请人的能力进行评估，通过者可以获得对应的资格证书。教师的资格认定采用课程培训和评价两种方式完成，其中培训课程一般指的是教师在 TAFE 学院或者大学选择的有关进修课程。

2. TAFE 教师的聘任

一般而言 TAFE 学院的教师必须具备以下几个条件：有 3～5 年专业对口的实践工作

---

[1] 冯俊丽．澳、英现代学徒制比较研究 [D]．广州：广东技术师范大学，2019.
[2] 杜秀群．澳大利亚 TAFE 课程设置的特色及借鉴 [J]．山西青年管理干部学院学报，2006（02）：98-99.
[3] 张惠典，陈欣．澳大利亚 TAFE 模式及其对我国职业教育改革的启示 [J]．今日科苑，2021（10）：59-70.
[4] 王伟巍．澳大利亚"新学徒制"改革研究 [D]．大连：辽宁师范大学，2014.

经历；受过大学教育专业和相关专业的培训持有教师资格证书（很多学院要求具有教育学或心理学学士学位）；具有四级职业证书并接受过工作场所的训练❶。

为了解决师资不足的问题，澳大利亚会从实践经验丰富的技术人员中选择、培养兼职教师；被聘用的技术员可以一边在 TAFE 学院教学，一边在大学接受为期 1～2 年的师范教育，取得教师职业资格证书❷。

3. TAFE 教师入职教育制度和在职提升制度

为使新晋教师尽快成熟起来，TAFE 学院制定了入职教育制度，主要包括教学与专业技能培训、导师制和专业培训组织。其中，导师制是指在一名老教师的带领和指导下，新晋教师完成授课、参加专业有关项目等，从而推动新晋教师的成长。另外，TAFE 教师可以通过参加 TAFE 协会、TAFE 教师协会等各类教师或行业组织以获取知识和提高沟通能力等。

另一方面，TAFE 教师的主要是通过加入专业发展项目或者参加相关课程培训提高专业技能或者学历水平。在 TAFE 学院中，终身制的教师越来越少，1～5 年的合同制和临时教师的数量递增。在教师培训上的费用主要由政府和 TAFE 学院承担，但教师专业发展项目费用逐渐转向由教师负担。同时，教师的待遇主要由竞争上岗的结果决定，与年限的关系很小。

4. TAFE 教师专业标准

为保障 TAFE 模式的教学质量，澳大利亚政府为教师制定了发展性的专业标准。在国家层面，主要是澳大利亚国家资格框架和培训包；州层面和学院层面，也存在相关的专业发展框架或者政策。

（1）TAFE 教师专业标准对 TAFE 教师资格的规定。澳大利亚国家资格框架对 TAFE 教师资格的详细规定是：①持有 TAE40110 培训包中规定的培训与评估四级证书；②持有相关职业能力证明；③满足培训包的具体规定或要求；④能证明具有当前的行业需要的技能并进行相关的培训或进行评估；⑤通过专业发展活动，不断开发和改进他们相关方面的知识和技能（职业教育和培训的知识和技能、相关行业的知识和技能、培训师/评估师的知识和技能）❸。

（2）TAFE 教师专业标准对教师知识方面的规定。对 TAFE 教师应具备的基础知识的要求并未有单独的文件，但从澳大利亚国家资格框架和培训包对 TAFE 教师的能力要求来看，持有培训与评估四级证书是 TAFE 教师应满足的最低要求。在取得证书的过程中，教师需要参加教育学知识、职业教育知识和专业技术知识等方面的培训，具体包含心理学、教育学、社会学、人类学及各领域的专业知识的培训。

（3）TAFE 教师专业标准对 TAFE 教师核心能力方面的规定。从澳大利亚的培训包中

---

❶　莫玉婉，莫春雷.澳大利亚 TAFE 学院高职教师资格标准探析 [J].纺织教育，2011，26（02）：169-172.

❷　黄日强，邓志军.澳大利亚职业教育的师资队伍建设 [J].河南职业技术师范学院学报：职业教育版，2003（1）：53-56.

❸　张晓林.澳大利亚 TAFE 教师专业发展研究 [D].大连：辽宁师范大学，2017.

可知，TAFE 教师需要具备学习设计、培训实施、进行高级学习项目、评估、培训咨询服务、国际教育的管理和可持续发展能力 7 种核心能力。虽然培训包对教师的核心能力做出了详细规定，但并未机械地将其限制在理论框架中。

（4）TAFE 教师专业标准对 TAFE 教师专业素养的规定。TAFE 教师的专业素养的根基是拥有良好的人格品质，在此基础上才能谈及教师的爱岗敬业、无私奉献、坚定的职业信念等职业道德。

以墨尔本皇家理工大学（RMIT）的职业教师培训的实施为例，其是基于培训包 TAE40110 职业教师能力标准、能力单元和评估指南开发的课程模块。如表 3-28 所示，RMIT 将课程分为设计、成人语言应用能力和计算技能需求、提供学习和基于工作场所的评估四个模块。RMIT 又进一步将四个模块分解为多个能力单元以便于执行，如表 3-29 所示。

表3-28 RMIT职业教师培训与评估四级证书课程模块结构

课程代码	模块名称	模块内容
C4377	设计	使用培训包和认证课程； 设计和开发学习课程
	成人语言应用能力及计算技能需求	提高成人语言应用能力和计算技能
	提供学习	提供基于小组和在工作场所的学习； 提供基于演讲的技能
	基于工作场所的评估	评估活动和过程； 评估能力； 设计和开发评估工具以及参与评估验证过程

注：资料来源为澳大利亚墨尔本皇家理工大学官方网站。

表3-29 RMIT-C4377培训与评估四级证书能力单元实施计划

能力单元名称	相应能力标准	学时数	课程代码	开课校区
评估活动及流程	TAEASS401	40	TCHE5917C	城市校区
评估能力	TAEASS402	25	TCHE5918C	城市校区
参与评估验证	TAEASS403	35	TCHE5919C	城市校区
设计、开发评估工具	TAEASS502	40	TCHE5903C	城市校区
计划、组织及提供基于小组的学习	TAEDEL401	30	TCHE5920C	城市校区
计划、组织及促进工作场所的学习	TAEDEL402	25	TCHE5916C	城市校区
设计和开发学习计划	TAEDES401	50	TCHE5921C	城市校区
使用培训包及认证课程来满足客户需求	TAEDSS402	25	TCHE5922C	城市校区
解决成人语言应用及算术技能问题	TAEALN411	30	GEDU6046C	城市校区
做一个演讲	BSBCMM401	30	COMM5977C	城市校区

注：资料来源为澳大利亚墨尔本皇家理工大学官方网站。

在确定能力单元后，RMIT 根据每个单元制定教学计划与执行标准，以其中的"使用培训包和认证的课程来满足客户的需求"单元为例，该单元设置了五块内容，如表 3-30所示：①选择适当的培训包或认证的课程；②分析和解释资格框架；③分析和解释能力单元和认证的模块；④客户端应用程序的上下文单元和模块；⑤分析和解释评估信息❶。

表3-30　使用培训包和认证课程来满足客户需求的核心要素和执行标准

能力单元	使用培训包和认证课程来满足客户需求（TAEDES402）
核心要素	1　选择适当的培训包或认证的课程
执行标准	1.1　确认客户的培训和评估需求 1.2　确定并提供可满足客户需求的培训包和认证的课程 1.3　根据培训和评估机构的质量保障政策和流程来应用培训产品
核心要素	2　分析和解释资格框架
执行标准	2.1　解读资格认证规则 2.2　审查并确定适用的许可要求和先决条件 2.3　选定符合客户需求和工作角色的课程
核心要素	3　分析和解释能力单元和认证的模块
执行标准	3.1　选择单个单元或认证模块来满足客户的需求 3.2　阅读、分析和解释单元或认证模块的所有部分，以满足客户的需求 3.3　分析单元和认证模块之间的联系，为客户开发有效的应用程序 3.4　对单元或认证模块进行清晰、易读式的文件分析
核心要素	4　客户端应用程序的上下文单元和模块
执行标准	4.1　使用来自客户的信息以使单元或认证模块符合客户需求 4.2　使用由培训包或课程开发人员提供的关于情境化的建议以满足客户的需求
核心要素	5　分析和解释评估信息
执行标准	5.1　阅读、分析和应用相关培训包或认证课程的评估指导规则 5.2　确定评估或合理调整以满足客户的特殊要求

之后，教师可以根据上述标准开展教学。在执行过程中，教师可以采用实践新技能、案例研究和情景分析、角色扮演、小组讨论等教学方法完成教学。

（四）澳大利亚 TAFE 模式的行业参与体系

在澳大利亚现代学徒制模式中，行业扮演着十分重要的角色。在联邦政府层面，行业在联邦政府或者州政府制定和执行职业教育政策中充当着信息的提供者。例如，澳大利亚行业技能委员会是由委员国家、州和领地部长提名的各个产业的领导者组成，为澳大利亚政府提供职业教育与培训的政策建议，让职业教育与培训系统能听到来自产业的声音，确保高效培养产业所需、为工作做好准备的工人。在教学实施过程中，行业参与力度显著。澳大利亚的学徒培训主要是由集体培训组织、注册培训机构、学校和社区组织等负责执

---

❶　冯俊丽.澳、英现代学徒制比较研究 [D]. 广州：广东技术师范大学，2019.

行，其中学校和社区组织是澳大利亚具有代表性的 TAFE 学院。本书以 TAFE 学院为例，描述一下行业参与学徒制的运行模式与保障机制。

1. 参与 TAFE 学院的专业设置和课程开发

行业参与 TAFE 的专业设置主要体现在：首先，TAFE 学院需要与行业根据市场需求就学院的设施、师资等基本情况协商；然后，上报地方教育部门和行业组织完成审批；最后，审批通过后，学院才可以招生。

澳大利亚 TAFE 学院的课程根据是否与国家培训包相匹配被划分为两类：一类是完全按照国家行业委员会开发的培训包内容进行课程开发，课程标准以培训包中的能力单元为主要依据；另一类是国家认可课程，对国家已经认可的培训包中没有涵盖的职业技能要求，以国家认可课程为依据进行开发❶。

2. 参与 TAFE 学院的教学实施全过程

行业参与 TAFE 学院的教学实施全过程主要体现在：一是行业协会代表与学院专家组成专家委员会，提供教学咨询、指导等服务；二是为学生提供实训所需的设备，接受学生到企业顶岗实习；三是根据教学评估质量调整教学内容与方式，主要是通过向雇主发起满意度调查来评估教学质量。

3. 参与师资队伍建设

行业参与 TAFE 学院师资队伍建设表现在：①为教师提供实践场所，每年教师到企业去工作学习一段时间，以提高专业技能；②完成与企业的研究成果转换，促进双方科研的提高，实现共同受益。

（五）澳大利亚 TAFE 模式的保障体系

随着经济与科技的不断发展，澳大利亚政府为适应这些发展带来的新形态，陆续推出了资格框架、培训包和培训质量框架等保障措施，如图 3-11 所示。

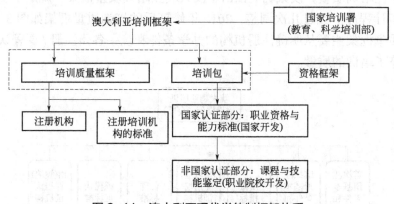

图 3-11　澳大利亚现代学徒制框架体系

❶ 姜春云，徐涵 . 澳大利亚高等职业教育的课程标准研究及启示——以新南威尔士州 TAFE 学院为例 [J]. 中国职业技术教育，2019（21）：30-35.

1. 澳大利亚资格框架

澳大利亚的资格框架把普通中等教育、普通高等教育和职业教育与培训三种教育的资格证书整合到一个体系中。该框架共有 10 个等级，14 种资格证书类型。资格证书类型与等级划分见表 3-31。

表3-31　澳大利亚资格框架

中等教育	职业教育与培训	高等教育	水平等级	学习年限 / 年
—		博士学位	10 级	3 ～ 4
—	—	研究型硕士学位 / 课程型硕士学位 / 拓展型硕士学位	9 级	1 ～ 2/1 ～ 2/3 ～ 4
—	职业教育与培训研究生文凭	荣誉学士学位、研究生证书 / 文凭	8 级	0.5 ～ 1/1 ～ 2
—	职业教育与培训研究生证书	学士学位、高等教育高级文凭	7 级	3 ～ 4
—	职业教育与培训高级文凭	副学士学位、高等教育文凭	6 级	1.5 ～ 2
—	职业教育与培训文凭	—	5 级	1 ～ 2
—	4 级证书	—	4 级	0.5 ～ 2
—	3 级证书	—	3 级	1 ～ 2
高中毕业证书	2 级证书	—	2 级	0.5, 1, 2
	1 级证书	—	1 级	0.5 ～ 1

2. 澳大利亚培训质量框架

为确保学徒培训质量，澳大利亚推出了澳大利亚培训质量框架，规定了全国统一的注册、监督和审计程序。经过几次调整，2010 年修订后的培训质量框架如图 3-12 所示。澳大利亚培训质量框架主要从明确注册机构的办学条件和统一各州注册 / 课程认定机构的标准两方面保障了培训的质量。

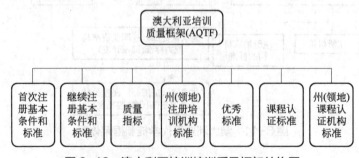

图 3-12　澳大利亚培训培训质量框架结构图

3. 培训包

培训包是国家职业教育与培训的"培训指南",是通用的资格体系的能力标准,是重要的教学法规。澳大利亚职业教育培训包主要包括国家认证和非国家认证两大部分,国家认证部分包括国家能力标准、国家资格和评估指南;非国家认证部分包括学习策略、评估材料和专业发展材料,具体组成部分及详细内容见表 3-32[1]。

表3-32 培训包组成部分

培训包组成部分		详细内容
国家认证部分	国家能力标准	国家能力标准由行业制定,每个能力标准包含一定数目的能力领域,能力领域包含若干能力单元,能力单元描述特定职业或工作岗位的关键能力和角色,并且规定了在工作场所运用这些知识和技能的实际应用标准
	国家资格	受训者达到描述的核心能力,颁发其相应的资格证书,认定从业资格
	评估指南	评估指南一般包括:评估体系概述、评估者资格、设计评估资源指南、评估指南和评估信息资源
非国家认证部分	学习策略	为学习者和相关人员提供的学习材料,一类是对培训包结构和学习顺序的介绍,另一类是为相关人员提供支持学习和培训的资源及材料
	评估材料	评估材料包括一般评估资源和评估工具两种类型资料,为评估者提供评价学习者能力的指导性方案
	专业发展材料	提供教育教学发展的资料,指导培训机构专业课程的开发,对课程计划、教学和评估提供支持

培训包主要的特点有以下几点:①提供了一致性的材料用于培训,认可和评估技能,注重能力的培养,以通过能力考核为授予国家认证资格的唯一途径;②鼓励开发灵活多样的授课方式,以满足不同行业和个人的需求;③鼓励在工作的环境或类似工作环境里学习和评估,这样的学习和评估更有效[2]。

澳大利亚培训包的开发主要由澳大利亚教育科学培训部在全国统一标准的规定下完成,其开发流程图如图 3-13 所示。

4. 澳大利亚资格框架管理机构

澳大利亚资格框架(AQF)是由澳大利亚资格框架委员会统筹管理,认证机构与行业组织是其二级管理机构,共同负责澳大利亚资格

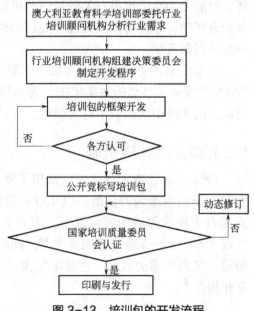

图 3-13 培训包的开发流程

---

❶ 赵聪.澳大利亚职业技术教育"培训包"研究[D].大连:辽宁师范大学,2011.

❷ 冯俊丽.澳、英现代学徒制比较研究[D].广州:广东技术师范大学,2019.

框架的管理与实施。相关机构和具体的职责见表 3-33。

表3-33　澳大利亚资格框架管理机构及职责

机构类别	机构名称	职责
统筹管理	澳大利亚资格框架委员会	管理、维护、推广澳大利亚资格框架；提供战略性指导方针、建议等；建立跨部门的联系途径
认证会议	中等教育认证机构 职业教育与培训认证机构 高等教育认证机构	各类资格的认定及管理
行业组织	行业技能委员会	制定职业资格证书行业标准；向政府等部门提供信息支持服务；协调政府、企业及学校（培训机构）的关系

三、澳大利亚学徒制的特点

（一）政府主导，行业主导

与德国的学徒制企业占主体地位不同，澳大利亚学徒制是以政府为主导。政府在学徒制中的主要表现为拨款资助、颁布政策法规、建立企业参与学徒制的机制等。以 TAFE 为例，政府提供约 97% 的资金，学院自筹 3% 左右，在政府拨款中，联邦政府占 1/3，州政府占 2/3[1]。另外，企业如果想要参加学徒制，首先要在本地区的培训局完成注册，政府再按照相关标准进行认定，通过者可以招收学徒。为了确保企业在学徒制培训中履行其职责，政府会为企业提供有关的培训并进行质量监控。另一方面，政府也会定期在网站上发布企业名单，学徒可以上网选择心仪的企业与其达成协议，完成协议后，政府会为其提供一定的财政资助。

行业主导的办学机制是 TAFE 学院成功的秘密武器。行业协会主导开发的培训包是 TAFE 学院开展培训的主要依据，为实现培训目标与行业要求的有机统一、促进职业教育与就业的无缝衔接提供了有力保障。

（二）健全的保障机制

1998 年后，澳大利亚先后推出了资格框架、培训包、培训质量框架，共同构成了澳大利亚学徒制培训的依据。以 TAFE 为例，内部呈现"三层次六等级"模式，涵盖由低到高六个技术等级的资格证书，可划分为三个层次：1～2 级为初级水平，3～4 级为中级水平，5～6 级为高级水平[2]。同时，"现代学徒制"在澳大利亚被设计成一种纵向衔接、横向融通的教育"直通车"和"立交桥"，不同的技术等级之间可以通过学分累计互相衔接[3]。

---

[1] 张惠典，陈欣. 澳大利亚 TAFE 模式及其对我国职业教育改革的启示 [J]. 今日科苑，2021（10）：59-70.

[2] 任梦，蔡晓棠，槐福乐. 澳大利亚 TAFE 发展历程、特点及启示 [J]. 职教通讯，2021（01）：122-127.

[3] 左彦鹏，李娅玲. 澳大利亚现代学徒制的发展历程、成效与优势 [J]. 职教论坛，2019（04）：157-162.

（三）以能力为本位的培训模式

澳大利亚的学徒制采用能力本位（Competency Based Education，CBE）的培养模式。在整个学徒制过程中，学徒和受训生大概有80%的时间是在工作场所接受技能学习与训练，剩下20%的时间是在学校完成理论学习。澳大利亚的资格框架是以能力为基础建立的，而能力本位在各个培训包中得到充分体现。

（四）灵活的培训方式

澳大利亚学徒制还具有灵活性的特点，主要表现有：一是教学方式的"用户选择"特征，雇主和学徒可以根据自身的情况选择不同的培训，甚至培训时间、地点、方式和教师都可以选择；二是学徒年龄的灵活性，只要是年满15岁的澳大利亚公民，都可以申请参加学徒培训；三是学徒培训选择灵活，学徒培训包括岗前培训和在职培训，学徒可以选择岗前培训接受就业有关的培训，也可以选择在职培训提升自身的专业知识。

第四章

中国学徒制的历史追溯与发展

纵观全球，德国的"双元制"为德国经济发展提供了巨大的动力，美国、英国、瑞士、澳大利亚、日本和新加坡在德国"双元制"的基础上分别发展了具有本国特色的"合作教育""现代学徒制""三元制""新学徒制""产学官合作"和"教学工厂"等人才培养模式，有效地解决企业的用工需求。我国现代学徒制虽然起步较晚，但成绩显著。以史为鉴，开创未来。中国现代学徒制不仅要在空间维度上学习借鉴其他国家的学徒制模式，还应在时间维度上总结我国学徒制的发展历程，做到在继承我国传统学徒制的经验时又不囿于模仿其他国家学徒制模式。为此，本章主要梳理我国学徒制的历史演变与发展，总结分析现代学徒制人才培养模式的运行现状。

第一节
中国学徒制的早期萌芽与发展

在历史上，我国关于学徒制的称谓有许多，如"艺徒制""工徒教育"等，这里统称为"学徒制"。在我国学徒制的发展历史悠长，最早可以追溯到原始社会时期的父母向子女传授基本生活技能的模式。随着社会生产方式的发展，学徒制的形态也随之变化。本节将从五个时期介绍我国学徒制的发展历程。

一、中国古代时期的学徒制

《白虎通》中记载到："古之人民皆食禽兽肉。至于神农，人民众多，禽兽不足，于是神农因天之时，分地之利，制耒耜，教民农作……"《孟子·滕文公上》也提道："后稷教民稼穑，树艺五谷，五谷熟而民人育。"这些都从侧面反映了原始社会时期存在技艺传授的事实。由于当时社会生产水平和生产方式的限制，技术含量较低，并未形成系统的学徒教育体系，主要是传授生产劳动所需的知识与技能，概括为传授基本的原始工艺技术、动物驯养经验及原始的自然科学知识❶。当时的社会交往与人口流动少，家庭是学徒教育的最小单位，依靠长者或者父母在家族内部进行技能的传授，这种局面导致职业或身份只能进行世袭，即子承父业。原始社会的这种"父母教，子女学"的形式便被认为是学徒制的初始形态。

随着农耕技术、手工业和商业等进一步发展，财产逐步走向私有化，形成了阶级分化，奴隶社会逐渐形成。这一时期，奴隶主为了维护自身的利益，开始兴办学校，吸引贵族子弟入学学习，主要传授军事、占卜和祭祀方面的知识和技能，初步形成师徒传授与劳动生产分离的现象，形成了学校制度（对早期的学校，夏称为"学""校"，商称为"庠""序"，周称为"辟雍""泮宫"，这里统称为学校）❷；或者借助作坊，以父传子、师教徒的形式传授技术知识和技能。另一方面，在掌管文化、农业、手工业和商业的官吏中，实行子习父教的教育方式。西周及春秋时期，出现对官府工匠的管理。例如，西周时期作出规定：手工业者不能迁业，而且家族保持世代相传。这点在《荀子·儒效》（"工匠之子，莫不继事"）亦可得到考证❷。春秋时期"勒工名"出现，工师在完成器物后会雕刻上工场名称或自己名字，以防器物假冒，也方便对学徒器物质量进行考核认定。奴隶社会后期，手工业快速发展，家庭内部的技艺传承已经无法满足生产需求，学徒制开始突破家族圈的传授形式，通过招收别人家的孩子到自己家中做养子的形式，教授职业技艺。当时的学徒制还仅仅是自发性地在家庭内部进行"生存式"技能的传授，带有强烈的私人性质，为此，有的学者将这种形态称为"前学徒制"。

进入封建社会，农业和手工业的发展达到较高水平，学徒制得到进一步发展。在封建社会鼎盛的唐朝，从中央到地方均设有管理官营手工业的机构，这些机构纵横交错分布在全国，形成了一个庞大的管理系统，并且采用学徒制的方式培养了一大批能工巧匠。另外，唐朝还设立了"掌百工技巧之政"的少府监（负责天子和皇族生活日常用品的制作等）和"掌土木工匠之政"的将作监（负责朝廷的土木建筑），二者均有选拔和培训学徒的职责❸。例如，据《新唐书·百官志》记载，掌管百工技的少府监，每年十月，从刑部都官司的官奴婢和官户中挑选一部分人为工户，送到少府监学习细缕、车辂、乐器制造等精细手艺❹。少府监对学徒期限和考核都有明确规定，如《大唐六典》曾有如下记载："凡教诸杂作工业，金银铜铁铸，凿镂错镂，所谓工夫者，限四年成；以外限三年成；平慢者限二年成；诸杂作有一年半者，……有九月者，……有三月者，有五十日者，有四十日者。"这样严格的培训计划为唐朝培养了很多优秀的工匠❺。宋朝延续了唐朝的技艺传承制度——官营学徒制，随着职业技术的发展，官营学徒制的工种和规模均有所扩大，已覆盖了纺织、冶金、铸币、造船、盐业、采矿、武器制造等领域。由于手工业作坊的规模扩大，宋朝推出"法式"教授法来培训学徒，使得技艺教授有专门的教材可依。所谓"法

❶　刘晓.我国学徒制发展的历史考略 [J].职业技术教育，2011，32（09）：72-75.
❷　刘建新，于珍.中国古代学徒制的变迁 [J].中国职业技术教育，2016（34）：62-65.
❸　于彦华.浅析我国古代职业教育的主要途径及作用 [J].教育教学论坛，2011（21）：232-234.
❹　石璟瑶，郝艳梅.从晋商文化看学徒制的发展 [J].职教通讯，2015（10）：63-65.
❺　刘玉峰.试论唐代官府手工业的发展形态 [J].首都师范大学学报（社会科学版），2001（05）：13-21.

式"，是在总结长期工作经验的基础上形成的技术规范标准，包括基本的技术知识和操作要领，相当于现代的简易教材，内容上一般包括"名例""制度""功限""料例"和"图样"等。宋代编制了很多"法式"，如李诫编撰的《营造法式》、军器监奉旨编定的《熙宁法式》《弓式》和朱琰所撰的《陶说》等❶。"法式"的出现是宋代学徒制发展的最大进步之处，其明确了学徒的培养目标和要求，改变了早期"父子相传"的关系，增加了师徒关系之间的亲密度。

明代中叶以后，沿海地区陆续出现资本主义萌芽，纺织、丝绸织造等商品性经济空前踊跃。一方面，随着商品的广泛流通，手工艺者迫切需要进行技艺交流，同时民间作坊也开始总结技艺；另一方面，为独占利益，减少竞争，明清时期我国出现了既受官府和客商制约，又有力量同官府和客商抗衡，以维护自身利益为目的的组织——行会，行会的形成促进了行会学徒制的出现❷。据史料记载："商事尚无学堂，必须投入商号学习。故各种商号，皆收徒弟。"可见，无学徒经历者便没有经营资格。行会对学徒的入徒、学习、生活、出徒和学习期限等都有严格的要求，如清朝行会规定：泥作"学徒三年为满"❸。晋商作为这一时期的重要商帮，在发展过程中形成了相对稳定的学徒制度，主要体现在学徒选拔、培养、考核三方面，如在学徒选拔上，实行保举制，对学徒的家世、外貌、年龄、书法等都有严格的要求。由于社会经济的转型和发展，加上资本主义萌芽对传统学徒制的冲击，传统学徒制的弊端日益彰显，如教育效率不高、师徒关系因利益变得微妙等，这使得学徒制出现衰落，逐渐成为行会的"附属品"。

到了封建社会中后期，在行会的管理下，学徒的招收数量和时间都有限制，否则会受到"赔银逐徒"的处罚。在1796年的重庆胰染绸绫布匹头绳红坊业众艺师公议中提道："每家铺户以三年兑期招学徒一个，出师之时，方才结束复招学徒一个。如果重招，罚戏一台，治酒席，务要将重招之徒开销出铺。"❹

二、中国近代时期的学徒制

第一次鸦片战争后，西方列强纷纷在中国兴建工厂，急需大量廉价的劳动力。与此同时，我国民族工商业得到进一步发展，迫切需要大量的熟练工人、技术人员、管理人员等，这促使了我国近代学徒制的迅速发展。1868年洋务运动期间，福建船政局设立了艺圃。依托艺圃对机器修理及技术操作的艺徒进行考核，艺徒考核合格之后可以转成正式的工人，这就是我国对技术工人进行培训的最早教育机构。1902年（光绪二十八年），清政府在全国各地设立官办手工工场——工艺局。这些工艺局在当时既是学徒的学习场所，也是生产商品的地方。工艺局的出现促进了学徒教育的发展，改革了我国传统学徒培训方式，主要体现在设场授徒的单位增多、学徒数量增加、学徒培养质量提升、教学组织形式与教学方法有所改进、师资聘用发生变化、学徒年限更加灵活。据资料记载，

❶ 谢广山，宋五好.中国古代职业教育之方法 [J].职业技术教育，2006，(31)：75.
❷ 刘晓.我国学徒制发展的历史考略 [J].职业技术教育，2011，32 (09)：72-75.
❸ 刘建新，于珍.中国古代学徒制的变迁 [J].中国职业技术教育，2016 (34)：62-65.
❹ 刘涛."学徒制"的现代价值及其实现之研究 [D].苏州：苏州大学，2011.

1902 ～ 1911 年，直隶、奉天、吉林等 22 个省的统计中，工艺局共有 228 个，各种工艺传习场所 519 个，劝工厂 10 个，分布于全国各地；当时的师资由专门传授理论知识的教习和负责技术改良的工匠组成，两者协同，共同完成教授，并且引入洋教习，多教授新式工艺，采用合同规范教师的权利与义务。

1904 年清政府拟定并颁发《奏定学堂章程》，此章程中提到艺徒学堂，并提出此学堂要对 12 岁以上平民子弟进行招收，招收后利用闲暇时间对其进行不同程度的工业技术培训，所学课程的内容主要涉及算术、物理、化学等，目的是为国家培养能工巧匠。此时期不论是艺徒学堂还是实业学堂都对社会发展起到了促进作用，让富国强民理念得到广泛推广，也使得我国的职业教育进入崭新时期，现代学校学徒体系得以初步形成❶。

三、中国社会主义革命和建设时期的学徒制

新中国成立后，《关于开展职工业余教育的指示》颁布，指示中提到技术教育应采取技术训练班、研究班的形式，并对教育场所、经费、内容、时间等进行完善，这是对传统学徒制的完善，对恢复建国初期经济发展起到了积极作用。1956 年社会主义改造完成后，我国在社会主义建设中面临劳动力不足、技术工人短缺的问题，很多地区都缩短了学徒的学习期限，提高了学徒待遇津贴，借此来解决劳动力短缺问题，但这种短期培训的学徒技术水平差，质量普遍不高。1957 年 6 月，周恩来总理在第一届全国人民代表大会第四次会议的《政府工作报告》中，对学徒制度和建设提出了明确的指示：学徒的学习期限太短、待遇太高、学习期满后升级太快、升级考试制度不合理，容易造成青年工人忽视生产实践经验，甚至在一部分青年工人中间滋长骄傲自满情绪❷。为此，1957 年 11 月，《关于国营、公私合营、合作社营、个体经营的企业和事业单位的学徒学习期限和生活补贴的暂行规定》出台，对学徒的期限进行规定：学徒期限不能少于两年，多为三年，学徒转成正式工人的第一年薪资按照所在单位中的最低工资执行。此后各行业的主管部门对学徒培训工种、期限、培训内容、转正后定级及考核的方法等进行了规定，这些规定的颁布标志着我国学徒制度正在逐步形成。1958 年 5 月，刘少奇提出"两种教育制度、两种劳动制度"构想，提出了知识分子的培养采取半工半读培养制度。此后一年内各地业余学校相继建立，开展各种类型半工半读式的教育。但在 1959 年以后，我国经济发展受阻，这类半工半读学校出现了停顿。据 1959 年统计，新中国成立 10 年期间共培训新技工 837 万人，其中 90% 以上是通过学徒制的方式培训的❸。可见，这一阶段学徒制得到了很好的运行。

1964 年，国民经济好转，我国教育事业重新步入正轨，两种教育制度又被重提。1965 年自小学到大学的半工半读式教育体系在全国范围迅速发展。截止到 1965 年底，我国半工农半读学校共有 7294 所，拥有在校生 126.6 万❹。1966 年后，受"文化大革命"

❶ 杨军虎 . 中职学校"现代学徒制"实施现状个案研究 [D]. 兰州：西北师范大学，2019.

❷ 毕结礼，王琳 . 我国学徒制的历史沿革与创新 [J]. 中国培训，2012（04）：8-11.

❸ 梁忠义 . 职业技术教育手册 [M]. 长春：东北师范大学出版社，1986.

❹ 郑荣奕 . 我国学徒制的历史演变与改革方向 [J]. 当代职业教育，2017（03）：30-33.

的影响，半工半读教育模式几乎完全被否定❶。

直到 1973 年，《关于中等专业学校、技工学校办学中几个问题的意见》（国发〔1973〕81 号）颁布，一些学校恢复招生，实行校办工厂，建立起了教学、生产、科研三结合式的崭新教育机制。教育采用集中学、穿插学等教学方式相结合，提倡理论联系实际，倡导学以致用。从另一个角度看，三结合教育机制是二十世纪五、六十年代半工半读教育模式的一个翻版。

四、中国改革开放和社会主义现代化建设新时期的学徒制

十一届三中全会后，我国经济建设迅速发展，对技术工人的需求越来越大，因此，学徒制被重新提出。1979 年《关于进一步搞好技工培训工作的通知》规定，学徒进行理论知识学习的时间不能少于 1/3 学期，且学习中要签署师徒合同，师傅要确保培训质量，学徒上岗前要进行考试，考试合格后才能上岗。1981 年国家劳动总局颁发了《关于加强和改进学徒培训工作的意见》（〔81〕劳总培字 28 号），明确了学徒招收的条件、学徒期限及培养目标，提出学徒培训要签署培训合同，对培训措施进行改进，严格学徒考核制度，在培训中要加强领导管理❷。随着改革开放的不断推进，我国经济体制向社会主义市场经济转变，传统学徒制难以满足市场经济规模化生产的需求，为此党中央又颁布了《关于教育体制改革的决定》，决定对中等职业教育进行了机构调整，提出大力发展职业教育的政策，且要求实施"先培训、后就业"政策，将以企业培养为主的工人培训转为以学校培养为主❸。1989 年《学徒培训制度改革座谈会纪要》颁发，对我国学徒制实施中的问题进行了分析，并提出学徒工培训要采取学校及企业相结合的培训方法，此制度的颁发标志着我国以企业为主的传统学徒制度的终结。改革开放以来，随着市场经济的改革，企业拥有自主招聘、解雇员工的权力，同时在激烈的市场竞争中，企业忙于扩大生产，抢占市场先机，对员工的培训管理逐渐减少，而员工对培训的积极性也逐渐减弱，导致企业的培训职能逐渐被剥离。

1998 年国家倡导科教兴国，为解决国家职业教育理论与实践脱节的现象，结合各地人才培养模式的实践经验，原劳动部门颁发《关于建立和实施名师带徒弟的制度的通知》（劳部发〔1998〕61 号），在江西等地进行新学徒制试点。2010 年，新余出台了《职业教育现代学徒制试点工作方案》，希望通过两年的努力，探索建立具有世界眼光、中国特色的现代学徒制体系，将新余建成全国职业教育现代学徒制示范区，全国职业教育改革发展的先行区❹。2011 年教育部时任副部长鲁昕在"推进国家中等职业教育改革发展示范学校建设专题培训班"上，首次谈到现代学徒制，希望地方政府和企业通过组织参与现代学徒制来解决东南沿海"用工荒"的问题。同年出台的《教育部关于推进高等职业教育改革创新引领职业教育科学发展的若干意见》（教职成〔2011〕12 号）提出："鼓励职业学校和

❶ 曾长秋. 试论刘少奇关于教育改革的思路 [J]. 有色金属高教研究，1998（04）：29-32.
❷ 李如霞. 见习期、学徒期和试用期制度解读 [J]. 中国劳动，2013（10）：46-48.
❸ 杨军虎. 中职学校"现代学徒制"实施现状个案研究 [D]. 兰州：西北师范大学，2019.
❹ 李菁莹. 现代学徒制"新余试点"看上去很美 [N]. 中国青年报，2011-08-29（11）.

企业联合开展先招工、后入学的现代学徒制试点。"现代学徒制试点正式出现在国家部委文件里，一场影响重大的职业教育人才培养模式改革即将拉开序幕。

五、中国特色社会主义新时代的学徒制

党的十八大以来，党和国家事业取得历史性成就、实现历史性变革，我国发展站到了新的历史起点上，中国特色社会主义进入了新时代。习近平同志在党的十九大报告中指出："中国特色社会主义进入了新时代，这是我国发展新的历史方位。"我国经济逐步从高速增长阶段转向高质量发展阶段。经济结构调整和产业转型升级使得各行各业对高素质技术技能人才的需求更为急迫。为解决伴随经济快速发展而出现的"用工荒"问题，不断深化产教融合、校企合作，完善校企合作育人机制，创新技术技能人才培养模式，推进人才培养供给侧与产业需求侧的有机衔接，"招生即招工、入校即入厂、校企联合培养"的现代学徒制试点和"招工即招生、入企即入校、企校双师联合培养"的企业新型学徒制试点相继展开。

《教育部 2012 年工作要点》提出"开展现代学徒制试点"。随后，教育部 2013 年和 2014 年工作要点中分别提出"启动现代学徒制试点""全面推进现代学徒制试点"。2014 年 2 月 26 日，李克强总理主持召开国务院常务会议，确定了加快发展现代职业教育的任务措施，提出"开展校企联合招生、联合培养的现代学徒制试点"；5 月 2 日，国务院印发《关于加快发展现代职业教育的决定》，提到"开展校企联合招生、联合培养的现代学徒制试点，完善支持政策，推进校企一体化育人"；6 月 23 日，全国职业教育工作会议召开，习近平总书记作了重要指示；8 月 25 日，教育部印发《关于开展现代学徒制试点工作的意见》，并制订了工作方案。在《教育部 2015 年工作要点》中提出"加快推进现代学徒制试点"。2015 年 1 月，教育部印发《关于开展现代学徒制试点工作的通知》（教职成司函〔2015〕2 号），现代学徒制试点工作正式启动（同年，人社部牵头组织实施了"企业新型学徒制试点"）。2015 年 8 月国家遴选 165 家首批现代学徒制的试点单位，其中，试点地区 17 个，试点企业 8 家，试点高职院校 100 所，试点中职院校 27 所，行业试点牵头单位 13 家。在《教育部 2016 年工作要点》中提出"推进现代学徒制试点"；同年，教育部组织专家对首批 165 个试点单位的工作方案进行备案审核，经过三轮的备案审核后，共 163 个试点单位任务书通过审核备案，1 个试点单位任务书未通过审核，1 个单位主动放弃申请。可见，现代学徒制已成为教育部在职业教育领域重点推进的工作之一❶。

为加快推进职业教育现代化，2017 年 1 月 25 日，教育部印发《教育部 2017 年工作要点》，提出启动第二批中国特色现代学徒制试点。同年 4 月，教育部办公厅发布了《关于做好 2017 年度现代学徒制试点工作的通知》，就遴选试点、年度检查、专家推荐、工作要求等工作进行了细化。7 月，教育部颁布了《关于成立现代学徒制工作专家指导委员会、设立专家库（2017—2020 年）的通知》，就专家指导委员会和专家

---

❶ 孙翠香. 现代学徒制政策实施：基于企业试点的分析——以 17 家现代学徒制企业试点为例 [J]. 中国职业技术教育，2019（03）：5-12.

库的工作定位、主要内容、组织形式进行了详细规定。8 月 23 日，教育部公布了第二批现代学徒制试点单位，共计 203 个。2017 年 12 月，国务院办公厅发布《关于深化产教融合的若干意见》，提出推进产教协同育人，"深化全日制职业学校办学体制改革，在技术性、实践性较强的专业，全面推行现代学徒制和企业新型学徒制，推动学校招生与企业招工相衔接，校企育人'双重主体'，学生学徒'双重身份'，学校、企业和学生三方权利义务关系明晰"。●2018 年 2 月，教育部印发《关于印发教育部 2018 年工作要点的通知》，提出要总结现代学徒制试点经验。3 月，在《关于做好 2018 年度现代学徒制试点工作的通知》中，对试点目标、试点内容、试点形式及组织实施等环节做了 17 处修改，拟新增第三批现代学徒制试点单位 140 个左右，并通知开展第二批试点年检与第一批试点验收工作。2018 年 8 月，在教育部颁布的《第三批现代学徒制试点单位的通知》中，共确定第三批现代学徒制试点单位 194 个。至此，我国现代学徒制试点单位共计 562 个。2019 年 1 月，国务院印发《国家职业教育改革实施方案》，简称"职教 20 条"，明确提出要借鉴"双元制"等模式，总结现代学徒制和企业新型学徒制试点经验，促进产教融合、校企"双元"育人 ●。2019 年 5 月 14 日，教育部办公厅发布的《关于全面推进现代学徒制工作的通知》要求，各地要明确全面推广现代学徒制的目标任务和工作举措，引导行业、企业和学校积极开展学徒培养 ●。2019 年 10 月 24 日，对现代学徒制第二批试点单位、第一批延期验收和暂缓通过的试点单位进行验收，确定 232 家通过验收，2 家暂缓通过验收，1 家不通过验收，2 家延期验收。2021 年 9 月 30 日，对现代学徒制第三批试点单位、第二批延期验收和暂缓通过的试点单位进行验收，最终确定 178 家通过验收、13 家暂缓通过验收、5 家不通过验收，同意 2 家放弃试点。

另一方面，由人社部牵头的企业新型学徒制也在紧锣密鼓地推进着。2015 年 7 月 24 日，人力资源和社会保障部、财政部联合印发了《关于开展企业新型学徒制试点工作的通知》，对以企业为主导开展的学徒制进行了安排。2015、2016 年，先后两批在 22 个省开展企业新型学徒制试点工作，试点企业共 158 家，培养了新型学徒制企业职工近 2 万人，其中转岗职工 3670 人以上，涉及机械、化工、电气、汽修、数控、焊接等近百个工种 ●。2018 年 10 月 12 日，人社部、财政部颁布《关于全面推行企业新型学徒制的意见》，提出了企业新型学徒制一系列政策措施，全面推进企业新型学徒制。2019 年，《职业技能提升行动方案（2019—2021 年）》中明确提出了三年培训 100 万新型学徒的要求。2020 年 9 月，教育部等九部委印发《职业教育提质培优行动计划（2020—2023 年）》（教职成〔2020〕7 号），重申全面推行现代学徒制和企业新型学徒制。2021 年 6 月 8 日，人社部、财政部、

❶ 李金. 我国现代学徒制发展的历史轨迹及未来趋向——基于政策分析的视角 [J]. 职教论坛，2019（02）：72-79.

❷ 彭维. 新时代推行现代学徒制的困境与思考——以高职物流管理专业为例 [J]. 重庆电力高等专科学校学报，2020，25（06）：48-51.

❸ 吴晓芸，韩茜，程宁宁，贾兴旺. 信息化手段在现代学徒制教学中的应用研究 [J]. 智库时代，2019（42）：155-156.

❹ 人社部. 人力资源社会保障部职业能力建设司负责人就全面推行企业新型学徒制工作答记者问. [EB/OL]（2018-11-21）[2022-05-16].http：//www.mohrss.gov.cn/SYrlzyhshbzb/zcfg/SYzhengcejiedu/201811/t20181121_305254.html.

国资委、中华全国总工会、全国工商联五部门联合印发《关于全面推行中国特色企业新型学徒制加强技能人才培养的指导意见》，进一步明确了企业新型学徒制的培养对象，完善了学费补贴政策。据统计，2019～2020年，企业和院校积极参与企业新型学徒制培训，全国累计培养企业新型学徒超80万人[1]。

2021年3月11日，第十三届全国人民代表大会第四次会议通过《中华人民共和国国民经济和社会发展第十四个五年规划和2035年远景目标纲要》（以下简称《纲要》），提出"创新办学模式，深化产教融合、校企合作，鼓励企业举办高质量职业技术教育，探索中国特色学徒制"，指明了中国职业教育高质量发展的美好愿景和实现路径。2021年10月，中共中央办公厅、国务院办公厅印发《关于推动现代职业教育高质量发展的意见》，从宏观角度谋划、部署中国职业教育中长期发展战略和路径，提出"探索中国特色学徒制，大力培养技术技能人才"。在总结现代学徒制和企业新型学徒制试点成功经验的基础上，借鉴国际学徒制典型有效做法，我国已经开启探索中国特色学徒制的新征程。

第二节
中国新型现代学徒制基本要素

一、现代学徒制的基本要素

现代学徒制是一种"以学徒'双身份'，校企'双主体'，工学'双导师'，学训'双环境'，学历证书和技能证书'双证对接'等为典型特征"的人才培养模式，人才培养模式如4-1所示[2][3]。现代学徒制以学校为主体，学校牵头组织企业、学徒（学生）、政府以及行业协会等主体参与现代学徒制项目，再根据职业教育规律和岗位需求，与企业、行业协会共同确定人才培养目标、培养方案、课程标准、评价标准等，开发课程体系，制定人才培养计划，保证学徒培养质量[4]。

目前，我国现代学徒制在工学结合上，鉴于企业生产方向与周期、各学校教学安排等方面的不同，各试点采取不同的工学结合方式。有的实施"两段递进、理实轮换"的人才培养模式，第一年在校学习理论，第二年起每2周交替在学校和培训中心接受理论和实践技能学习，如南京交通职业技术学院。有的实施两段式工学交替模式，采用学校4周，企业6周的循环交替，如济南职业学院。有的采用"1.5（校）+1.5（企）"模式，如揭阳职业技术学院。有的采用"3+3+6"模式，即第1～2学年各3个月、第3学年6个月采取实

[1] 国务院.人社部等五部门共同印发全面推行中国特色企业新型学徒制加强技能人才培的指导意见[EB/OL]（2021-06-08）[2022-05-16].http：//www.gov.cn/zhengce/zhengceku/2021/06/22/content_5620210.htm.
[2] 毛少华.职业院校全面推广中国特色现代学徒制面临的问题与对策[J].成人教育，2021，41（01）：65-70.
[3] 叶宇桦.中国特色现代学徒制基本框架及运行机制研究[J].产业与科技论坛，2021，20（24）：285-286.
[4] 吉利，史枫，王宇波.以示范校建设为契机 构建现代学徒制人才培养模式的实践与思考[J].中国职业技术教育，2017（29）：66-70.

践教学，如深圳信息职业技术学院。

现代学徒制人才培养模式是由人才培养活动的多种静态要素构成的系统。剖析其要素构成发现，目前我国现代学徒制试点工作在任务目标、教学运行管理、师资队伍、保障体系等四个基本要素的密切联动、相互支持，推进了我国现代学徒制的发展，培养了大批高质量的技术技能人才。

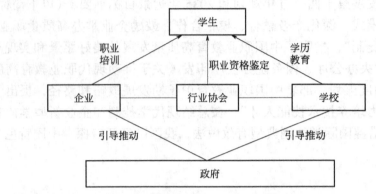

图 4-1　现代学徒制人才培养模式简图

（一）任务目标要素

当前，我国现代学徒制试点的目标是探索建立校企联合招生、联合培养、双主体育人的长效机制，完善学徒培养的教学文件、管理制度、培养标准，推进专兼结合、校企互聘互用的双师结构教师队伍建设，建立健全现代学徒制的支持政策，形成和推广政府引导、行业参与、社会支持，企业和职业院校双主体育人的中国特色现代学徒制❶。

（二）教学运行管理要素

图 4-2 为现代学徒制教学运行管理图。依据企业的学徒岗位职业标准，职业院校完成招生与学徒培养。校企"双元"共同设计人才培养框架。人才培养框架的有效落实与否则取决于两个体系内的职业教育资源、标准、机制、文化等是否能实现有效对接与交换，能否在动态发展中迭代优化，进而决定了培养体系的可持续性。

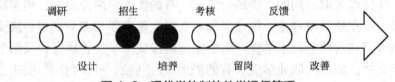

图 4-2　现代学徒制的教学运行管理

1. 中国现代学徒制招生工作

（1）现代学徒制招生工作流程。现代学徒制的招生目标是录取的学生必须与企业需

---

❶ 教育部. 教育部办公厅关于做好 2018 年度现代学徒制试点工作的通知 .[EB/OL]（2018-03-13）[2022-05-16]. http://www.moe.gov.cn/srcsite/A07/s7055/201803/t20180319_330486.html.

求相匹配，简单来讲就是按照既定规模，职业院校开始招收一定数量的学生，为企业输送高质量的人才。此项工作从申报招生计划、争取招生指标开始，到学生报到入学结束，主要内容与总体流程如图 4-3 所示。

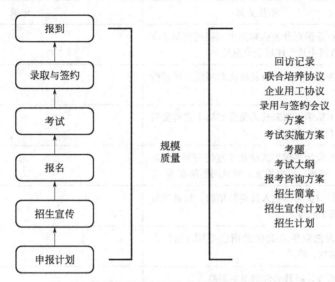

图 4-3　现在学徒制招生主要内容和总体流程

对于现代学徒制的学生，其拥有学生、学徒两重身份，在招生时涉及学校和企业两个主体。根据教育部颁布的文件，对现代学徒制的招生招工方式要求是"招生即招工"，需要学校以及企业共同研究与制定招生计划、确定考核方式与考核内容、决定最终的录取办法。目前，存在的招生方式有先招生再招工、先招工再招生、招生招工同时进行。据统计，大多数高职院校采用的是先招生再招工的方式。

（2）现代学徒制招生工作的风险防控及过程自检。在现代学徒制招生时，除了熟悉招生流程外，招生工作的风险防控与过程自检也是必不可少的环节。

① 风险防控。

报考人数不足。报考人数不足会影响后续培养过程，同时浪费招生指标。企业和院校需要为可能出现的招生不足的情况准备预案，譬如设计更有针对性的招生宣传策略、合理申报招生计划等。

被录取人员与岗位需求不匹配。如果被录取人员同岗位需求在身体、性格等方面存在严重不符，通过学徒培养难以弥合这种差距，这将给学生、企业和学校等方面带来巨大压力。为此，在考试方案的设计方面，企业和学校要充分表达各自意见，并采用有效方式识别考生可以被培养的可能性。

招生腐败。招生腐败对于现代学徒制项目具有毁灭性的破坏。校企双方需要认真学习与贯彻招考政策，并通过具体管理措施予以落实。

② 过程自检。开辟生源渠道，建立与维护同考生和家长之间的关系，相关工作应有助于吸引与留存高质量的考生。招生工作过程自检表见表 4-1。

表4-1　招生工作过程自检表

评估小组成员		审核		日期	
序号	自检项目	批准			
A	招生方案	记录			
1	企业是否充分表达对招生方案的意见？在招生方案中是否体现企业意见？				
2	是否按照相关政策及法规对招生方案进行审核？				
3	是否从学生和家长的角度对招生宣传资料的友好性进行测试？				
4	是否设计多种形式的招生宣传资料（例如海报、视频、网络推文、常见问题解答等）？				
5	是否对参与招生人员进行培训，使其充分理解相关内容？				
6	是否选定重点关注的招生范围（例如人群、学校、地区）？				
7	是否设计有针对性的招生策略？				
B	招生宣传与咨询	记录			
1	是否安排专门的招生宣传或咨询人员？				
2	是否开展对招生宣传与咨询人员的培训？				
3	是否设计有针对性的招生宣传策略？				
4	企业是否开通接受考生咨询的渠道？				
C	考试方案	记录			
1	企业是否充分表达对考试方案的意见？在考试方案中是否体现企业意见？				
2	企业是否参与考试过程？				
3	是否制订在考试期间与考生沟通的方案？				
4	是否对考官进行与考生选拔相关的培训？				
D	关系维护	记录			
1	在入学前有无保持与被录取人的互动？				
2	考生被录取后是否设计专门的沟通活动？				
E	风险防范	记录			
1	在有关方案中是否考虑到风险因素？				
2	招生过程中是否形成顺畅的沟通机制？				
F	总结与反思	记录			
1	是否有工作总结与反思？是否形成反馈？				

2. 中国现代学徒制培养工作

（1）现代学徒制培养工作流程。校企"双元"联合培养过程，即学生报到（或组成学徒制班级）至毕业期间，培养工作面临与以往以学校为主体的职业教育完全不同的教育环境：在培养的过程中，校企双主体联合培养，以行业企业的职业标准为目标。通过多元环境的交互实施，培养出既能达到联合培养企业的职业标准要求，又能胜任既定岗位工作的学徒，实现在岗位成长、岗位成才。衡量培养工作的业绩指标是学徒考核的通过率、岗位胜任力和岗位晋升率。培养工作的主要内容和总体流程如图4-4所示。

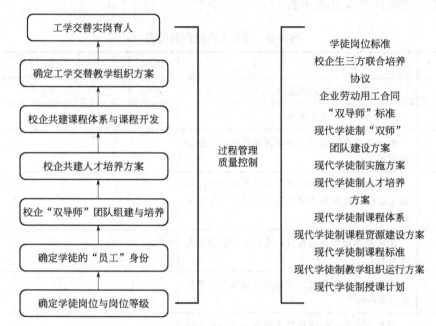

图4-4　现代学徒制人才培养主要内容和总体流程

（2）现代学徒制培养工作风险防控及过程自检。现代学徒制人才培养工作能否顺利开展，能否实现培养目标，重要的不单单是培养过程的实施和质量监控，对培养工作进行风险防控和过程自检也至关重要。

① 风险防控。

学徒中途退出。学徒出于自身原因自愿退出学徒制培养、学徒阶段考核不合格、学徒严重违反公司制度而被企业辞退等会导致学徒中途退出，如果之前没能设计好一套衔接方案和退出机制，解决起来会比较棘手。因此应根据学徒制招生的形式，校企协商确定学徒退出机制和衔接方案。如果是"先招工后招生"或"招生招工一体化"的招生模式，学生采取自主招生形式进入学校和企业学习，无论学徒是由于个人原因退出还是违反企业制度被企业辞退，只能选择到学校办理退学手续注销学籍，中断学徒培养。如果是"先招生后招工"的招生模式，学生以"准员工"的身份在岗学习，出现中途退出学徒培养的情况，需要视《校企生三方联合培养协议》和《学徒管理制度》等文件的相关条款进行处理。

校企双方中断合作。在现代学徒制人才培养过程中，由合作双方人事变动、资源配置、战略规划等原因导致项目中断的可能性是存在的，这会对人才培养工作造成严重的打击。校企双方需要为可能出现的风险准备预案,例如,在合作关系建立前充分调研和磋商,在现代学徒制项目工作组中要有校企双方的高层人员参与或主导,建立顺畅的沟通机制,延长校企联合培养协议期限,建立定期工作诊断改进机制,严格界定合作双方的权责利关系,等等。

②过程自检。现代学徒制项目中,前期设计规划人才培养定位、校企融合、"双导师"团队培养、课程体系及课程资源开发等,对学徒的培养也至关重要。人才培养工作应该是一个闭环的系统,每一项工作的开展及结果都应该做到及时评估,并据此改善和调整。详细的培养工作过程自检表见表4-2。

表4-2　培养工作过程自检表

评估小组成员		审核		日期	
序号	自检项目	批准			
A	人才培养定位		记录		
1	校企双方是否针对行业学徒岗位做过充分的调研?				
2	人才培养定位是否精准?与本专业非学徒制相比定位是否聚焦?定位是否高于本专业非学徒制?				
3	人才培养定位是否符合行业企业中长期的人才需求?				
4	是否针对学生做过人才培养模式和人才培养定位的调研?				
5	学徒岗位和等级设计是否符合行业企业及学徒的职业发展需求?				
B	学生"双身份"确定		记录		
1	校企双方是否就劳动合同、培养协议等与学生做了充分的沟通?				
2	是否详细向学生说明学徒培养的具体事项?企业是否向学徒详细说明在岗培养及学徒考核的相关事项?				
3	校企双方是否就校企生三方的权利、义务进行了详细说明?				
4	是否设计学徒中途退出的衔接机制?是否详细告知学徒相关事项?				
C	"双导师"团队组建与培养		记录		
1	校企双方是否制定了导师(师傅)标准?				
2	是否按照导师(师傅)标准进行遴选?				

续表

评估小组成员		审核		日期	
序号	自检项目	批准			
C	"双导师"团队组建与培养	记录			
3	是否告知了导师（师傅）在学徒培养中的工作流程、工作内容以及应尽的责任？				
4	是否制订了导师（师傅）的培养制度和培养计划，并严格执行？				
5	是否建立针对导师（师傅）的激励机制和惩罚机制？				
6	是否建立导师（师傅）考核机制？				
D	人才培养方案设计	记录			
1	企业是否充分参与人才培养方案的设计工作？				
2	人才培养方案是否突出学徒岗位成长、岗位成才？				
3	在人才培养方案中是否详细说明现代学徒制在岗培养的教学安排？教学安排是否突出校企"双元"育人？				
4	人才培养方案是否详细说明课程及学徒考核评价标准？				
E	课程体系构建与课程资源开发	记录			
1	课程体系的设计是否凸显现代学徒制工学交替、实岗育人？				
2	是否把学徒学习生涯与工作岗位有机融合？				
3	是否把校企双方的优势资源进行高度融合？				
4	企业的培训课程是否进行系统化的建设？是否能体现高等性、职业性、教育性？				
5	是否按照现代学徒制课程开发流程进行课程体系构建？				
6	是否基于工作过程系统化进行课程开发？				
7	行业企业在课程资源开发中是否起主导作用？				
8	是否开发出符合学徒学习行为和学习习惯的课程资源？				
F	工学交替实岗育人	记录			
1	在岗培养是否充分体现以企业为主导、以学徒为中心？				

续表

评估小组成员		审核		日期	
序号	自检项目	批准			
F	工学交替实岗育人	记录			
2	是否根据学徒岗位成长规律和成长路径，对应学徒岗位课程和岗位工作内容制定《导师指导手册》和《学徒学习手册》？				
3	校企"双导师"是否在学徒培养中充分发挥"做中教"的作用？				
4	现代学徒制的各利益相关者，企业、学校、学徒等在人才培养中是否发挥应有的作用？				
5	是否建立一套人才培养过程管理、质量控制的机制？				
G	风险防范	记录			
1	在有关方案中是否考虑到风险因素？				
2	学校、企业、学生三方在人才培养过程中是否建立了顺畅的沟通机制？				
H	总结与反思	记录			
1	是否有工作总结与反思？是否形成反馈？是否有进一步改善的地方？做了哪些改进？				

3. 中国现代学徒制考核工作

（1）现代学徒制考核工作流程。在校企"双元"联合培养过程中，通过对学徒阶段性学习成果和终结性学习成果进行多元交互的考核和评价，判断以学徒的素养、能力其能否胜任学徒岗位工作，能力的成长是否匹配学徒岗位成长，这是考核工作的目标，也就是检查学徒的知识、素养、技能是否达到既定的标准和要求。

考核工作贯穿整个学徒培养期，从学徒报到至考核合格达到毕业（出师）。由于是校企"双元"联合培养，以行业企业的岗位能力标准和职业资格标准为考核标准，因此，考核工作要以与之前以学校为主体的职业教育完全不同的考核方式进行，即校企双方共同考核，以行业企业为主导。

衡量考核工作的业绩指标是学徒阶段考核和终结考核的通过率、岗位晋升率、职业资格获取率等。考核工作的主要内容和总体流程如图 4-5 所示。

（2）现代学徒制考核工作风险防控及过程自检。在现代学徒制实施考核过程中，开展有效的风险防控和过程自检，可以提高考核工作的科学性与质量。

① 风险防控。

考核结果不公正。考核结果不公正的原因有以下几方面：一是考核随意，没有严格按照考核标准进行考核；二是考核主体在实施考核时，评价尺度不统一；三是考核主体的考核技巧和能力存在较大偏差；四是考核主体对学徒考核时存在徇私的情形。这些原因都可能引起学徒对考核结果的不满，导致考核工作流于形式，学徒不会认真对待考核工作。

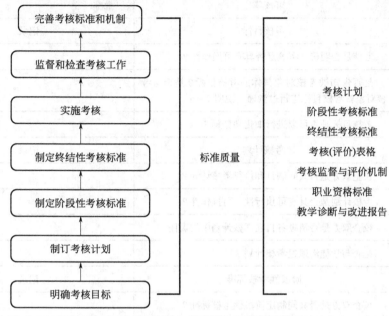

图4-5　考核工作的主要内容和总体流程

针对上述现象，可以通过加强考核主体的考核方法和技能培训、统一考核尺度、多主体多形式交互考核、建立考核工作追责制、考核档案公开查询等措施来避免考核结果不公正的现象产生。

考核标准制定不合理。现代学徒制的考核标准制定存在不合理、忽视对学徒的过程性成果和终结性成果的考核、考核形式过于单一、标准过高或过低等问题。为此，校企导师在制定阶段性考核和终结性考核标准时要进行充分的调研、沟通和交流，根据学徒的岗位成长和技能提升的路径来制定相应的标准，考核的形式要多元化，从学徒的学习态度、团队合作、项目任务完成情况、职业素养、职业技能、在岗学习的过程性成果和业绩等进行综合考核。

② 过程自检。考核工作重点是围绕学徒学习成果开展过程性和终结性考核。为了保障整个项目的顺利开展，有必要对学徒制项目的各参与方进行考核，其考核也是为了更好地做好人才培养工作。考核工作过程自检表如表4-3所示。

表4-3　考核工作过程自检表

评估小组成员		审核		日期	
序号	审核项目	批准			
A	考核目标		记录		
1	校企双方是否共同参与制定考核目标？				

续表

评估小组成员		审核		日期	
序号	审核项目	批准			
A	考核目标		记录		
2	考核是否明确？考核是否具有可操作性？				
3	是否告知被考核对象具体的考核目标？是否与考核对象就考核目标进行过沟通、说明？				
4	考核目标是否可以进行细化和分解？				
B	考核计划		记录		
1	校企双方是否共同制订和执行考核计划？				
2	考核计划是否具有可执行性、可操作性？				
3	校企双方是否清晰各自在考核计划中的责任？				
4	是否与学徒沟通过考核计划？				
C	阶段性考核标准		记录		
1	校企双方是否共同制定阶段性考核标准？				
2	阶段性考核标准是否根据学徒岗位成长路径和规律来制定？				
3	阶段性考核标准是否具备可操作性？				
4	是否向学徒公布阶段性考核标准？				
5	是否明确校企及其导师在阶段考核中应做的工作？				
6	是否告知学徒达不到阶段性考核标准的解决方案？				
D	终结性考核标准		记录		
1	校企双方是否共同制定终结性考核标准？				
2	终结性考核标准是否根据学徒岗位成长路径、规律和成长目标来制定？				
3	终结性考核标准是否具备可操作性？				
4	是否向学徒公布终结性考核标准？				
5	是否明确校企及其导师在终结性考核中应做的工作？				
6	是否告知学徒达不到终结性考核标准的解决方案？				
E	实施考核		记录		
1	校企"双导师"在实施考核时是否公平、公开、公正？				
2	在考核时是否充分体现以企业为主导、以学徒的学习过程和学习成果为主要考核对象？				

续表

评估小组成员			审核		日期	
序号	审核项目		批准			
E	实施考核		记录			
3	考核资料是否进行分类整理？保存是否完整？					
4	除了对学徒进行考核之外，是否对导师、教学管理部门、职业鉴定部门等开展考核工作？					
5	在实施考核的过程中考核主体是否进行充分的沟通？					
F	风险防范		记录			
1	在有关方案中是否考虑到风险因素？					
2	考核主体在考核过程中是否建立了顺畅的沟通机制？是否与学徒建立顺畅的沟通机制？					
3	是否建立第三方监督和评估机制？					
G	总结与反思		记录			
1	是否有工作总结与反思？是否形成反馈？是否有可进一步改善的地方？做了哪些改进？					

4.中国现代学徒制留岗工作

（1）现代学徒制留岗工作流程。学徒毕业（出师）时，会有两种选择：留在培养企业继续工作；不在原联合培养企业留岗就业。学徒离开原来的培养企业，可以有以下两种解释：一是企业认为学徒的能力不能胜任企业岗位工作，这说明当初设定的培养目标以及培养过程出了问题；二是学徒有更好的就业选择，原联合培养企业的就业吸引力不大。现代学徒制留岗工作的目标就是通过企业和学徒之间的双向选择，使企业选择更适合岗位的学徒，学徒选择更适合自身情况的岗位。对于愿意留在联合培养企业就业的学徒，之后要签订新的《劳动用工合同》，成为企业的正式员工。此外，通过对学徒留岗意愿、留岗数量的调研和统计，可汇总得出学徒留岗和不留岗的原因，应层层分析找出现象背后的逻辑关系，不断完善现代学徒制项目运作方案，提升学徒留岗率，使现代学徒制项目的各利益相关者达到预期的目标，形成利益共同体。

衡量留岗工作业绩的指标是学徒的留岗率。留岗率不仅仅是简单的一组统计数据，通过这组数据能折射出诸多问题，进而反推出整个现代学徒制项目的各项工作是否到位。留岗工作的主要内容和总体流程如图4-6所示。

（2）现代学徒制留岗工作风险防控及过程自检。在现代学徒制留岗工作中引入风险防控及过程自检环节，可以有针对性地解决留岗工作推进过程中的问题，提高学徒留岗率。

①风险防控。

联合培养企业学徒留岗需求下降。联合培养企业由于受战略调整、生产经营规划调整、市场竞争环境变化等各种因素的影响，对学徒留岗需求量下降，进一步影响了留岗工作的开展，严重时甚至会出现学徒集体投诉的现象。因此，校企双方在开展学徒制项目前要做充分的市场调研，并在学徒培养的过程中，根据企业内外环境的变化，必要时调整人才培养的目标和规格，调整课程设置和课程内容，以适应市场变化对人才能力需求的变化。

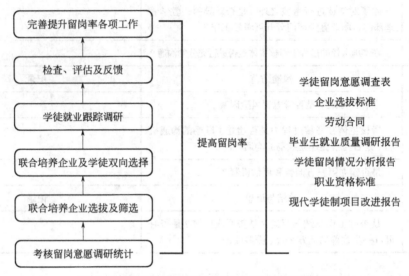

图 4-6　现代学徒制留岗的主要内容和总体流程

　　学徒参与学徒制的动机是为了获取学历证书。学徒参与学徒制获取学历证书的动机也会严重影响留岗率。在学徒选拔过程中，不排除有一部分学徒参与学徒制是为了获取学历证书，并且在招生面试的筛选环节企业也很难准确把握考生的真实动机，因此学徒达到毕业（出师）条件时，极大可能不会选择留岗。这就需要企业积极参与招生宣传环节，与考生进行充分的沟通交流，以提供有吸引力的就业岗位来吸引考生报考。在人才培养环节，企业应把学徒的职业发展规划和在岗培养有效结合起来，让学徒在不断提升技能的同时，也得到岗位晋升，以体现企业对学徒的尊重和重视。这样逐层做好相应的工作，学徒参与学徒制的动机就会随着个人的成长而有所改变，最终选择留岗。

　　联合培养企业的就业环境无法吸引学徒留岗。联合培养企业是否能提供一个让学徒相对满意的就业岗位，对于学徒的留岗意愿有至关重要的影响。企业在就业市场的竞争力已不再单纯地体现在工资、福利待遇等方面，企业要围绕新生代学徒的需求去重构企业的工作场景、工作氛围，提供一个更能激发、激活员工工作积极性和创造性的工作场所。

　　② 过程自检。现代学徒制项目合作企业的选择、项目的设计、学徒筛选、企业认知教育、企业在岗培养等每一个环节都会影响学徒毕业时的留岗意愿，因此，校企双方应以学徒的需求为中心，围绕留岗率的提升来开展相关工作。留岗工作过程自检表如表4-4所示。

表4-4 留岗工作过程自检表

评估小组成员		审核		日期	
序号	审核项目	批准			
A	学徒留岗意愿调研		记录		
1	校企双方是否针对学徒留岗意愿做过充分的调研？				
2	针对学徒留岗意愿调研反馈的问题是否进行解决？是否进行深度的反思和改善？				
3	企业是否做了足够的准备和工作来吸引学徒留岗？				
4	在学徒不愿意留岗的原因中哪些是企业的因素？哪些是学徒自身的因素？哪些是学校方面的因素？				
5	学徒愿意留岗的因素中，哪些是企业方面的？哪些是学徒自身方面的？哪些是学校方面的？				
B	学徒留岗选拔和筛选		记录		
1	联合培养企业是否与学徒详尽沟通留岗选拔和筛选的标准及流程？				
2	学徒留岗选拔和筛选过程和结果是否透明、公开、公正？				
3	联合培养企业是否存在由于岗位需求量减少而提高学徒留岗选拔严格程度的情况？				
C	联合培养企业对学徒留岗的吸引力		记录		
1	学徒是否满意联合培养企业的工作环境？				
2	学徒是否认同联合培养企业的文化？				
3	学徒是否满意联合培养企业的工资水平和福利待遇？				
4	联合培养企业是否能提供给学徒较好的职业发展平台？				
5	学徒在联合培养企业的晋升速度如何？				
6	是否建立导师（师傅）考核机制？				
7	学徒是否满意联合培养企业的员工关系、工作氛围？				
8	联合培养企业为了吸引学徒留岗是否做了充分的人才发展规划？				
9	学徒是否满意联合培养企业提供的学徒就业岗位？				
10	联合培养企业所处的行业是否是学徒愿意进行长期职业发展的领域？				
D	工作改善与提升		记录		
1	联合培养企业在学徒招生的过程中是否充分了解学徒参与学徒制的动机？				

续表

评估小组成员			审核	日期	
序号	审核项目		批准		
D	工作改善与提升		记录		
2	校企双方为了提升学徒留岗率，在人才培养的过程中是否针对学徒做了充分的企业与岗位认知教育、认同教育和归属感教育？				
3	联合培养企业为了提升学徒留岗率是否注重师徒关系的建设？如何开展此项工作的？				
4	联合培养企业为了提升学徒留岗率是否实施了一些诸如奖/助学金等的激励措施？				
5	学徒的岗位成长、岗位成才情况如何？晋升到一定岗位的学徒的留岗意愿如何？				
E	风险防范		记录		
1	在有关方案中是否考虑到风险因素？				
2	校企生三方在留岗工作过程中是否建立了顺畅的沟通机制？				
F	总结与反思		记录		
1	是否有工作总结与反思？是否形成反馈？是否有可进一步改善的地方？做了哪些改进？				

5. 中国现代学徒制反馈与改善

（1）现代学徒制反馈与改善工作的内涵。现代学徒制的初始运行方案必然要根据实际情况变化，进行适应性的调整。建立动态调整机制，让现代学徒制的具体设计适应实践规律，是反馈与改善工作的主旨。

首先，现代学徒制项目的运行环境具有明显的不确定性，这种不确定性来自学校、企业、学徒、政策等方面的变化。

① 来自学校的变化。

人员的更替，特别是领导层面与项目负责人层面的人员更替。

专业结构的调整。

校院（系）两级关系的调整所引发的经费使用、绩效考评、招生等方面的变化。

教师工作量核算办法的改革。

学校办学定位的调整。

……

② 来自企业的变化。

经营业绩下滑引发人才需求下降及人力资源投入下降。

组织机构及人员的调整。

经营模式转换，例如内部合伙人制导致经营单位不愿意设置学徒岗位。

生产或市场区域调整，致使在学校附近难以找到适合培养学徒的地点。

师徒带教体系变革。

企业转型、技术变革或产品换代等引发学徒岗位标准的变化。

……

③ 来自学徒的变化。

对现代学徒制学习方式认识的变化，例如入学后发现与期望有很大差距。

不适应学徒岗位工作。

与师傅或同事关系紧张。

身体方面出现问题。

……

④ 来自政策方面的变化。

教育行政部门对学生校外实习的规定有重大调整。

招生政策发生改变。

教育行政部门对三方协议或学徒与企业之间的合同管理出现重大变化。

政策对学徒工资标准的要求发生变化。

政策对现代学徒制合作办学的成本分担机制提出新要求。

……

其次，现代学徒制项目需要承载多元发展的诉求。图 4-7 描绘了现代学徒制项目的主要参与者之间的互动情况。反馈与改善的直接表现为某项工作中相互联系的参与者之间能形成动态的、持续的、有助于工作质量提升的互动关系，包括了基层、中层、高层三个层次。由此可见，现代学徒制项目更类似于一个交互平台，不是属于某一方的，而是多方主体各取所需。作为以"现代性"为显著特征的职业教育模式，满足多元发展的诉求是其应有之义。

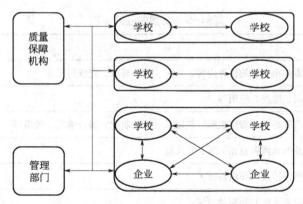

图 4-7 现代学徒制工作中的交互关系

（2）反馈的内容与渠道。

① 反馈的内容。反馈不仅仅在于强化已有的信息和知识，更在于拓展和建构。为此，反馈的内容应具备如下特征。

a. 描述性。呈现事件的事实性信息，减少情绪性的、评论性的表达。例如：不恰当的反馈（学校向企业）为企业师傅不支持学徒回校上课，学生感觉到难受等；恰当的反馈（学校向企业）为××岗位的××学徒在请假回校上课时被师傅拒绝了，师傅的理由是……，这种情况在这个月发生过×次，学生希望……

b.积极性。肯定成绩以及从积极的一面去看待存在的问题，有利于建构良好的合作关系。任何事物都有正反两方面的影响，现代学徒制操作过程中遇到的问题，换一个角度看，或许就是很好的。同样，目前看起来让人愉悦的成绩，也可能隐藏着风险。所以，伙伴之间的反馈以及领导机构向下级单位或个人的反馈，要从有助于改善项目质量的角度去传达信息与判断。例如：不恰当的反馈（学校向企业）为明年的招生政策有变化，现代学徒制只能面向中职学校招生，不能再面向普通高中招生了；恰当的反馈（学校向企业）是按照新的招生政策规定，明年的现代学徒制面向中职学校招生，中职生经过系统的职业训练，更能适应现代学徒制培养方式，留岗率可能会更高，针对中职生特点，原有人才培养方案需要适当调整。

c.具体性。无论是对成绩的反馈还是对问题的反馈，具体的信息更具有影响力。为此，在反馈之前需要完成两个管理动作：第一是测量，即对现代学徒制相关操作产生的结果进行数量化的描述，譬如涉及的时间范围、群体范围、收益或损失的大小、发生的频率等；第二是估计，即判断上述结果所产生影响的重要程度、重复出现的可能性等。例如：不恰当的反馈（学徒导师向系主任）是反思指导学徒的工作需要经常外出，比在学校上课耗费时间，希望学校提高工作量核算标准；恰当的反馈（学徒导师向系主任）是反思指导学徒的工作有什么特殊性，相比于在校内上课工作量是否真的增加，是否有潜在的回报等。

从结构上分析，一项反馈内容需要涵盖任务层次、过程层次、管理层次、个体层次、环境层次、判断层次等六个方面的信息（表4-5），尤其是对于重要的反馈工作。譬如，在完成现代学徒制招生工作后的总结性反馈，应当从结构化、系统性的角度向相关者提供反馈信息。

表4-5　反馈内容的层次

信息的层次	含义
任务层次	与事件相关联的任务内容、目标、相关要求、完成情况等
过程层次	时间、地点、经历等
管理层次	与事件相关的管理组织、职能及对管理职能的履行情况、策略等
个体层次	涉及的具体利益相关者及其反应
环境层次	与事件相关的环境特征
判断层次	反馈者给出的判断及建议

在现代学徒制项目中，学徒、学校、企业等利益主体相互作用，充分的互动有助于建立更高效的、兼顾彼此利益诉求的运行体系。任何两方之间的互动都需要以信息为媒介。反馈的内容应是经过"过滤"的信息。发挥"过滤"功能的管理性工作是测量与判断。测

量的中心工作是对信息的真实性、全面性、时效性等进行估量，判断的中心工作是管理者结合发展需要对相关事件的紧迫性、重要性、态势等方面进行评价。图 4-8 所示是反馈工作的操作流程。

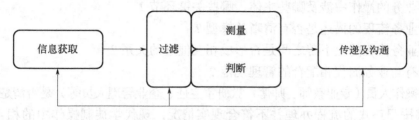

图 4-8　反馈工作的操作流程

② 反馈的渠道。现代学徒制项目中的反馈活动由三部分构成，分别来自业务层面、个人层面、组织层面（图 4-9）。业务层面的反馈是指在业务操作流程中下游对上游的反馈，如学校将现代学徒制人才培养方案发给企业确认，企业在收到方案后，需要给出反馈意见。个人层面的反馈是指具体业务承办人之间的反馈，如负责现代学徒制学生管理工作的校内教师向企业师傅反馈学徒的学习状况。组织层面的反馈是指不同单位之间的、官方层面的反馈，如学校针对学徒管理中的重大问题向企业反馈相关信息与诉求。

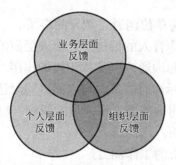

图 4-9　现代学徒制项目中反馈活动的构成

三种类型的反馈各有其发生的范围、运行规律与独特功用，反馈渠道的设计及相应的管理活动需要有所区别。现代学徒制项目中反馈活动的管理重心如表 4-6 所示。

表4-6　现代学徒制项目中反馈活动的管理重心

反馈的类型	发生的范围	反馈的渠道	管理的重心
业务层面的反馈	业务流程内部	业务流程	现代学徒制具体业务流程的规范化
个人层面的反馈	个人之间	人际沟通	岗位职责设计，赋予个人反馈的责与权；人员培训
组织层面的反馈	官方之间	组织对话	多元主体间协同工作的体制与机制

业务层面的反馈发生于业务流程内部，强调上下游之间的有序衔接与相互促进。因此，规范现代学徒制项目中各项业务的操作流程，明确反馈在流程中的具体形式，是对此

类反馈进行管理的重心。开展现代学徒制项目的学校或企业不妨反思：

- 本单位的现代学徒制项目由哪些业务组成？
- 每项业务的操作流程是什么？
- 每项业务的操作中涉及哪些主体、哪些关键环节？
- 关于业务流程的描述是否有清晰的模型？
- 每项业务流程的上下游之间是否形成相互促进的关系？
- 是否有与业务流程相配合的管理规范？
- 业务操作人员（专业教师、师傅、教研室主任、企业管理人员等）是否清楚相关流程？

凡事都按照正式的流程办理并不符合现实情况，现代学徒制操作中的相当一部分工作是通过个人之间的非正式沟通完成的。例如在学徒到岗后的前期，学徒对岗位工作不熟悉，企业师傅对学徒情况尚不了解，在彼此的磨合过程中会发生一些不愉快甚至是冲突，学校的指导教师、企业的师傅以及校企双方的管理人员之间需要根据具体情况及时沟通，快速反应。基层人员在发现问题后会进行有效反馈吗？并非如此，经常出现的情况是：

- 基层人员发现需要被关注的现象，但没有对其进行确认。
- 关于某个问题的信息在同事之间流传，但与此问题相关的人员却不知情。
- 基层人员将信息反馈给部门负责人，但部门负责人没有及时回应。
- 基层人员不清楚向谁反馈。
- 基层人员认为跨部门或跨单位沟通是领导的事情。

这些情况表明，在校企合作育人的架构下，个人层面的反馈同样需要管理，没有相应的制度、规范与工作指导，人际沟通难以发挥积极的作用。对个人层面反馈的管理，其基本原则是让基层人员有开展人际沟通的条件与空间，同时让他们清楚行为边界。

- 凡事必有对应的权责，明确基层工作人员的职责、权力与例行事务处理要求。
- 将反馈工作纳入考评范围。
- 加强培训，提高基层人员的工作能力。
- 在条件允许的情况下，为现代学徒制基层工作配备专职人员，减少人员更替情况。

虽然个人层面以及业务层面的互动能够解决反馈管理中的大部分问题，但组织层面的反馈依然不可或缺，在中国的现代学徒制框架下，学校与企业直接接触，第三方教育服务机构尚不健全，组织层面的反馈就显得尤为重要。在现实操作中，组织层面的反馈有两种表现形式：一种是基层推动式，即基层将不能或不便于直接向合作方反馈的问题提交给管理层，促使本方管理层与对方管理层进行沟通，此种形式也可以称之为被动式；另一种形式是主动式，即管理层自身主动向合作方反馈。主动式的反馈更能体现主动适应性以及对多元发展的渴求，对现代学徒制的可持续发展更有助益。单靠管理者个人能够实现组织层面的主动式反馈吗？管理者的勤勉与敏锐固然重要，但却存在不稳定性，更有效的方式是通过组织结构重塑为校企之间的互动提供保障。譬如校企共建现代学徒制特色学院，校企双方均以正式的方式（例如文件确认）明确其发展定位，双方互派人员在学院任职，并给予该学院相应的资源、责任与权力。

综上所述，现代学徒制反馈内容、渠道应系统化、规范化与精准化，将培育主动适应能力作为出发点，操作要点概括如下：

- 将反馈列为组织结构设计与岗位职责设计的重要内容。
- 对反馈内容、形式、渠道、周期等提出确切要求，并形成规范。
- 使培训工作人员充分认识自己在反馈工作中的责任、工作内容、工作方法等。

（3）持续改善的方法。现代学徒制项目在组织战略体系中的定位是影响持续改善工作的重要因素。反馈仅仅能让相关方面知道发生了什么，不足以产生真正的绩效，只有在反馈的基础上采取改善行动，现代学徒制的运行质量才会有所提升。但改善绝对不是一件容易的事情，知行合一需要管理者有高度的自觉性。现代学徒制项目并非学校或企业工作的全部，它仅仅是管理者要考虑的诸多工作中的一项，这种情况会加大现代学徒制项目持续改善的难度。因此，现代学徒制持续改善问题的关键之处在于现代学徒制项目与学校或企业的关系，只有这层关系理顺了，现代学徒制项目自身的持续改善才有据可依。

在要求工作团队持续改善项目质量的同时，关于项目与组织的关系，现代学徒制项目所在单位的领导需要不断发问：

- 现代学徒制项目在组织中的角色定位是什么？
- 现代学徒制项目是否带来了预期的回报？这种回报是否可持续？
- 组织资源是否能够支持现代学徒制项目继续扩大？
- 项目团队是否有能力使现代学徒制项目达到更高水平？
- 项目与组织的关系是否存在冲突？如果存在，是什么冲突？存在于哪个层面？
……

学校培养体系与企业训练体系的融合是现代学徒制最本质的特征，也是其得以有效运行的基本条件。这就决定了现代学徒制的持续改善需要管理者层面承担更大的责任，而不是指望基层工作人员的自主性。专业教师、企业师傅、校园招聘经理等基层工作人员的主要责任是坚持既定的作业标准。不同层次人员在现代学徒制持续改善工作中的责任如图 4-10 所示。

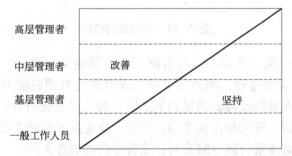

图 4-10　不同层次人员在现代学徒制持续改善工作中的责任

促使管理者持续改善项目质量的力量大致来源于三个方面。

① 尊重持续改善的组织文化。现代学徒制项目所在的组织注重以过程为主的思考方式，具有持续改善工作的习惯与相应的工作机制。在校企合作中，我们发现有些企业推崇迭代创新，这类企业关注结果，但更关注过程，对于现代学徒制项目，来自这些企业的人员会更加主动地反思与调整自己的设计，找到与学校合作的有效模式。

② 领导者个人特质。领导者个人善于反思，注重过程，从而形成引导现代学徒制项

目持续改善的力量，这种情况在学校层面尤为突出。学校往往不具备类似于企业的整齐划一式的管理模式，课程负责人、专业负责人以及院校负责人均能获得较大的自主权，负责人的个人特质对事业的发展影响巨大。

③ 专业的方法。方法虽然为人所用，但方法一旦付诸实践，则会对实施者产生引领作用。现代学徒制项目在企业或学校都是一个项目，单纯指望体制机制去实现项目的持续发展是不现实的，选择专业方法助力工作的持续改善更具有可行性。质量圈即是一种被普遍采用的专业方法。

质量圈（Quality Control Circle），也被称为品管圈，因日本质量管理集大成者石川馨而广为人知。石川馨强调"标准不是决策的最终来源，客户满意才是"。质量圈就是以客户满意为标准的、用以持续改善工作过程质量的方法。质量圈由一组人、一套作业流程和产出组成。图 4-11 所示是质量圈的结构。

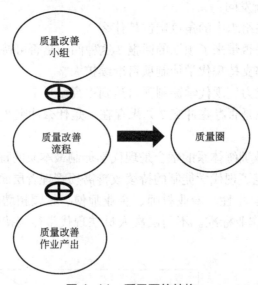

图 4-11　质量圈的结构

质量圈并非常设机构，其参与人员根据工作主题确定，譬如，假定质量圈讨论的主题是现代学徒制学徒安全管理，那就需要将与此有关且有相应能力的人召集起来组建质量圈。一般情况下，人员构成需要满足如下要求：与工作主题相关；工作人员熟悉具体业务，同时具有一定分析、研究与沟通能力；学校、企业及其他相关机构均有人员参加；有高级别的领导参与；有质量管理专家参与；配备专门的服务人员。

质量圈的作业流程及各阶段的产出如表 4-7 所示。以学徒安全管理事务为例，假设教育管理部门下发关于学徒校外学习的新规定，校企双方拟借此机会提高学徒安全管理水平，于是从校企双方选拔相关人员组成质量圈。该团队的任务是调查学徒管理的现状、存在的问题并提出相关对策，团队按照规程完成现场调查及分析任务，提出改善学生安全管理的对策建议，经过试行，形成更加合理的制度规范与管理体系。基于此项工作，形成了关于学徒安全管理的文件，协助企业开发了学徒安全作业培训体系。当然，这种操作可以委托内部人员，也可以委托外部顾问团队；可以根据实际情况随时设立，也可以将其作为常设项目。

表4-7　质量圈的作业流程及工作产出

阶段	序号	项目	工作产出
准备阶段	1	质量圈导入培训	现代学徒制项目团队学习质量圈管理知识
	2	组圈	质量圈团队成员名单
	3	质量圈团队培训	质量圈团队学习操作规程
实施阶段	4	选定质量圈课题	选题及选题论证意见
	5	设定工作计划	工作目标及其实现计划
	6	现场调查	调查表及调查记录
	7	分析	分析报告
	8	拟订对策	对策及其实施计划
	9	实施及检讨	实施过程记录
	10	实施效果评估	评估意见
	11	标准化	作业标准
	12	成果化	文章、研究报告、著作、技术标准等成果
	13	成果交流	成果交流材料
总结阶段	14	质量圈工作总结	会议记录、培训记录、工作总结、建议等

　　质量圈能否成功实施取决于是否有相应的保障条件。这些条件中，最重要的是成员的主动参与意识，可以用如下方法提升成员主动性：

- 用适当的方式肯定团队成员在现代学徒制探索中的小成绩。
- 将现代学徒制项目操作过程公开化。
- 让合作伙伴参与内部管理。
- 对合理化建议给予积极回应。
- 领导参与质量改善活动。
- 将取得的成果在更大范围进行传播。
- 为成员提供学习的机会。
- 协助成员寻找与捕捉获取回报的机会。
- 给予质量圈团队必要的资金支持，并协助其解决时间、场地、对外沟通等方面的问题。

　　（4）反馈与改善工作的风险防控及过程自检。

　　① 风险防控。反馈与改善工作最容易陷入三个"困局"：一是没有反馈与改善，缺少实践与思维之间的互动，形不成动态优化机制，今日的工作仍然沿袭昨日的套路，致使工作脱离实际需求，失去其继续存在的意义。二是有反馈而无改善，需求方的意见得不到充

分尊重，知与行不能合一的工作方式不仅于质量不利，而且损害伙伴之间的信任关系。三是反馈与改善工作没有直接的产出，工作成为额外的付出，参与人员丧失继续下去的主动性。

动态调整与多元参与是现代学徒制生命力的体现，无论是动态调整还是多元参与都要借助反馈与改善才能实现，以上三个"困局"会中断动态调整，会阻碍多元参与。但需要正视的现实是，现代学徒制项目仅仅是学校或企业工作的一部分，而且未必是具有重大意义的那一部分，在此情况下，避免现代学徒制陷入"困局"的相关对策应该适合项目团队，需要更有针对性和可操作性。

●　在现代学徒制操作过程中，持续优化项目与组织之间的关系，让现代学徒制项目的运行环境更加有序。

●　将反馈与改善工作制度化、流程化、标准化。

●　重视对业务操作人员的培训，协助其建立反馈与改善的思维与工作能力。

●　坚持成果导向，尽量压缩与工作人员绩效关联度偏低的工作。

●　采用类似于质量圈的专业工作方法。

②　过程自检。现代学徒制承载着学徒、企业、学校等各方的利益诉求，多元化发展需要以动态调整机制为保障，将"客户满意"作为决策的最终依据，而不是遵循既定规程。作为依附于组织（学校或企业）现有管理体系的项目，有关现代学徒制项目的反馈与改善工作，受制于项目与组织之间的关系，也必然服务于项目与组织的关系，这是反馈与改善工作的起点，亦是归宿。反馈与改善工作过程自检表如表4-8所示。

表4-8　反馈与改善工作过程自检表

评估小组成员		审核		日期	
序号	自评项目	批准			
A	工作设计	记录			
1	是否将反馈与改善工作列入正常工作范畴？				
2	是否明确反馈与改善工作的内涵？				
3	是否形成反馈与改善工作的指导性文件（意见）？				
4	各层次人员是否明确自己在反馈与改善工作中的责任？				
5	是否设置利益相关者参与反馈与改善工作的规则与渠道？				
6	是否将反馈与改善工作列入绩效考核？				
7	是否设计促进反馈与改善工作的常规策略？				
8	是否能明确概括现代学徒制项目在组织中的角色？				
B	流程与渠道	记录			
1	对业务操作流程是否有清晰的描述？				

续表

B	流程与渠道	记录
2	业务流程中是否有关于反馈的要求？	
3	具体业务承办人是否清楚向谁反馈？	
C	持续改善	记录
1	开展了哪些持续性改善活动？	
2	领导者是否参与质量改善活动？	
3	是否为质量改善工作提供相应的资源？	
4	运用了哪些专业方法？	
5	改善的效果如何？	
6	是否开展相关的人员培训？	
D	多元参与	记录
1	合作伙伴的意见是否得到充分表达？	
2	合作伙伴的诉求是否得到重视？	
E	标准化	记录
1	是否将改善后的操作形成作业标准？	
2	关于新标准的推广工作进展如何？	
F	成果化	记录
1	是否将改善活动成果化？	

（三）师资队伍要素

现代学徒制的"双身份""双主体""双师资"等特点反映了企业参与的重要性，而教师则成为将理论知识与具体的实践操作紧密结合的重要纽带。现代学徒制的师资队伍主要由学校教师和企业师傅组成。在现代学徒制由点到面的推进中，师资队伍从遴选和培养上不断优化，在数量上不断提升，在质量上不断提高，在结构上不断合理化。

1.遴选标准

现代学徒制的师资来源较为常见的有两种。

（1）学校组织选拔。不同的职业院校的选拔标准也不一致，但归纳起来在校教师的选拔条件主要包括：工作经验、学历程度、职称等级、资格证书或技能等级等，也有骨干教师、专业带头人、技术能手等较为笼统的标准❶。但在具体实施过程中，大多数不能满足现代学徒制师傅专业能力的要求的高校应届毕业生和职业院校内部的部分教师也被指派为现代学徒制的教师，然后对其进行实践技能的培训，如安排有一定实践基础的在校专任教师到企业或生产一线实践，之后参与现代学徒制人才培养过程。

---

❶ 谢盈盈，龚添妙. 现代学徒制人才培养：实然审思与应然之策 [J]. 机械职业教育，2020（12）：12-15.

（2）企业指派。遴选时主要考虑技能等级、年龄、从业年限及业内评价等资历条件，还有少部分实践单位会将师徒匹配度考虑在内，包括师傅之前指导学徒的经历、学徒的在校表现等客观因素，师傅的意愿和学徒及其家长的意愿、师傅的指导风格和学徒的性格等主观因素❶。大多数情况下，企业以"技术能手""行业精英"等荣誉作为选择标准。企业师傅大多数是由企业指派的，少数由学校指派，极少数是由师徒互选。关于企业师傅，目前只对遴选标准和企业师傅的职责进行了规定，其他方面（教学能力、团队协作等）的要求和标准还有待完善。

张维辉在《高职院校实施现代学徒制的现状及完善路径研究》一文中，通过对前两批现代学徒制高职院校试点单位调查发现，试点院校对企业师傅的选拔主要考虑工作经验、职业资格证书、职称、最终学历四个方面，但是对企业师傅的描述大多数是模糊的，常以"优秀高技能人才"表示，这里统一用"未明确"表示❷。因为学校在选拔教师时，不是以单一条件为标准，为了便于突出学校在选拔时更加关注教师的哪些能力，故在统计时会有重复计算的情况。

如图 4-12 所示，试点院校对企业师傅选拔没有明确标准的高达 66%；要求企业师傅有工作经验的职业院校占统计总数的 15%；10% 的职业院校提出只有达到一定级别的企业员工才有资格参加企业师傅的选拔；5% 的职业院校要求企业师傅必须具备相应的职业资格证书；4% 的院校对企业师傅的学历提出要求。由此可见，职业院校在选择企业师傅时，更加看重所选师傅的工作经历与职业技能水平。

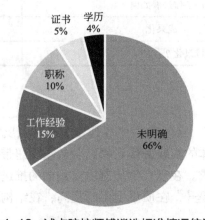

图 4-12　试点院校师傅遴选标准情况统计❸

2. 培养路径

目前，对校内导师的培训方式主要有校内培训、政府培训、进修、出国考察等。对企业师傅的培训仅仅是简单的专业培训，很少涉及系统地对学徒的教学与管理方面的培训。

刘晶晶在《我国高职院校实施现代学徒制的现状及完善路径研究》一文中，将试点院校对校内教师的培养路径分为校企互派双向进修、校企合作开展横向科研课题研究、参与

❶ 谢盈盈，龚添妙. 现代学徒制人才培养：实然审思与应然之策 [J]. 机械职业教育，2020（12）：12-15.
❷ 张维辉. 高职院校实施现代学徒制的现状及完善路径研究 [D]. 石家庄：河北科技大学，2020.
❸ 刘晶晶. 我国高职院校实施现代学徒制的现状及完善路径研究 [D]. 武汉：湖北工业大学，2019.

省国级相关专业培训及出国考察学习三类 ❶ 。
通过对第一、第二批现代学徒制试点中的 253
所高职院校进行研究发现，大对数的职业院校
选择校企互派和校企之间开展课题合作研究；
约有 30% 的院校选择仅校企互派；13% 的院校
选择三种方式均涉及的模式；仅有约 8% 的院校
选择校企互派与进修培训的方式，如图 4-13 所
示。由此可见，试点院校整体在努力提高教师
综合实力，但培训方式相对单一，还须拓宽教
师培训渠道，如鼓励教师参与省国级相关专业
培训及出国考察学习。

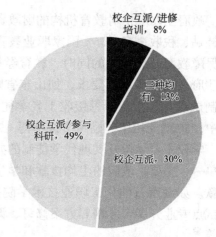

图 4-13　试点高职教师培养路径情况统计 ❷

经调查，笔者还发现，不少职业院校要求
教师每年要有一定的下企锻炼时间，但在实施过程中，并不顺利，可能的原因是教师授课
加科研任务重，精力有限，无法及时有效地开展下企学习。

（四）保障体系要素

1. 政策法规

《中华人民共和国职业教育法》和《中华人民共和国高等教育法》是规范现代学徒制
的主要法律。随着现代学徒制试点的启动，一些指导性政策陆续颁布，有效地规范了现代
学徒制的发展，具体见表 4-9。

表4-9　现代学徒制相关政策汇总表

年份	文件名
2014 年	教育部关于开展现代学徒制试点工作的意见
2015 年	关于公布首批现代学徒制试点单位的通知
2017 年	关于做好 2017 年度现代学徒制试点工作的通知
2018 年	关于做好 2018 年度现代学徒制试点工作的通知
2019 年	关于全面推进现代学徒制工作的通知

注：主要列举与现代学徒制直接相关的政策文件；信息来源于教育部官网。

2. 经费管理

理想状态下，我国现代学徒制的经费来源是多渠道的，包括：学校方的专项预算、企
业方的投资和政府方的专项补贴 ❸ 。

---

❶ 刘晶晶 . 我国高职院校实施现代学徒制的现状及完善路径研究 [D]. 武汉：湖北工业大学，2019.
❷ 张维辉 . 高职院校实施现代学徒制的现状及完善路径研究 [D]. 石家庄：河北科技大学，2020.
❸ 朱克涛 . 全面推进现代学徒制的现实困境与突破路径 [J]. 南通职业大学学报，2021，35（02）：19-23.

政府主要承担对教育机构的财政资助、奖学金、学生贷款、生活津贴以及对企业的财政补贴、税收减免等。《国家职业教育改革实施方案》要求"各级政府要调整财政投入，在保障教育合理投入的同时，教育经费要向职业教育倾斜"，积极推进现代学徒制。各地方政府全面落实该项要求，如山东省财政从 2015 年起安排资金支持职业院校开展现代学徒制试点，合作企业每接收 1 名学徒并按标准完成培养任务，可获得 5000 元财政补助，其中，3000 元用于奖励带学徒师傅，2000 元用于补偿水电、耗材等支出❶。

学校主要承担开展现代学徒制的办学成本、管理成本、建设成本等费用。经费来源相对单一，主要是政府的生均拨款和学生的学费，除此之外再没有其他国家或者省级的专项拨款。如湖南石油化工职业技术学院按 1 万元 / 人的标准设立专项资金 95 万元，用于支持试点专业开展人才培养方案修订、课程开发、制度建设、实习保险购买、教学课时费支付等❷。

企业的学徒培训成本主要包括：①学徒工资，包括常规工资、非常规工资（如伙食补贴、交通及住宿花费等）。②个人的培训成本：企业为培训学徒而支出的全职、兼职及内部培训的成本。③招聘和管理学徒的成本。④设备成本：为学徒提供实践、生产训练的设备、机器成本。⑤为学徒提供非生产性活动的成本，如购买书籍、学习软件、光盘、学习设备等成本，这些均由企业承担❸。如湖南石油化工职业技术学院的合作企业在提供带徒师傅、生产实习设备和场地的同时，投入近 190 万元，按照分段标准支付学徒津贴、生活补贴❷。

于学徒而言，自身需要承担实习期间所涉及的交通费、生活费等开支。

根据有关调查，在首批的 165 个试点单位中，取消了 2 个试点资格；其余 163 家试点共投入资金 6.45 亿元，涉及专业 648 个、学生 33456 人❹；其中，102 个试点合作企业没有经费投入，61 家试点的合作企业承诺投入资金共 13237.62 万元，只占全部项目总资金的 22.09%，可见，企业参与现代学徒制积极性不高。

3. 学徒权益保障体系

《教育部关于开展现代学徒制试点工作的意见》明确提出要完善工作保障机制，加大对试点工作的政策支持，按照国家有关规定保障学徒权益，保证合理报酬，落实学徒的责任保险、工伤保险，确保学徒安全。通过对前两批高职试点院校的调查发现，少数院校提出了学徒岗位津贴，从学徒进入企业实习开始，企业每月以 500 ～ 2000 元不等的额度发放学徒岗位津贴❺。大多数学校都很重视对学徒权益的保护，由于学徒与企业之间仅签署三方或者四方协议，在出现学徒劳资纠纷、医疗保险等方面问题时无法有效保证学徒利益。由此可见，还应当出台相应的法律法规来维护学徒的权益。

❶ 罗士喜，孙文琦，苏光. 高等职业院校试行现代学徒制的现状与对策 [J]. 现代教育管理，2017（05）：93-97.

❷ 高志研. 现代学徒制框架初步形成改革任务仍需压紧、落实——第一批现代学徒制试点年度检查情况综述 [J]. 中国职业技术教育，2018（04）：37-41.

❸ 郑玉清. 现代学徒制成本分担机制研究 [J]. 职教论坛，2017（07）：15-19.

❹ 王亚南. 我国现代学徒制政策执行阻滞的形成逻辑——基于国家技能形成的三螺旋理论 [J]. 职教通讯，2020（04）：1-11.

❺ 刘晶晶. 我国高职院校实施现代学徒制的现状及完善路径研究 [D]. 武汉：湖北工业大学，2019：38.

二、企业新型学徒制的基本要素

新型学徒制是我国职业教育发展过程中提出的一种新的人才培养概念，其理念来源于德国的"双元制"❶。企业新型学徒制在我国是由人社部牵头形成的"招工即招生、入企即入校、企校双师联合培养"的一种学徒制模式，运行机制如图 4-14 所示。由此可见，新型学徒制以企业为主体，采取"企校双制、工学一体"的培养模式，探索"企校双主体育人"机制，完成对学徒的培训任务。

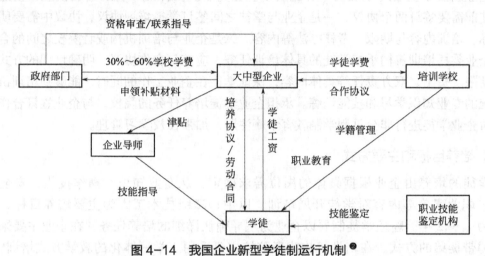

图 4-14　我国企业新型学徒制运行机制 ❷
资金流动的用粗线箭头表示，主体之间有协议关系的用双向箭头表示

通过分析我国企业新型学徒制人才培养模式可以发现，目前企业新型学徒制试点工作从目标、内容、条件、保障四个基本要素不断优化，统筹推进。

（一）目标要素

《企业新型学徒制试点工作方案》中明确阐述了企业新型学徒制试点的目标任务是：在企业推行以"招工即招生、入企即入校、企校双师联合培养"为主要内容的企业新型学徒制，进一步发挥企业的培训主体作用，通过企校合作等方式，组织有培训需求的企业技能岗位新招用人员和新转岗人员参加新型学徒培训，探索企业职工培训新模式，完善政策措施和培训服务 ❸。

（二）内容要素

1. 培养对象和培养模式

企业新型学徒制的培养对象为与企业签订一年以上劳动合同的技能岗位新招用人员和

❶　程舒通，徐从富.企业新型学徒制的研究 [J]. 成人教育，2019，39（12）：67-71.
❷　马金平，张敏.我国企业新型学徒制试点方案的不足与改进 [J]. 职业技术教育，2016，37（34）：30-34.
❸　人社部.人力资源社会保障部办公厅、财政部办公厅关于开展企业新型学徒制试点工作的通知 [EB/OL]（2015-07-24）[2022-05-16].http：//www.mohrss.gov.cn/xxgk2020/fdzdgknr/qt/201508/ t20150803 _216720.html.

新转岗人员，同时企业可以根据实际生产自主确定培养对象。根据政府引导、企业为主、院校参与的原则，企业新型学徒制采用"企校双制、工学一体"的培养模式，也就是企业与技工院校、职业培训机构、企业培训中心等教育培训机构（以下简称"培训机构"）采取企校双师带徒、工学交替培养、脱产或半脱产培训等模式共同培养新型学徒。

2. 培养主体职责

企业新型学徒制对学徒的培养主要以企业为主。为保障学徒的培训权益，企业在培养学徒前需要签订两个协议：一是企业与学徒之间签订学徒培训协议，协议中需要明确培养目标、培训内容与期限、考核办法等内容。二是企业与培训机构或者院校之间的合作协议。企业委托培训机构承担学徒的具体培训任务，应签订合作协议，明确培训的方式、内容、期限、费用、双方责任等具体内容，保证学徒在企业工作的同时，能够到培训机构参加系统的专业知识学习和技能训练。承担企业学徒培养任务的院校，与企业签订合作协议后，对企业学徒进行非全日制学制教育学籍注册，加强在校学习管理。

3. 培养目标和主要方式

学徒的培养由企业根据具体的岗位需求确定，从专业知识、操作技能、安全生产规范、职业素养等内容对学徒开展培训，以中、高级技术工人为主要培养目标，培养期限为 1 ～ 2 年。新型学徒制要以企业为主导确认详细的培养任务，在企业主要采用企业师傅带徒弟的方式、在培训机构或者院校主要采用工学一体化的教学方式培训学徒。学徒期满后，可以由企业组织考核，合格者可以按照规定取得相关的职业资格证书或者培训合格证书。

（三）条件要素

高素质的优良教师是开展企业新型学徒制的前提条件。《企业新型学徒制试点工作方案》中明确提出：建立企校双师联合培养制度。企业选拔优秀高技能人才担任学徒的企业导师。企业导师要指导学徒进行岗位技能操作训练，帮助学徒逐步掌握并不断提升技能水平和职业素养，使之能够达到职业技能标准和岗位要求，具备从事相应技能岗位工作的基本能力。培训机构为学徒指派指导教师，由其承担学徒的学校教学任务。指导教师应具备相应的专业知识和操作技能[1]。

（四）保障要素

1. 政策法规

2015 年 7 月 24 日，人社部启动新型学徒制试点工作，相关政策法规陆续出台，有效推进企业新型学徒制的开展。本节以时间为序，对其中的重要文件进行整理，如表 4-10 所示。

---

[1]　人社部.人力资源社会保障部办公厅、财政部办公厅关于开展企业新型学徒制试点工作的通知 [EB/OL]. （2015-07-24）[2022-05-16].http：//www.mohrss.gov.cn/xxgk2020/fdzdgknr/qt/201508/ t20150803 _216720.html.

表4-10 企业新型学徒制相关政策文件汇总表

年份	文件名称
2015 年	关于开展企业新型学徒制试点工作的通知
2016 年	关于开展第二批企业新型学徒制试点工作的通知
2018 年	关于全面推行企业新型学徒制的意见
2020 年	百万青年技能培训行动方案
2021 年	关于充分发挥职业技能提升行动专账资金效能扎实推进职业技能提升行动的通知
2021 年	关于全面推行中国特色企业新型学徒制 加强技能人才培养的指导意见

注：表中所列为与企业新型学徒制直接相关的主要政策文件；信息来源于人社部官网。

2. 企业选择机制

为保障新型学徒制的实施效果，政府在对申请试点的企业进行选择时，设定了严格的选拔条件：企业重视技能人才队伍建设；建立较完善的企业职工培训制度；建立待遇与技能挂钩的激励机制；技能劳动者占企业职工比例达 60% 以上[1]。只有满足这四个条件的企业才能开展新型学徒制。从另一个角度看，这些企业本身对技能人才的需求较大，也有一定的培训基础，并且企业的职工参与新型学徒制培训的积极性较高（因为完成学徒培训后，薪资和就业前景都较好），因此，这些企业更愿意参与学徒制。

3. 合作协议制

企业在开展新型学徒制之前需要与学徒、培训单位签署两份重要的协议：一是企业与学徒的培养协议，协议中要明确培养目标、培训内容与期限、考核办法等内容[2]；二是企业与培训单位的合作协议，明确师资配备、培训方式、内容、期限、费用的支付、双方的权利与义务等具体内容，保证学徒在企业工作的同时，能够在合作培训单位系统地进行专业知识的学习并接受技能的训练[3]。

4. 教学管理制

企业新型学徒制在教学管理制度上表现出灵活性。首先是在学习时间上更加灵活。2015年 8 月，国家人社部和财政部联合颁布的《企业新型学徒制试点工作方案》（以下简称《方案》）中明确指出"结合企业生产管理和学徒工作生活的实际情况，采取弹性学制，实行学分制管理""鼓励和支持学徒利用业余时间分阶段完成学业"，有效地解决了学徒在"半工半读"状态下难以完成学业的难题。其次是在教学质量评价体系和考核制度上更加灵活。《方案》明确指出"学徒累计学分达到规定要求的，可获得技工院校毕业证书"[4]。

---

[1] 彭城，张玲 . 企业"新型学徒制"现状调查、分析研究 [J]. 中小企业管理与科技（上旬刊），2016（08）：85-86.

[2] 马金平，张敏 . 我国企业新型学徒制试点方案的不足与改进 [J]. 职业技术教育，2016，37（34）：30-34.

[3] 焦彦霜，陈嵩 . 企业新型学徒制实施的问题及方略 [J]. 职教论坛，2019（03）：40-44.

[4] 人社部，财政部 . 关于开展企业新型学徒制试点工作的通知 [EB/OL]. （2015-07-24）[2022-05-16].http：//www.mohrss.gov.cn/xxgk2020/fdzdgknr/qt/201508/ t20150803 _216720.html.

5. 激励机制

企业新型学徒制的导师选择不再仅限于企业员工、职业院校教师，《关于全面推行中国特色企业新型学徒制加强技能人才培养的指导意见》强调："充分发挥中华技能大奖获得者、全国技术能手、劳动模范、大国工匠等技能人才传帮带优势，充分利用技能大师（专家）工作室、劳模和工匠人才创新工作室等技能人才培养阵地，鼓励'名师带高徒''师徒结对子'，激发师徒主动性和积极性。"同时，鼓励企业建立学徒奖学金、师带徒津贴（授课费、课时费），制定职业技术技能等级认定优惠政策，保证企业间流通渠道畅通❶。

6. 经费机制

企业新型学徒制在学徒培训费用上做了明确规定，政策相较于现代学徒制更加具体。企业新型学徒制采用成本分担的投入机制，即企业为主、政府为辅。其中企业需要承担学徒培训期间的工资、培训费用、导师带徒津贴等。如《关于开展企业新型学徒制试点工作的通知》（人社厅发〔2015〕127号）中明确规定："按照新型学徒制合作协议的约定，企业向培训机构支付学徒的培训费用，可以从企业职工教育经费中进行列支。"《关于全面推行企业新型学徒制的意见》（人社部发〔2018〕66号）中规定："学徒在学习培训期间，企业应当按照劳动合同法的规定支付工资，且工资不得低于企业所在地最低工资标准。承担带徒任务的企业导师享受企业带徒津贴。"❷

政府方面对企业新型学徒制的支持主要体现在给予一定的培训补贴。例如，《关于全面推行中国特色企业新型学徒制加强技能人才培养的指导意见》中规定："对开展学徒培训的企业按规定给予职业培训补贴，补贴资金从职业技能提升行动专账资金或就业补助资金列支。补贴标准由各市（地）以上人力资源社会保障部门会同财政部门确定，学徒每人每年的补贴标准原则上5000元以上，补贴期限按照实际培训期限（不超过备案期限）计算，可结合经济发展、培训成本、物价指数等情况定期调整。"

企业想要获得补贴，首先需要在开展学徒制培训前向当地人力资源和社会保障局报送相关资料备案，经审核通过后列入学徒培训计划中，按规定可以提前预支资金。待完成学徒培训后，企业向当地人社部提交职业资格证书（或职业技能等级证书、培训合格证书、毕业证书）编号或证书复印件、培训视频材料、培训机构出具的行政事业性收费票据（或税务发票）等符合财务管理规定的凭证，才能申请领取剩余补贴❸。这些举措在一定程度上调动了企业参与新型学徒制的积极性。

---

❶ 人力资源社会保障部，财政部，国资委，等.人力资源社会保障部 财政部 国资委 全国总工会 全国工商联关于印发《关于全面推行中国特色企业新型学徒制 加强技能人才培养的指导意见》的通知 [J]. 中华人民共和国国务院公报，2021（24）：69-72.

❷ 人力资源社会保障部，财政部.人社部财政部印发《关于全面推行企业新型学徒制的意见》[J].职业，2019（02）：4.

❸ 张晶晶，陈樱，毛东升，等.现代学徒制与企业新型学徒制有效融合途径的实践研究 [J].工业技术与职业教育，2020，18（01）：92-97.

三、中国现代学徒制与企业新型学徒制的比较

现代学徒制和企业新型学徒制两种学徒制度都是为了提高校企融合深度，旨在培养更加符合企业岗位工作需要的综合型技术技能型人才。

（一）现代学徒制与企业新型学徒制的优势与诉求

现代学徒制及企业新型学徒制都是在产教融合这个大环境下进行的，但是现代学徒制是由教育部牵头的，企业新型学徒制是由人社部牵头的。因资源不同，学徒培养拥有不同群体，两种制度各有各的优势，各有各的诉求。

现代学徒制的主要优势为拥有丰富的理论课程资源、完备的师资队伍、系统的教学方法、学生有充裕的学习时间。但现代学徒制在对接岗位标准时，教学质量明显低于新型学徒制，而且企业指导师傅不论在数量上还是教学的能力上都存在明显不足。此外，企业参与课程系统化设计方面还存在不足，急需解决学徒的工资酬劳及保险等权益难以保障等问题。

企业新型学徒制的主要优势则体现于企业拥有充裕的学习岗位，学徒本身就是企业员工，企业对学徒留任问题不用担心，且学习内容为企业一线的生产技术，企业内拥有充足数量的师傅❶。新型学徒制的主要问题在于理论课程匮乏，师傅教学能力差，学徒脱岗学习时间不能保证，企校往返多有不便，且学徒学历证书问题还未彻底解决。企业新型学徒制发展中所面临的一个主要难题是学徒制在学历及年龄层次上是参差不齐的。另外，对很多中小微企业，因资金、资源上有限，难以有效开展企业新型学徒制。

（二）现代学徒制与企业新型学徒制对比分析

现代学学徒制和企业新型学徒制之间既有联系又有区别。

1. 两者之间的联系

（1）现代学徒制和企业新型学徒制均是我国学徒制发展的产物。学徒制是指学徒在师傅言传身教下学习技能的一种方式，现代学徒制与企业新型学徒制两者都是基于我国国情，在政府和政策的保障下，延续学徒制的实践教学理念，进一步改变传统学徒制理论与实践分离的情况，分别完成对学生和企业员工的培训，是对学徒制的继承与创新。

（2）现代学徒制和企业新型学徒制均强调校企合作育人。现代学徒制是学校根据行业、企业要求，组织企业、行业等主体加入对学徒的培养过程中，而学徒拥有"双身份"，即学生与学徒。同时，学徒在"双场所"由"双导师"指导完成培训任务，以提高学生毕业后对岗位的适应性。企业新型学徒制是企业对新入职的员工，结合岗位要求，采用工学结合的方式使学徒在双导师的指导下提高自身的职业能力与职业素养。

（3）现代学徒制和企业新型学徒制均重视学徒的理论知识与职业技能培养。两者均制定一定的学习计划，学生／学徒在教师的指导下完成理论知识的学习，在企业师傅的带

---

❶ 张晶晶，陈樱，毛东升，等．现代学徒制与企业新型学徒制有效融合途径的实践研究 [J]. 工业技术与职业教育，2020，18（01）：92-97.

领下在企业完成技能的练习。

（4）现代学徒制和企业新型学徒制均有合作协议。《关于全面推行企业新型学徒制的意见》指出，企业要与培训单位签订合作协议约定，包含培训内容、方式、期限、费用、双方的责任等；企业与学徒之间也要签订培养协议，明确培养的目标、培训内容与期限、考核办法等 ❶。在现代学徒制中，学校需要和合作企业签订合作协议，实现了校企优势互补、资源共享，有效推动了现代学徒制试点的建设。

2. 两者之间的区别

从项目动机来看，职业院校现代学徒制以学生一生的成长及发展作为着眼点，从教育视角出发，对招生制度及学徒培养管理制度进行创新，并在此基础上形成校企合作、权责分工、协同育人、共同发展的一种长效性机制。而企业新型学徒制以企业效益作为出发点，基于现代企业发展需求还有产业转型的升级要求，对企业技术技能人才的工作创新机制进行完善。

从培养主体上来看，现代学徒制的培养主体为学校，主要培养对象是职业院校的学生，这些学生有就业需求，需要对岗位专业理论知识还有工作岗位的技术技能进行学习，先是学生，后是学徒，也就是招生即招工、校企联合培养、入校即入企；培养目标为进一步推进产教融合，对职业院校的教育体系进行完善，借此提高人才培养的质量，让学徒实现全面发展，以更好适应产业发展需求。职业院校要将入学的学生培养为学徒，在学校对学生进行基本教育，随后进行通用知识培训，学生掌握通用知识后，再让其进入岗位进行岗位技能的学习，引入企业技术、企业规范及工艺流程等课程，让学生进行专业技能学习。而企业新型学徒制培养主体为企业，主要培养对象为企业的在职员工，也就是以同企业签订了一年以上劳务合同的技能岗位新招用人员为主要培养对象。对于企业员工来说，招工即招生、企校双师联合培养，入企即入校；培养目标为对企业内的职工培训方式进行创新，对企业学徒的培训服务体系进行完善，以加快人才培养的步伐。企业员工先是学徒，后是学生，其进入企业之后的第一个身份为企业员工，培训针对的是学徒对工作岗位专业理论知识及技术技能的需求，学徒要先通过学习提升个人素质，然后再以学生身份进行职业技能提升，而不是侧重于通用知识。

从主管机构来说，现代学徒制的主管机构为教育部，而企业新型学徒制的主管机构为人社部。现代学徒制的分管部门为各省（市）教育厅，牵头单位主要为职业院校，一部分是高职院校，一部分为中职院校，培训中由地方政府、企业、行业组织来牵头；指导评价机构为学徒专家指导委员会，学徒培训中需学校自筹经费，并无专项经费支持。另外，学徒制专家指导委员会会组织开展学徒制教学模式案例培训，以提高教学水平。而企业新型学徒制牵头单位为企业，没有指导评价机构，培训由人社部拨款，再由各市人社局按学徒数下发到企业，培训中企业组织教师（师傅）进行培训，校企双方共同开展学徒制；人社部及国家财政部门对每个学徒每学年给予一定的学徒补贴。具体如表 4-11 所示。

---

❶ 程舒通，徐从富 . 企业新型学徒制的研究 [J]. 成人教育，2019，39（12）：67-71.

表4-11　现代学徒制与企业新型学徒制相关事项对照表

对比项	现代学徒制	企业新型学徒制
出发点	从教育视角出发对招生制度及学徒培养管理制度进行创新，并在此基础上形成校企合作、权责分工、协同育人、共同发展的长效性机制	从社会视角出发，基于现代企业发展需求还有产业转型升级要求，对企业技术技能人才的工作创新机制进行完善
目标任务	进一步推进产教融合，对职业院校的教育体系进行完善，借此提高人才培养的质量，让学徒实现全面发展，以更好适应产业发展需求	对企业内的职工培训方式进行创新，对企业学徒的培训服务体系进行完善，以加快人才培养的步伐
主管机构	教育部	人社部
分管部门	各省（市）教育厅	各省（市）人社部门
牵头单位	主要为职业院校，一部分是高职院校，一部分为中职院校，培训中由地方政府、企业、行业组织来牵头	企业
指导评价执行机构	学徒制专家指导委员会	无
培养对象	职业院校的学生	企业的在职员工，也就是以同企业签订了一年以上劳务合同的技能岗位新招用人员为培养对象
试点目标	招生即招工、校企联合培养、入校即入企	招工即招生、企校双师联合培养，入企即入校
试点周期	以专业学制作为一个试点周期	培养期限多为1～2年
有无经费支持	无专项经费，学校自筹经费	人社部拨款，由各市人社局按学徒数下发到企业
有无专门网络平台	年度数据填报、材料提交平台	无
有无针对师资培训	学徒制专家指导委员会组织学徒制教学模式案例培训	企业组织内训师进行培训，校企双方共同开展学徒制
有无学徒补贴	无	有

第三节
中国新型现代学徒制实施现状

2014年教育部推出了现代学徒制试点，2015年人社部启动了企业新型学徒制试点，经过理论和实践探索，形成了以学校为本位的现代学徒制与以企业为本位的企业新型学徒制共存的中国学徒制新格局。两种学徒制试点工作均取得了一定成效，为技术技能人才培养和产业转型升级作出了积极贡献。现代学徒制试点单位共计562个，共有1000多个现代学徒制专业点，惠及学生（学徒）9万余名。2019～2020年，企业和院校积极参与企业新型学徒制培训，全国累计培养企业新型学徒超 80 万人。

目前，学术界对现代学徒制从多层面、多视角进行分析探讨，掀起了现代学徒制的研究热潮。另一方面，以院校或企业为主体或者以职教集团为主体的现代学徒制的实践探索也在不断推进，涌现出一批可复制、可推广的典型案例。总结现代学徒制改革现状与成效，对进一步探索中国特色学徒制至关重要。因此，本节主要以现代学徒制为例，对我国现代学徒制实施现状进行总结分析，包括试点单位整体情况、教学运行管理情况、师资队伍建设情况、保障机制建设情况等方面。

一、现代学徒制试点运行现状

（一）试点单位整体情况

1. 试点数量

2015 年，教育部公布第一批现代学徒制试点单位 165 个，2017 年确定第二批现代学徒制试点单位 203 个，2018 年确定第三批现代学徒制试点 194 个，共计 562 个。试点工作管理平台公布试点方案和验收材料的机构为 554 家（部分机构放弃试点资格或验收未通过，故未公布试点数据）。三批的验收情况如表 4-12 所示。

表4-12　三批现代学徒制试点及验收情况汇总表　　　　单位：个

	第一批	第二批	第三批
试点机构数量	165	203	194
通过	124	232	178
暂缓通过	32	2	13
不通过	3	1	5
延期	2	2	/
放弃	4	/	2

自现代学徒制试点启动以来，职业院校成为试点单位主力军，但是由政府、企业及行业组织牵头的现代学徒制试点数量正逐年下降，如表 4-13 所示。尽管如此，我国现代学徒制的整体建设情况仍然向着由少到多的方向有序发展。

表4-13　现代学徒制试点单位组成　　　　单位：个

试点批次	启动时间	牵头单位数量					
		高职	中职	企业	行业组织	地方政府	总计
第一批	2015 年	100	27	8	13	17	165
第二批	2017 年	154	38	5	4	2	203
第三批	2018 年	156	29	4	4	1	194

2. 试点分布情况

本文以 562 家机构为分析对象，其中职业院校 504 家（高职院校 410 家，中职院校 94 家），占比 89.68%；其余企业、行业组织及地方政府 58 家，占比 10.32%。图 4-15、图 4-16 分别为三批现代学徒制试点机构的类别分布及占比情况。从试点机构分布情况可以明确现代学徒制是以"学校本位"的学徒制模式，职业院校为实施主体，企业作为参与对象出现，如此必然出现企业参与度不高等问题。

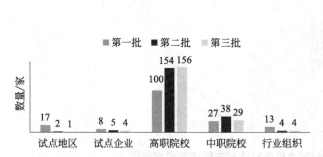

图 4-15 三批现代学徒制试点机构的类别分布

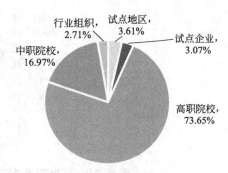

图 4-16 三批现代学徒制试点机构类别占比分布

从教育部公布的现代学徒制试点数据来看，聚焦职业院校，三批学徒制试点单位的数量在全国的分布呈现东部地区 > 中部地区 > 西部地区。分布在东部地区的现代学徒制试点职教院校数量在 25 个以上，中部地区数量是 15 ~ 25 个，西部地区分布数量相对较少，其中西藏分布数量最少，不足 5 个。

如图 4-17 所示，第一批、第二批、第三批现代学徒制试点职校数量总体排名前三的是广东省、山东省、河北省。广东省在全国范围内是职业院校数量大省，其现代学徒制试点职校数量也是最多的，三批现代学徒制试点职校数量总和超过 30 个。

由此可见，现代学徒制试点职业院校的分布和地区经济水平、教育能力、职业院校数量等客观因素密切相关。

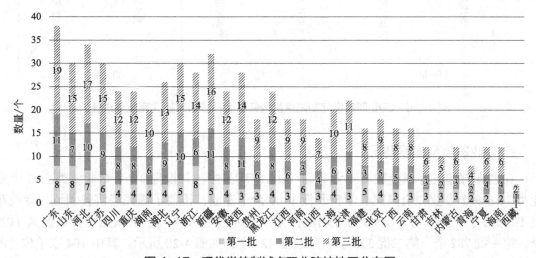

图 4-17 现代学徒制试点职业院校地区分布图

3. 任务完成情况

根据公布的数据，试点机构中 85.56% 未标注完成度，其中第三批最多，按试点机构类型来看，高职院校最多，如图 4-18、图 4-19 所示。当然，国家未强制要求学徒制试点公布工作的完成度。根据《关于做好 2020 年现代学徒制试点验收工作的通知》，学徒制试点工作通过验收来确定，分为单位总结、省级验收、结果复核三步，但是没有公布明确的试点验收标准，学徒制试点工作的榜样影响力变弱、经验借鉴价值减小。

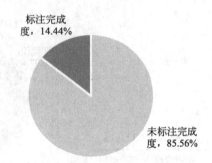

图 4-18　三批现代学徒制试点机构标注与未标注完成度占比

注：整体完成情况为所有标注完成百分比之和 / 机构总数，其中没有标注完成度的以 0 计算。

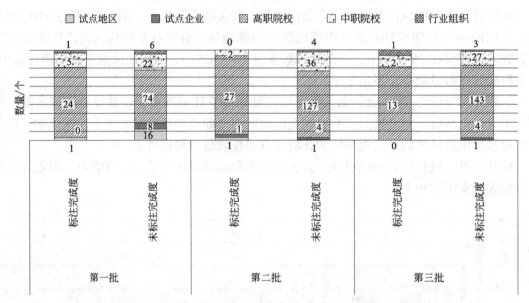

图 4-19　三批现代学徒制试点机构各类型标注与未标注完成度统计

4. 专业覆盖及建设情况

在教育部印发《职业教育专业目录（2021 年）》中，共设置 19 个专业大类、97 个专业类、1349 个专业，全国职业学校开设 1300 余个专业，覆盖了国民经济各领域，专业布点 10 余万个，每年培养 1000 万左右的高素质技术技能人才。三批试点专业数量共 1199 个，第一批 782 个、第二批 393 个、第三批 424 个，如图 4-20 所示。其中 104 家单位（占总机构数 18.8%）报告了课程开发情况，共计开发课程 1518 门、网络课程 1218 门、教材

2195本（含活页式教材）。从统计数据来看，第一批以课程开发和教材开发为主，第二批课程开发、网络课程、教材开发较多，第三批课程开发、网络课程、教材开发较少，如图4-21所示。

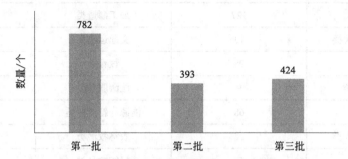

图 4-20　三批现代学徒制试点机构专业数量比较情况

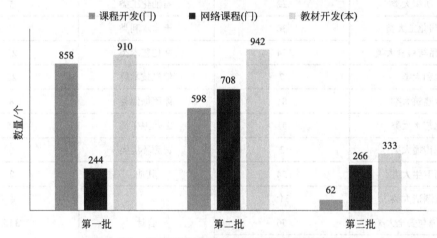

图 4-21　三批现代学徒制试点机构专业建设情况

　　王丽婷在《现代学徒制人才培养模式研究》一文中，通过对三批试点专业进行研究发现，现代学徒制的专业分布合理，覆盖了第一、第二、第三产业，重点围绕现代制造业布局布点，充分体现服务发展，对接产业的理念，如表4-14所示。目前，中等职业学校的专业试点数是345个，主要集中在加工制造类专业，共有109个专业参与试点；高等职业院校共1190个专业参与试点，其中专业数最多的几个专业大类是装备制造大类、财经商贸大类和电子信息大类，分别有315个、129个、127个专业进行现代学徒制试点，几乎占高职院校的一半[1]。从专业布置来看，现代学徒制除未涉及司法类之外，其他18个大类均有覆盖。但是，是否所有的专业都适合开展现代学徒制呢？这需要进一步探索。

表4-14　我国三批现代学徒制试点专业情况[1]　　　　　　　　　　单位：个

高职专业类别	高职专业数	中职专业类别	中职专业数
财经商贸大类	129	财经商贸类	32

❶　王丽婷. 现代学徒制人才培养模式研究 [D]. 广州：广东技术师范大学，2019.

续表

高职专业类别	高职专业数	中职专业类别	中职专业数
大专新专业	9	公共管理与服务类	2
电子信息大类	127	加工制造类	109
公共管理与服务大类	13	交通运输类	49
交通运输大类	98	教育类	2
教育与体育大类	9	旅游服务类	36
旅游大类	68	能源与新能源类	1
能源动力与材料大类	26	农林牧渔类	14
农林牧渔大类	58	轻纺食品类	9
轻工纺织大类	22	石油化工类	5
生物与化工大类	30	土木水利类	13
食品药品与粮食大类	34	文化艺术类	21
水利大类	7	信息技术类	23
土木建筑大类	81	休闲保健类	8
文化艺术大类	51	医药卫生类	15
新闻传播大类	3	资源环境类	6
医药卫生大类	54	其他	2
装备制造大类	315		
资源环境与安全大类	56	合计	345
合计	1190		

之后王丽婷选取了专业占比最高、最具代表性的三类专业，装备制造大类、财经商贸大类以及电子信息大类进行研究。通过表 4-15 发现，目前试点最多的专业分别是机电一体化技术、物流管理、汽车检测与维修技术、电气自动化技术、机械制造与自动化、数控技术、模具设计与制造、电子商务、计算机网络技术等专业。这些专业的共同点是实操性较强、难以实现自动化、学习周期较长。由此可见，我国现代学徒制专业试点主要集中在制造业与服务业，紧随经济发展对人才的需求。

表4-15　我国高等职业教育三批现代学徒制部分试点专业情况[1]　　　　单位：个

装备制造大类专业	计数	财经商贸大类专业	计数	电子信息大类专业	计数
机电一体化	78	物流管理	41	计算机网络技术	16
汽车检测与维修技术	42	电子商务	17	应用电子技术	15

---

❶　王丽婷 . 现代学徒制人才培养模式研究 [D]. 广州：广东技术师范大学，2019.

续表

装备制造大类专业	计数	财经商贸大类专业	计数	电子信息大类专业	计数
电器自动化技术	25	会计	14	软件技术	12
机械制造与自动化	23	连锁经营管理	12	计算机应用技术	11
数控技术	23	市场营销	12	动漫制作技术	9
模具设计与制造	19	工商企业管理	6	物联网应用技术	9
工业机器人技术	15	汽车营销与服务	4	大数据技术与应用	8
焊接技术与自动化	14	保险	3	电子信息工程技术	7
汽车制造与装配技术	13	国际贸易实务	3	通信技术	6
新能源汽车技术	9	金融管理	3	数字媒体应用技术	5
机电设备维修与管理	8	投资与理财	3	移动通信技术	5
机械设计与制造	8	报关与国际货运	2	电子商务技术	4
电梯工程技术	6	财务管理	1	光电技术应用	4
船舶工程技术	5	国际经济与贸易	1	计算机信息管理	3
制冷与空调技术	5	国际商务	1	信息安全与管理	3
数控设备应用与维护	4	农村金融	1	光通信技术	2
材料成型与控制技术	3	商务管理	1	移动应用开发	2
飞行器制造技术	2	统计与会计核算	1	电子电路设计与工艺	1
汽车电子技术	2	物流工程技术	1	电子制造技术与设备	1
无人机应用技术	2	证券与期货	1	光电显示技术	1
飞行器维修技术	1	资产评估与管理	1	数字展示技术	1
……	……	……	……	……	……
合计	315	合计	129	合计	127

（二）教学运行管理情况

1. 现代学徒制的招生现状

经过几年的探索实践，三批试点机构学徒制共招生 103188 人，第一批最多，总数为 63436 人，三批次招生人数如图 4-22 所示。475 家试点机构（占比 85.77%）与合作单位（校企）共同制定了人才培养方案，79 家机构（占比 14.23%）未共同制定人才培养方案，如图 4-23 所示。

图 4-22 三批现代学徒制试点机构招生总数比较情况

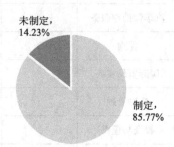

图 4-23 三批现代学徒制试点机构共同制定人才培方案情况

从图 4-22、图 4-23 来看，我们不得不承认一个现实：现代学徒制招生人数逐渐减少。据统计，2014 ～ 2018 年间超过 50% 的现代学徒制项目存在报考人数不足的情况，生源大面积流失。如果仅仅将现代学徒制招生当作"走流程"，不去思考如何提高现代学徒制在招生市场中的竞争力，结果显而易见。在招生过程中还存在以下问题阻碍了现代学徒制的发展：

- 家长或考生对现代学徒制培养模式的认识不到位。
- 家长或考生误以为现代学徒制即在岗工作。
- 家长或考生误以为学徒期结束后只能留在原企业工作。
- 家长或考生对企业不了解。
- 家长担心自己的孩子太辛苦。
- 家长和学生对招生简章阅读困难。
- 招生人员对家长或者学生咨询的反馈不恰当。
- 考试方式方法不得当，不能精准识别与企业需求相匹配的考生。
- 被录取的考生因为受到其他因素影响而放弃报到。
- 签约前没有向学生和家长充分说明相关规则。
- ……

所以，在现代学徒制招生过程中，应秉承"现代学徒制并非适合所有人"的原则，做好宣传与选拔，让进入现代学徒制人才培养模式的学生有信心，在入学前做好必要的准备。

2. 现代学徒制人才培养现状

现代学徒制的人才培养工作是现代学徒制实施的重中之重。整个学徒培养的期限一般为 2 ～ 3 年。培养的学生质量如何，直接决定了现代学徒制各利益相关者对这一人才培养模式的评价以及这一培养模式能否持续发展。现代学徒制的人才培养工作要抓住其本质，不能只是简单地在原有职业教育的基础上增加一些企业场景的教学、企业工作场景的实践环节等，就算是现代学徒制的人才培养模式。现代学徒制在人才培养上取得了一些成绩，尽管如此，但仍然存在一些问题：

- 联合培养企业不能持续提供具有教育价值的学徒岗位。
- 联合培养企业的重大人事变动导致学徒制项目没法继续开展。
- 现代学徒制人才培养经费得不到支持。
- 学徒不愿意接受在岗"双元"培养的人才培养模式。
- 学徒在培养时中途退出。
- 学徒在岗培养的适应性和角色转变能力较差。
- 校企"双导师"（师傅）不能满足指导学徒的要求。
- 校企"双导师"没有积极性参与人才培养工作。
- 企业导师没能根据学徒职业能力成长的规律和路径开展有针对性、计划性的指导。
- 课程体系没有突出现代学徒制的本质特征。
- 课程体系存在校企课程"两张皮"或校企课程资源没能有效融合、整合的情况。
- 基于工作过程系统化的课程开发不能有效实施。
- 校企双方现有的各项管理制度没能有效支持现代学徒制人才培养工作的顺利开展。
- 不能根据学徒职业能力提升和职业岗位成长的规律有计划地开展在岗培养工作。

……

3. 现代学徒制考核工作现状

现代学徒制的考核工作随着培养工作开展，一方面可检验培养工作是否达到预期的目标，另一方面可为培养工作提供改进的建议。考核工作不单单针对学徒学习过程和学习效果进行评价，为保障现代学徒制项目的顺利开展，也需要对培养过程中的各参与方，如导师（师傅）、项目组、教学管理部门等的工作进行考核和评估。目前，在现代学徒制的考核工作中有以下问题：

- 考核目标不明确。
- 考核流于形式。
- 没有制定行业企业的岗位标准或岗位标准梳理得不够清晰。
- 考核标准不符合企业学徒岗位能力要求。
- 企业岗位没有对应的国家职业资格标准。
- 考核形式过于单一，不能体现多元交互式考核。
- 导师对学徒考核的标准不统一，导致考核结果存在严重偏差。
- 没有设计学徒考核不通过的备选方案或设计不合理。
- 校企"双导师"没有参与考核工作的积极性。
- 没有中立的第三方监督机构对考核工作进行评估。

……

评价体系是检验学徒制开展成效的重要标准。目前现代学徒制项目评价体系存在评价标准模糊不清、评价主体结构单一的问题。企业新型学徒制目前还没有相应的评价内容与要求。考核评价主体可以更广泛，考核评价对象可以更具体，奖惩措施可以更直接。无有效评价与考核，在实施过程中也就无导向、无动力。

现代学徒制试点数据显示，318家（占比57%）试点机构开展了制度建设工作，其中有204家明确有"评价考核"要求，但就如何量化评价学徒制绩效并无详细内容。从已披露的制度文档来看，评价考核制度内容相似度极大，多是对资源投入、课时、岗位课程等领域的定性评价，有待进一步健全完善。

4. 现代学徒制留岗工作现状

目前，国家对参与现代学徒制的行业企业还没有出台相应的经济补贴措施。企业参与现代学徒制的动机来源于对可持续的高技能高素质人力资源的渴求，对改善企业人力资源结构的渴求。学徒毕业（出师）后不留在联合培养企业就业的话，对企业来讲付出巨大的人才培养成本将得不到预期的回报，与当初参与现代学徒制人才培养工作的初衷相背离，这必将会影响企业的积极性，因此提高学徒的留岗率是现代学徒制项目至关重要的工作。当前，在现代学徒制实施过程中主要有以下几个方面的障碍影响学徒留岗率：

- 联合培养企业缺乏职业发展平台。
- 学徒认为联合培养企业岗位晋升速度慢。
- 学徒不满意联合培养企业的工作环境。
- 学徒不满意联合培养企业的工资水平及福利待遇。
- 学徒不认同联合培养企业的企业文化。
- 学徒不喜欢联合培养企业员工之间的关系和氛围。
- 学徒个人没有做好职业发展规划。
- 学徒有更好的就业机会。
- 联合培养企业岗位需求有限。
- 联合培养企业选拔学徒较为严格。

……

教育部推行的现代学徒制实施方案规定学徒毕业后可以自由择业，也就是说学徒可以选择留在原来的联合培养企业就业，也可以根据自己的职业意愿和倾向，选择到其他企业就业。在这种情况下，一方面需要校企双方共同工作提升学徒的留岗率；另一方面要找出学徒不愿意留岗的真实原因，并追根溯源切实解决问题，以便后续的人才培养工作得到进一步完善。

5. 现代学徒制反馈与改善工作现状

首先，在现代学徒制项目操作中，反馈与改善工作的意义易被忽视，反馈与改善工作的具体操作过于随意，常见的问题有：

- 仅仅将反馈理解为信息的传递，轻视反馈在多元化发展方面的意义。
- 对信息缺少"过滤"，反馈工作缺少目的性。
- 缺少对具体情况的分类管理，常规的反馈工作过于随意，重要的反馈工作过于草率。
- 反馈内容结构化程度偏低，不能清晰、完整地反映问题。

● 渠道不通畅，反馈工作达不到预期效果。

● 人员培训不到位，反馈工作得不到有效落实。

● 组织结构、岗位职责及业务流程与反馈工作不匹配，没有将改善作为一项独立的管理职能。

其次，在现代学徒制的实施过程中，经常会收到来自学徒与专业教师的意见，其中有一部分意见是对公司的不满。这些负面信息不断积累，给人的感觉是所有的人都不满意。比如说在 2020 年对某公司进行了调查，调查中通过教师座谈会、学徒座谈会、问卷调查、走访门店等形式收集相关信息，进行数据分析之后，结果发现现实情况是 80% 以上的学徒对公司及师傅的工作是满意的，将近 60% 的即将毕业的学徒愿意留在公司工作。学徒最不满意的是工作比较辛苦、经常加班、企业制度变化频繁、企业师傅的专业性不高等，但这是零售服务业的普遍情况，并非此公司所独有，基于双方此前的合作基础，如果在教学门店遴选、企业带教能力提升、学徒晋升等方面有所改善，现代学徒制项目将会更上一层楼。"过滤"的过程让我们清楚学生与教师的抱怨究竟是因为什么、有多严重，也明确了此公司今后应该将哪些方面作为改革的重点。所以反馈的内容要经过"过滤"，对于重要的反馈工作，要提高"过滤"工作的组织化程度。

反馈与改善工作需要达到适应变化的要求，更需要兼顾多方发展的要求，拓展项目多元化发展的运行体系。

（三）师资队伍建设情况

340 家试点机构（占比 61%）开展了师资互聘工作，214 家未开展该项工作。三批试点机构共聘请"双导师"18071 人次；第二批"双导师"人数最多，为 7466 人，主要集中在高职院校。如图 4-24、图 4-25 所示。

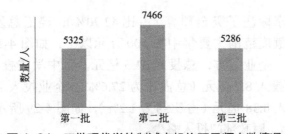

图 4-24　三批现代学徒制试点机构双导师人数情况

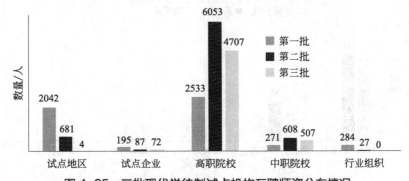

图 4-25　三批现代学徒制试点机构互聘师资分布情况

（四）保障机制建设情况

1. 制度建设情况

318 家试点机构（占比 57.48%）开展了制度建设工作，其中第二批制度建设最多，总数为 2312 个，主要集中在高职院校，如图 4-26、图 4-27 所示。

图 4-26　三批现代学徒制试点机构制度建设情况

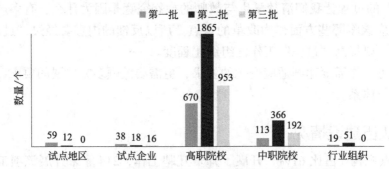

图 4-27　三批现代学徒制试点机构制度建设分布情况

2. 经费管理情况

试点机构中 237 家标注了资金预算（占比 42.70%），经汇总发现试点机构实际投入要高于预算，资金额度范围主要集中在 500 万元以下，如图 4-28 所示。资金来源主要是财政部门、学校、企业三方，总投入 31.5 亿元。其中学校投入 12.3 亿元（总占比为 39.0%），财政部门投入 8.7 亿元（总占比为 27.6%），企业投入 10.12 亿元（总占比为 32.2%），其他资金投入 0.38 亿元（占比约为 1.2%），如图 4-29 所示。财政部门、学校、企业三方投入基本均衡，财政部门投入略少。

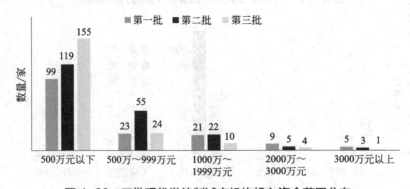

图 4-28　三批现代学徒制试点机构投入资金范围分布

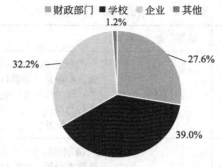

图4-29 三批现代学徒制试点机构投入资金总数占比情况

二、企业新型学徒制试点情况

2015～2017 年两年间，人社部、财政部先后在 22 个省（市、自治区）进行了两批企业新型学徒制的试点工作，试点企业约 200 家，涉及机械、电气、数控、化工、汽修、焊接在内的近百个岗位工种，累计培养企业新型学徒制职工近 2 万人，其中包含转岗职工3670 人以上❶。企业新型学徒制试点概况、举措、财政补贴情况、考核监督情况、各试点单位概况及经验，如表4-16～表4-20 所示。

表4-16 企业新型学徒制试点概况

试点范围	试点企业	培养职工	涉及工种
22 个省（市、自治区）	200 家	近 2 万人	近百个

表4-17 企业新型学徒制试点举措

企校 1 对 1 对接	共商共建培训体系	学徒利益保障
选择大中型企业作为试点，企业选取培训员工，企业与专业院校对接合作	组建校企双师团队，共同确立培养目标，共同确定培养内容，共商培养模式	学徒与企业签订劳动合同，企业提供最低工资支付保障，院校开拓学分制与弹性学制以灵活保障学徒学业

表4-18 企业新型学徒制试点财政补贴概况

纳入预算	申请补贴	审核内容	督导评估
补贴费用纳入省市就业及技工教育专项资金的项目预算	试点单位申请补贴，提供资料	审核协议、花名册、培训证书、培训评价、单位相关财务信息等	人社局培训管理部门进行督导，督导通过，向试点单位发放补贴款

表4-19 企业新型学徒制试点考核监督情况

建立监督体系	建立台账与管理制度	建立惩戒机制
如北京，建立校企、地方政府、专业机构三级考核监督体系，聘请专家团队跟踪调研	如深圳，要求校企建立培养台账，接受监督检查，对培养对象建档，建立学徒制相关管理制度	如深圳，对于弄虚作假、欺诈行为，回收补贴费用、限制补贴申请，涉嫌犯罪的移交司法机关

---

❶ 金栋梁，陈长英.企业新型学徒制模式下校企合作的现状、问题及反思 [J].温州职业技术学院学报，2019，19（04）：36-40.

表4-20 各试点单位概况及经验[1]

省市	试点企业与院校	培养专业（工种）	经验做法
北京	企：北京一轻食品集团 校：北京轻工技师学院	面包烘焙工	共同组建师资队伍；最大限度挖掘各自的教学资源，校企共商培养目标、共建培训模式、共定培训课程；将工作任务转化为教学任务，将企业文化、生产流程与规范融入教学内容；面授与网络自学相结合，缓解工学矛盾
广东	企：广东凤铝铝业有限公司 校：广州市工贸技师学院	模具制造	前期调研中，应从组织、任务、人员等多个维度开展需求分析，才能更好契合企业及学徒需求；课程开发在遵照教育规律的同时，还应考虑企业生产经营实际和学徒群体的心理特征；应设计以评价学徒的专业理论、职业素养、岗位技能、企业表现等方面为主要评估内容的能力测评体系
江苏	企：海澜集团有限公司、中国雨润食品集团有限公司、徐州市绿地皇冠假日酒店等 校：江苏省徐州技师学院	烹饪、面点、酒店管理、市场营销等专业	组建校企"双导师"队伍，"双导师"不仅完成授课与带徒任务，还承担学徒日常管理职责；完善各项学徒管理制度，强化学徒的思想教育和激励机制；校企双方共同制定学徒评价标准，共同开展学徒评价
福建	企：福建华电可门发电有限公司 校：福建技师学院	电气自动化设备安装与维修	在组织跨年度、跨部门专业、长周期的培训活动时，需对可能的生产形势做出准确预判，提高计划精准率，缓解工学矛盾；根据企业的行业特色，放宽政府管辖的本地区域限制，引进对企业帮助最大的区域内外行业机构；在课程设计阶段，需要根据企业员工实际条件给予校企双方更大的自主权，灵活设置，避免课时浪费；简化培训结束后申请补助的流程
四川	企：四川九洲电器集团有限责任公司 校：九洲高级技工学校	无线电装接工、无线电调试工、车工、钳工	企业从职工教育经费中提取52%作为技能型人才培养经费；构建以"通用理论与技能知识＋岗位专业知识与技能"为主要内容的培训课程体系；采用"半脱产＋岗位学习"的方式；建立学徒培养信息通报制度
江苏	企：江苏新日电动车股份有限公司 校：无锡工业高级技工学校	机械设备与自动化控制	校企共建区级公共实训基地；企校共同制定培养方案；校企共同设立专项研究课题，以课题为引领，推进课程标准制定和教材建设等工作；教师把课堂"送到"企业；开发教学App，推行微课程教学；对接国家职业技能标准，建立多元化的考核评价机制
内蒙古	企：内蒙古北方重工业集团有限公司 校：内蒙古北方重工业集团有限公司高级技工学校	机械加工、机电修理、铆焊	建立"学徒—学生—准员工—员工"四位一体的人才培养方式，严格遴选合格人才；将国家职业标准与兵器行业特有工种职业标准融入人才培养方案；充分利用国家政策和自治区政策资金支持，确保经费投入、专款专用
黑龙江	企：哈尔滨第一机械集团有限公司 校：大庆技师学院	车工、电工、数控、钳工	结合企业岗位实际确定教学目标，即"干什么，练什么，缺什么，学什么"；校企在优势互补的原则下实现深度融合；政府积极发挥引导作用，落实政策和经费支持，激发企业积极性

❶ 孙梦水，崔俊荣，刘晓辉，等．我国企业新型学徒制实践探索 [J]．职业教育研究，2020（04）：11-16.

企业新型学徒制计划在 2021 年后每年学徒培训人数为 50 万人左右。企业新型学徒制自 2015 年在我国开始试点，最初开展培训的教育机构主要是人社系统的技师学院，而 2018 年后合作教育机构主要为职业院校、技工院校、企业培训中心等教育培训机构，对学徒进行双师培养，也就是说职业院校在实践中已经参与到企业新型学徒制的工作中，为现代学徒制及企业学徒制两者的有机融合从政策上开辟了崭新的突破口，见表 4-21。

表4-21　企业新型学徒制试点推进进度及要素说明[1]

年份	试点规模	补贴	培养标准	企业条件
2015	有 12 个省进行了企业新型学徒制试点，每个省区择优选择 3～5 家符合条件的大中型企业当作试点，每个企业中选 100 人左右进行学徒制的培训	（1）学习培训期间，企业会按照签署的劳动合同对学徒进行工资支付，且工资不能低于企业所在地职工的最低工资标准； （2）学徒培训期，人社部门还有财政部门要按照规定对学徒给予一定的培训补贴，补贴时间为 2 年； （3）人社部门审核之后，财政部要先向企业预支 50% 补贴资金，培训全部完成后再进行剩余补贴资金的拨付	（1）培养目标：符合企业工作岗位需求的中级技术工人及高级技术工人； （2）培养期限：一般期限为 1～2 年，如有特殊情况，培训时间可延长到 3 年； （3）培训方式：企业内培训方式主要为师带徒的形式，培训机构内则主要为工学一体化式的方式	（1）企业有人才意识，对技术技能人才队伍建设给予高度重视； （2）企业建立了职工培训制度，并对制度不断完善； （3）企业建立了同技术技能相挂钩的薪酬激励机制； （4）企业中技术人才占比≥60%
2016	有 12 个省进行了企业新型学徒制试点，每个省区择优选择 3～5 家符合条件的大中型企业当作试点，每个企业中选 100 人左右进行学徒制的培训			
2018	2018～2020 年底，争取进行 50 万人以上的企业新型学徒培训，对企业加大投入力度，让各培训机构都能积极参与其中，让劳动者都能踊跃参与到学徒职业技能培训中，形成学徒培训新格局			
2019	企业新型学徒制的工作在全国全面推开			
2021	加大学徒培养的工作力度，争取培训 50 万人左右的学徒			

❶ 张晶晶，陈樱，毛东升，等 . 现代学徒制与企业新型学徒制有效融合途径的实践研究 [J]. 工业技术与职业教育，2020，18（01）：92-97.

第五章
中国特色现代学徒制的特点与突破创新

第一节
中国特色现代学徒制的架构特点

一、组织维度特点

（一）利益相关者理论

利益相关者理论来源于企业理论价值取向，是 20 世纪 60 年代与"股东至上理论"相对立的一种新的价值取向。利益相关者理论认为负责的企业应在关注投资方利益的同时兼顾整体利益协调，让顾客、员工等的利益都得到保障。此观点被企业界逐渐认可，后来又在社会学及教育学等领域被广泛性应用。社会界还针对什么是利益相关者，展开过激烈讨论。美国斯坦福大学的研究小组认为对于一些团体来说如脱离了支持就不复存在。罗伯特·弗里曼认为利益相关者是任何能对组织目标造成影响的群体或者是个人[1]。米切尔对组织活动中影响力、合法性和紧迫性这三个要素进行整合性分析，认为某组织至少符合其中一个要素，才能被称之为利益相关者[2]，并将利益相关者按照符合维度多少分为确定型、预期型及潜在型的利益相关者。

对于职业教育来说，现代学徒制利益相关者成员很多，成员间关系也很复杂，如政府支持、校企双主体育人、行业平台搭建、家长支持、学生参与等，这些都非常必要，所以

---

[1] 庄玉梅.基于企业成长视角的核心利益相关者界定 [J].山东社会科学，2010（10）：3.

[2] 朱晓亮.利益相关者：一个文献综述 [J].福建质量管理，2018（9）：220.

可将他们看作是典型利益相关者。在几个利益相关者中，学校、企业、学生、老师和师傅这五个最重要，为确定型利益相关者，这些利益相关者同现代学徒制的成败直接相关。政府、行业、家长、社会这些利益相关者对人才培养实施效果有重要影响，为预期型利益相关者。国家、社区、法律、理念等则是潜在型利益相关者，也不可或缺。按重要程度还有对现代学徒制的影响力的大小，可按图 5-1 对其内涵及关系进行体现。

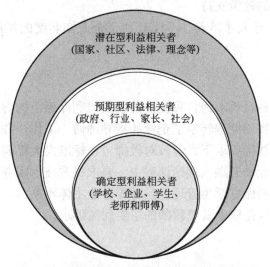

图 5-1　现代学徒制中利益相关者的基本结构

（二）中国特色现代学徒制的利益相关者诉求

1. 学生（学徒）

学生（学徒）为现代学徒制中的一个主要利益相关者，其基本利益诉求为提升技艺，获得更好的职业生涯发展。学生参加学徒培养就是看中了其能在工学交替下进行技术技能学习，毕业后不愁找工作。而现代学徒制同传统学徒制的主要区别就是现代学徒制是对人职业生涯的发展能力进行培养，不仅重视对学生一技之长的培养，更重视学生后期职业生涯的发展。所以说学徒在学习期间，校企双方应确保其有充分的理论学习时间及企业实训时间。

2. 职业院校

职业院校也为现代学徒制中的一个主要利益相关者，其基本利益诉求为提高教学质量，提高学校声誉。在现代学徒制中职业院校为学徒培养质量的一个最核心性要素，也是其中最重要的一个利益获得者。现代学徒制人才培养有利于职业院校人才培养模式的拓展，因此培养中需突出专业特色，还要对实训条件及师资力量进行改善，推动校企深度合作，这样能有效减少人才的培养成本，更好提升自身的社会声誉。

3. 企业

企业基本利益诉求为通过最小的成本做好自身的人才储备。现代学徒制中企业扮演了举足轻重的角色。校企合作的深度、企业是否拥有足够话语权为现代学徒制中影响人才培养质量的关键。作为人才最后的使用者，及现代学徒培养的获利者，企业应成为现代学徒制的有效推动者。企业基本利益诉求主要表现为：

（1）参与人才培养全程，为自身储备需要的应用型人才，解决用工短缺问题；

（2）同职业院校合作，有效节约人才合作培养中的用工成本，且政府对现代学徒制试点企业还会给予一定的政策支持；

（3）同高校合作进行人才培养，不仅有利于企业知名度的扩展，还有利于社会服务能力的提升。

4. 职业院校教师

职业院校教师基本利益诉求为自我提升诉求及权利保障上的诉求。在现代学徒制的实施中，职业院校教师将实训课程转给了企业的指导师傅，工作任务貌似减少了，但实际上负担更重了。在双师型教师要求下，学校对教师考核标准大大提高，专业教师不仅要掌握专业理论，还需能将企业动态融入理论课程中，要求提升技术服务能力。教师还需同企业指导师傅密切联系，共同做好学生管理。且随着企业主体不断深入，教师话语权有降低的风险，因此保证自身地位是职业院校教师的主要利益诉求。

5. 企业师傅

企业师傅基本利益诉求为保证和提升自身的地位。师傅是学徒培养质量的主要因素。如师傅无私，能将技术无私教给徒弟，但因缺少保障机制，很多师傅担心徒弟会超过自己，将自己饭碗抢走，也担心指导徒弟会影响自身的工作效率。基于如上分析，师傅的基本利益诉求为：第一，在学徒培养中提升自身的地位，获得额外的经济报酬；第二，学徒进步快，上手快，可帮助自己减轻工作负担，提升自身的社会地位。

6. 政府

政府基本利益诉求为提供公共服务。在现代学徒制试点中，政府是引导者及推动者，能为现代学徒制的实施建立立交桥，对人才培养模式进行深化，为国家培养更多高素质技术人才，提升国民的整体素质水平。

7. 行业协会

行业协会基本利益诉求为健康发展。行业协会想要拥有对外及对内的话语权，想要拥有经费上的保障。行业协会需对行业标准进行制定，要对行业的利益进行维护，还需同其他主体做好沟通协调，并参与到人才培养选拔中，更好推动行业技术开发，确保行业获得稳定发展。

8. 其他利益相关者

其他利益相关者基本利益诉求为保障自身利益。家长期望在最大限度降低培养成本的基础上，让自家孩子通过现代学徒制获得技术上的精进，更好就业。但当下家长及社会对现代学徒制参与的热情不高，分析主要原因应同"学而优则仕"这种传统观念有一定关系，也同职业教育近些年人才培养质量不尽如人意有一定关系。

其他利益相关者，如社会是希望校企培养的人才能更好满足自身需要。

（三）中国特色现代学徒制的参与方

中国特色现代学徒制的参与方有五方：学生和家长、企业、学校、教育和招生管理部门、第三方质量保证机构（图5-2）。虽然政策没有要求现代学徒制必须要有第三方质量保证机构的介入，但为了保证培养项目的运行质量，第三方质量认证机构的介入被认为是一种有效的途径。

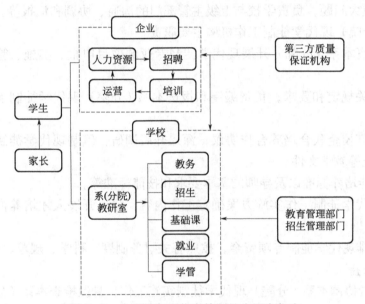

图5-2　中国特色现代学徒制的主要参与方

明确参与各方的权利与义务是现代学徒制工作的基本内容之一，也是校企协同推进育人工作的重要保障。现代学徒制的具体操作经常发生在学校的系（分院）、教研室与企业的招聘、培训部门之间，两类部门的负责人在落实具体事务的同时，需要促进相关的组织与制度建设，为现代学徒制的可持续开展开辟空间。现代学徒制项目顶层的设计要点如表5-1所示。

表5-1　现代学徒制项目顶层的设计要点

企方	校方
建立能够协同人力资源、招聘、培训、运营等部门的现代学徒制工作机构	建立现代学徒制工作领导机构
明确各部门职责与作业标准	建立现代学徒制工作方案，统一对现代学徒制的认识，明确工作方向、相关部门职责、投入等
明确学校参与学徒培训的范围、渠道及支持条件	建立明确的公共课学习、教师工作量核算、"双师"队伍建设、企业参与、学徒考核、经费使用、教学运行等相关制度

关于学校相关机构的主要职责，参考如下。

（1）校级领导小组主要职责。负责统筹指导现代学徒制工作，确定现代学徒制的校本内涵、依据、工作原则和基本思路，制定相关的管理规范，健全企业参与制度，建立工作考核与激励机制，审定现代学徒制项目名单，研究决策与协调实施过程中的重大事项。

（2）领导小组执行机构主要职责。负责编制现代学徒制工作总体实施方案和工作指南，组织项目申报，落实工作配套资金预算与分配，管理、协调和督促试点日常工作的实施，监控、评估与考核试点工作的质量，协调处理领导小组交办的各项工作，收集、整理工作中遇到的重大问题，负责学校与上级主管部门的沟通、协调和汇报等。

（3）系（分院）现代学徒制工作机构主要职责。

① 具体负责本系（分院）开展现代学徒制专业的项目申报、实施、管理和质量监控等工作。

② 依照有关规定和要求，负责编制和报送本系（分院）现代学徒制项目申报书、实施方案。

③ 起草签订校企联合培养合作协议，深入开展调研，编制现代学徒制专业人才培养方案和课程标准等教学文件。

④ 编制学徒培养标准以及导师的基本要求和技能标准等。

⑤ 按照现代学徒制工作实施方案确定工作内容，深入开展人才培养模式改革，组织实施工作。

⑥ 统筹安排现代学徒制专项资金，按照有关财务制度，科学、规范、合理使用资金，确保资金使用效益。

⑦ 全面负责协调本系（分院）现代学徒制实施工作，督促检查本系（分院）现代学徒制实施情况，及时将工作进展、资金使用情况等形成报告，上报工作办公室。

⑧ 负责与合作企业的联系与沟通工作。

⑨ 接受校工作领导小组对现代学徒制项目实施过程和结果的监控、检查和审计。

二、实施维度特点

借用迈克尔·波特（Michael E.Porter）价值链模型的基本架构，中国特色现代学徒制的工作流程由基本活动和支持性活动组成（图5-3）。

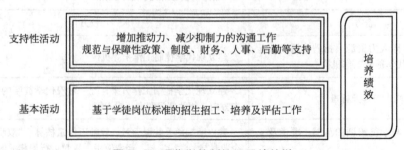

图5-3　现代学徒制的项目价值链

基本活动以学徒岗位标准为主线，具体包括设计、培养、评估、优化四个阶段。

支持性活动是指为现代学徒制人才培养过程提供推动力的相关工作。托普心理学创始人库尔特·勒温（Kurt Lewin）认为，在项目周期的任何一个时间点，都存在促进项目成功的推动力和导致项目失败的抑制力。支持性活动的主要职能是增加推动力与减少抑制力。譬如，企业决策层对于现代学徒制未必有深入的理解，校企合作部门就需要采用适当的方式引导其发现项目对企业的独特价值，这种沟通性活动能增加推动力，减少抑制力。再如，承担现代学徒制项目的二级学院负责人，需要积极推动学校出台适于现代学徒制项目开展的教师工作量核算、学费划拨、公共课教学等制度，这种促进校级层面制度改变的活动能增加推动力，减少抑制力。

在现代学徒制项目操作过程中（图 5-4），如果项目操作者仅仅关注基本活动，而没有给予支持性活动充分的重视，项目有可能遭遇严重危机。对于试点期的项目，真正决定其未来发展的很可能是支持性活动。当然，基本活动的顺利与有效开展带来的积极影响，会促进支持性活动的产生，譬如，现代学徒制项目为企业带来稳定的、成规模的后备人才，这会吸引决策层的关注，从而引发其产生进一步支持项目发展的意愿。

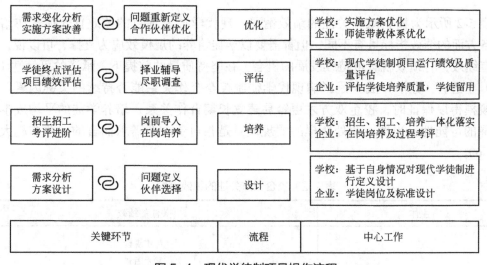

图 5-4　现代学徒制项目操作流程

三、考核维度特点

中国特色现代学徒制的绩效满足多元主体的利益诉求。有学者运用图 5-5 所示模型展示现代学徒制中利益相关者的关系。在此模型中，A、B、C、D 四个圆分别代表政府、雇主（企业）、学徒和学校（培训机构）四个利益相关方；EFGH 图形则代表现代学徒制建立后的活动边界，A、B、C、D 四个参与方在边界内根据共同的目标和利益结合点开展合作，更好地配置资源；EF、FG、GH、EH 则代表各利益相关者的组织边界，即现代学徒制项目与各利益相关者其他学习项目的边界；OE、OF、OG、OH 表示利益相关者之间的渗透边界，各利益相关者通过加强合作，可促进相互之间的沟通、信任，与其他参与方实现良性互动，共同解决现代学徒制实现过程中产生的问题与矛盾。

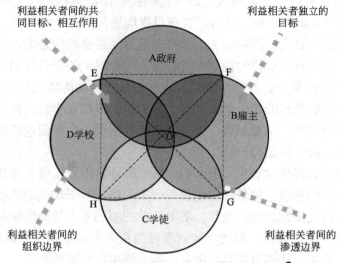

图 5-5 现代学徒制利益相关者的关系模型 ❶

表 5-2 所示为校企双方关注的绩效情况。现代学徒制项目的绩效首先体现在培养规模。各方面的绩效指标虽有不同，但都需要以学徒培养的规模效应为支撑，可以说，有规模就有绩效，有绩效就有可持续发展的机会。在坚持质量的前提下，承诺的可信性（可信承诺）与选育（办学）成本是影响现代学徒制校企合作关系能否持续的关键因素。只有学徒规模得以保证时，校企双方才更容易建立长期合作关系，培养学徒的平均成本也会有下降的可能性。当然，此处所提的"规模"是相对于企业需求而言的，并非越大越好（图 5-6）。

表5-2 校企双方关注的绩效情况

主体	关注的绩效
企方	人才规模 人才质量 选育成本 社会声誉
校方	就业率 就业质量 学徒满意度 教师专业水平提升 教师满意度 社会声誉 办学收益与办学成本

---

❶ 欧阳忠明，韩晶晶. 现代学徒制："冷热不均"背后的理论思考 [J]. 中国职业技术教育，2016（12）：5-11.

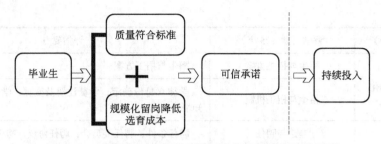

图 5-6 规模效应、可信承诺与校企关系持续性的关系

实现可信承诺机制是提高现代学徒制运营绩效的中心工作。可信承诺也是评价现代学徒制绩效的基准，关于校企协同育人、人才培养制度与标准、招生与招工一体化、"双导师"队伍建设、学徒培养与管理等方面的评测需要立足于此，否则就是无的放矢。中国特色现代学徒制过程绩效的考评指标可以现代学徒制试点项目管理过程绩效（质量）的考评指标为参考（表5-3）。

表5-3 现代学徒制试点项目过程考评指标

评估类别（8个）	评估要素（25个）	评估要点
运行环境	战略定位	战略层面关于现代学徒制的界定及规划
	工作机构与领导层之间的关系	组织关系
	质量控制	项目质量控制；学校质量控制；外部质量评估
	产业对接	现代学徒制与产业发展的对接情况
	管理沟通	现代学徒制的职责分工与沟通机制
	保障条件	资金、人员、场地等保障条件
协同育人	合作企业	遴选标准；遴选过程；动态评价；合作企业参与人才培养的部门及人员
体制机制	体制机制	联合办学机构；部门及岗位设置；业务流程；校企沟通渠道及制度；工学交替实现方式
培养制度与标准	培养方案	学徒岗位标准与动态调整；学徒分级与进阶制度；学分制和弹性学制；校企课程学分互认机制；分段育人机制；教学条件
	课程体系	专业课程标准；课程模块构建；课程内容开发；课程拓展；课程体系动态调整
	教学运行	专业教学计划；专业教材和教学内容；教学过程安排；实习实训计划；岗位轮训计划；教学资源配置；教学文件；教学管理制度
	学业考评	学徒考核标准（职业素养考核标准、岗位技能考核标准）；学徒考核内容；学徒考核方式；学徒考核程序；资格证书

续表

评估类别（8个）	评估要素（25个）	评估要点
招生与招工一体化	招生与招工方案	招生与招工方案
	招生与招工机制	学徒双身份确定；学徒注册及变更；学徒、家长、企业知情告知书
"双导师"队伍建设	遴选与聘任	聘任条件；聘任委员会；聘任协议；聘任程序
	交流与培养	"双导师"互聘；"双导师"教研组或工作室；学校导师到企业锻炼；企业导师到校培养；"双导师"业务档案
	待遇保障	待遇标准；激励措施
	管理与考核	动态考核机制及细则制订；"双导师"实际履职情况；"双导师"满意度
学徒培养与管理	培养过程	培养过程及内部质量控制
	培养质量	师生比；学徒合格率和优秀率；学徒毕业率；学徒对口就业率；技能证书获取率
	权益保障	学徒工资、补贴、保险；奖助学金；学徒参与管理及意见的实现方式；学徒满意度
	管理机构及措施	管理机构及措施
项目诊改	诊改过程	项目诊断与改善的实施情况
	成果提炼	现代学徒制实施成果的提炼情况
	成果推广	现代学徒制成果与经验推广情况

第二节
中国特色现代学徒制中师徒关系的文化特征

　　学徒制传授技能的实施过程是在师傅、学徒共同劳动的过程中实现的，师傅对学徒进行指导，学徒向师傅学习知识技能。需要强调的是师傅需亲手教学徒操作，学徒要全程参与学习，学习时间相对较长。在技能传授中，师傅与徒弟之间形成了亲密的师徒关系。在中国特色现代学徒制的新型师徒关系下，"学徒的全面发展"成为现代学徒制师徒关系的核心，同时师徒之间发生了从"师教徒学"到"师徒共育共成长"模式的转化。本节从师徒关系的类型、变化特征及创新三个方面研究学徒制，力求探索中国特色现代学徒制师徒关系的文化特征。

一、学徒制师徒关系的类型

　　在学徒制师徒关系的研究中，我国多数学者认为学徒制下的师徒关系经历了几个关系形式，即前学徒制时期的亲父子形式、奴隶社会的养父子形式、封建社会的宗法和行会师徒关系、近代进步式师徒关系、现代契约式师徒关系。从师徒关系的演变过程可以看出我国学徒制师徒关系的变化规律是从私人逐渐向社会化转变。

纵观我国学徒制发展史，根据学徒制在不同历史时期的不同存在形态，将学徒制师徒关系划分为4种类型，不同的学徒制形态之下的师徒关系在内涵特质上也是迥异的，但从整体上都是从私人关系逐渐转变为制度关系。

（一）私人化的师徒关系

在封建社会个体手工业初始阶段，学徒制下的师徒关系是基于家庭作坊进行传承的，且最初以血缘关系作为传承纽带，师徒间都是具有血缘关系的，属于个体化时代传承。随着手工业不断发展，在熟人担保或者是熟人牵线搭桥后也能够进行学徒招收，这样师徒关系在避免技术外泄的基础上进行了扩大。这个时期，师徒资格的规定不是制度化的，所有拥有一技之长并得到社会认可的手工艺者都能被称为师傅。

在个体手工业下，师徒间关系伦理宗法色彩浓厚，师徒间必须遵循严格的等级体系。首先，生活上师徒存在明显人身依附性，学徒学艺过程中还需替师傅承担家庭杂事。学徒对师傅制定的规定都要严格遵守，一旦违背就会遭受相应的惩罚。其次，师傅传艺中还要承担学徒的生活起居，教会学徒为人处世的道理。从这个意义分析，此背景下的师徒关系更像是父子关系，而在此关系中师傅处于家长的地位。

古代社会生产力不发达，要对一项技艺进行传承需要数代人共同努力。鉴于技能获得艰难，学习成本高，一旦有家族掌握了一门技艺，就会将其作为家族谋生手段，且出于利益考量，不会将其外传。师傅一旦进行了学徒的招收，则会将自己的经验及技能全部传给学徒，让学徒作为日后谋生技能。但为自身利益考虑，师徒关系的维系依赖的是宗法伦理制度，脱离了此制度，师徒关系是无法正常维系的。因此，个体手工业时代，师徒资格是没有正规制度约束的，也无外在监管，师徒培训时间也是不固定的。而随着社会不断发展，这种约束小的私人师徒传承势必得为学校教育让位。

（二）半私人化的师徒关系

随着社会不断发展，师徒关系自初始的传授谋生手段逐渐向劳动用工转变。学徒制在各个行业内得以广泛推广，学徒制成了行业内劳动用工的一个常态性机制。在此过程中学徒制在领域上也开始从传统手工业逐渐向钟表、典当等新兴的商业领域扩展，雇佣性质学徒开始在这些行业出现。雇佣学徒主要有两种：本身已经具有行业经验技能，能独立进行行业劳动；学徒行业经验不足，只能先从事一些辅助性的工作，并在帮工过程中进行行业技能学习。这种学徒培训，学徒所获得的行业生产工序技能，同个体学徒制下的全盘技能是有所不同的。雇佣制下学徒群体不断扩大，私人性质的学徒关系逐渐被瓦解。首先，从技艺传承角度来说，学徒在技能学习中获取了谋生的手段；其次，学徒工的廉价性为师傅谋取利益提供了更多可能性，也促进了手工业生产规模的扩大。因此可以说雇佣学徒工的出现使学徒从个体家庭中的劳动力逐渐向商品劳动力转化，师徒关系在教育及经济利益方面产生了利益冲突，为行会提供了介入的机会。

　　行会为手工业行业的一个自律性组织，在行会介入下，师徒关系从伦理本位逐渐走向了集体主义本位。在此过程中师徒关系出现了明确性的等级关系，及"学徒工—帮工—师傅"，等级差异下，不同主体定位不同，权利及义务关系必然也是不同的。且行会还对师徒关系的一些具体环境进行了制度化规范，比如说学徒条件、学徒培训时间、学徒出师标准、学徒薪资标准等。这样来看，在师徒关系中行会是一个第三方的秩序规范者，也是师徒关系得以正常维系的监督者，为学徒学习质量提供了保障。但行会制度下，师徒关系还是镶嵌于熟人社会体系，行会只是对师徒关系进行协助式管理，师徒关系还是受宗法伦理约束的，因此行会下的师徒关系应定位为半私人性质。

（三）半社会化的师徒关系

　　社会生产继续扩大后，企业对于劳动力的需求更大，企业劳动力不足，为解决这个难题，雇主开始以招工名义进行学徒招收。这种情况下，师徒培训过程为企业的生产过程，师徒关系带有定向培训及企业委托等性质，除了要进行技能传承，师徒关系还涉及行会制约、生产雇佣等问题。这种师徒关系同前两种不同，个体学徒制时师傅要向徒弟进行技能的传授，且主线就是技能传承，不会对学徒职业生涯进行指导；行会学徒制下尽管师傅也需要对徒弟进行技能传授，但是占主要地位的是劳动雇佣，师傅对徒弟在行业内的发展具有一定指导作用。而企业学徒制下师傅不是业主，学徒培训是企业的一种人才开发机制。

　　基于上述分析，企业学徒制下的师徒关系已经突破了传统意义上的师傅、学徒这两个主体，而是扩大为师傅、学徒、企业这三方主体，三方主体下师徒关系在社会联系的范围是不断扩大的。师傅多由企业来分配，企业人力资源部制订学徒计划，并对学徒进行管理，学徒的师傅多为企业熟练工人或技术能手。企业中师徒培训也并不是师傅对徒弟所进行的全过程、全方位式的指导，只是基于某局部生产工艺进行指导。在指导中师傅不仅要对学徒进行技艺上的指导，还需对学徒职业生涯提供指导性意见。为了对师徒培训进行规范化管理，企业人力资源部门还会配套相应的考核机制及奖惩性措施，针对师徒培训中出现的问题，企业也会对师傅进行督促。但是毕竟这种师徒关系只是依附企业的一种内部关系，学徒所获得的技能也只对企业有一定的价值，脱离了企业，技能价值会大打折扣。所以说，企业学徒制下的师徒关系其实还不是真正社会化的一种制度关系，甚至教育关系，只能算作是一种半社会化性质的关系。

（四）社会化的师徒关系

　　现代学徒制沿袭了传统学徒制的形式，但从本质上来说是职业院校同企业培训有机结合的一种职教制度，是学校技术技能的理论同企业岗位实践两种教育有机结合的一种人才培养模式，是一种社会化的教育制度。所以，此制度下师徒关系是在教学过程中所建立的师生关系，这里的师傅是由职业院校教师同企业内的熟练工人共同担任的，职业院校及企业两者对师傅的资格有自身的规定。

　　现代学徒制这一体系下，学徒学习采取的是学校班级教学同企业个体化的实训教学有机结合的形式。培训中职业院校同企业双方是有明确职责分工的，职业院校需要为学生进行理论教学，让学生对知识进行储备，为专业知识学习夯实基础，确保学生具有相应核心素养，学校教学中，企业师傅也会定期到学校课堂进行专业理论知识的讲授。而学徒进入企业之后，需要在车间或者具体工作岗位上接受师傅的操作指导，学习中学徒要对师傅的演示进行模仿，将在学校所学的理论应用到工作实践中。师傅要对学徒的学习及模仿进行指导，帮学徒将学校理论知识同岗位工作进行全方位结合，以实现技术熟练化及精湛化。从这个角度来说，现代学徒制下的师徒关系是在原来企业学徒制基础上所建立的，学徒学习中重视学校理论知识教学，重视学校的职业教育对于学徒职业发展完善的意义，使现代学徒制重新回归到了教育本质。此种师徒关系之下，师傅不但要对学徒技能获得给予重视，还要对学徒全面发展给予重视，这属于兼顾社会需求及学徒自身需求的一种教育过程。

综上分析，现代学徒制对学徒的培养更专业、更系统、更全面，教学组织也从经验化逐渐转向了结构化。参与现代学徒制培养的职业院校及企业的教学目标、计划都要符合学校教育发展要求，符合行业发展要求。现代学徒制下的学徒培训，其过程也不再是师傅向学徒单一进行技能的传授，还要求所传授的技能达到学校教育标准，培训要规定明确时间，制订教学计划，学徒培训后只有通过学校及企业的联合考核，才能颁发职业资格证书。由此来说，现代学徒制下的师徒关系是基于学校教育及企业学徒培养的一种社会关系，有明确的培训规范及实施过程，并建立了良好的监督机制，属于完全社会化的一种制度关系。

二、中国特色现代学徒制师徒关系的变化特征

学徒制下的师徒关系经历了非常漫长的一个发展过程，奴隶社会注重血缘关系，注重隐性的师徒权责关系；封建社会注重的是行会层面下的显性权责关系，注重的是宗法伦理性；而近代学徒制则从国家层面对显性发挥约束性的师徒权责关系进行关注。而现代学徒制下，其主要具备如下特征。

（一）技能传授注重"现代性"

现代学徒制技能传授针对性强，更加高效，且同传统学徒制下的技能传授及传统职业学校教育对比，传统师徒关系下传授技能的过程为整体性的，学徒要对技能流程进行反复性训练，反复练习以熟能生巧。而现代学徒制将整个工作过程分割成了很多模块，对学徒按照模块进行技能的传授。且与传统职业学校教育对比，现代学徒制以工作具体岗位为主要依据进行课程的设置，这样避免了课程设置的笼统性，且模块化学习下学徒的学习周期短，技能传授质量高，可大规模进行学徒培养，以最大限度满足社会对人才的需要。

（二）师徒关系由重生产雇佣性到重教育性

奴隶社会师徒关系为父子式，是为了让赖以生存的一项技能世代传承，封建社会师徒

关系为行会式，是为了对行业的生产数量及生产质量进行了一定约束，近代师徒关系中雇主及工人式的生产雇佣特征非常明显，整个学徒制的师徒关系都是围绕生产功能展开的，并未将技能学习放在最重要地位。现代学徒制下，学徒多来自职业院校，且出发点是为国家及社会培养技术技能型人才，是为了促进人力资源的更好发展，所以师徒关系中占据主要位置的为教育。国家对师带徒这种育人模式持肯定态度，对师徒间的教育性格外注重，而企业为自身可持续发展考虑有义务督促师徒教育关系的建立。

（三）师徒间更注重显性权责关系

国家对于现代学徒制的倡导表示其在现代学徒制发展中需要承担更多责任。奴隶社会师徒关系缺乏显性的权责法规，封建社会权责法规都是由行业制定，国家未干预；1929年南京国民政府颁布的《工厂法》等相关法规都好似昙花一现。根据对西方发达国家现代学徒制的经验分析，只有对师徒权责从国家层面进行制度上的约束，学徒制才能更稳固，才能获得更长远的发展。2018年2月教育部等六部门印发的《职业学校校企合作促进办法》（教职成〔2018〕1号）指出，职业学校与企业就学生参加跟岗实习、顶岗实习和学徒培养达成合作协议的，应当签订学校、企业、学生三方协议，并明确学校与企业在保障学生合法权益方面的责任 ❶。且企业也制定劳动协议对师傅及学徒权责进行约束，这些都凸显了现代学徒制下的师徒显性权责关系具有明显现代性。

三、中国特色现代学徒制师徒关系的创新

（一）制度创新：明确师徒关系平等化

中国特色现代学徒制的师徒之间已经形成社会化师徒关系，这种师徒关系在教育理念、劳资关系、相处模式等方面较之前的学徒制师徒关系有很大的变化，更加需要建设制度化的体系来确认和巩固。

1.建构完善师傅资格体系

自2014年以来我国已完成三批现代学徒制试点工作，试点单位共562家，经过多年的现代学徒制试点发展，我国现代学徒制取得了一定成绩。但是在发展过程中也存在一些缺陷，学徒制中师傅资格、聘任条件与选拔标准问题尚未完全解决 ❷。因此中国特色现代学徒制在实施过程中对师傅的选拔按不同等级及不同行业领域进行，明确相应的选拔标准，具体来说应具备如下要求：第一，在行业中拥有多年工作经历，熟练掌握行业技能，拥有大师级资格标准。职业院校可将这些人引进学校，为他们搭建教学平台，让他们将自身的行业技术技能经验传授给学生，并将多年对行业的职业操守还有职业信念也传递给学

---

❶　教育部等六部门印发关于《职业学校校企合作促进办法》[EB/OL].（2018-02-22）[2022-05-16].http：//www.gov.cn/xinwen/2018-02/22/content_5267973.htm.

❷　高志研.现代学徒制框架初步形成，改革任务仍需压紧、落实——第一批现代学徒制试点年度检查情况综述 [J].中国职业技术教育，2018（4）：37-41.

生。第二，各个企业及各个行业中的能工巧匠，各个企业一线的技术技能能手。第三，职业院校中拥有丰富创业工作经验或企业工作经验的教师。

2. 建立完善师傅职业能力的培训体系

技术不断发展，企业工作情景还有工作岗位也随之发生了改变，师傅的职业能力也要随之改变及提升。对我国现代学徒制试点的进展情况进行分析，国家当下在师傅职业能力认定上还未形成统一标准，多按企业还有职业院校要求自行制订，行业通用性差。现代学徒制下师傅不仅要具备良好的岗位技术技能的实际操作能力，还需具备深厚的理论知识，具备一定的学徒指导能力，且学徒指导能力为最重要的一项能力。这项能力为综合运用能力，师傅要对学徒现有知识、技术、职业道德及发展潜力进行合理判断及科学预测，还需按学校及企业的要求为学徒制订科学合理的培训规划及教学方案，教学中结合岗位工作具体过程进行理论知识讲述，进行技术技能操作指导，学徒学成后还要对学徒技术水平及职业素养进行合理性评价。因此师傅的各项能力也需与时俱进。为确保师傅的能力，还应为其建立继续教育体系，通过继续教育不断提升师傅各项职业能力。

3. 建立师徒双向的互动选择机制

传统学徒制下，师傅为知识还有技能的一个垄断者，学徒被动学习，两者为单一性的师徒关系。知识经济体系下，生产过程逐渐现代化，学徒工作也由单一性的工作逐渐向综合化转变，学徒在选择师傅时可拥有多种选择，不同师傅基于自己擅长的领域对学徒进行分别指导，学徒可选多个师傅，从而形成"一对多，多对一"的常态化形势❶。这种师徒关系让学徒拥有了多元化知识技能获得渠道，解决了师傅流动性的问题。且师徒关系从内部发生了改变，师傅成了学徒培训的指导者及工作伙伴，师徒双向互动选择，在互动选择中进行合作竞争，在相互学习中提升知识技能，师徒间知识技能不断融合重组，不仅学徒培训效果大大提高，师傅自身职业能力也得到了有效提高。

4. 对学徒评价体系进行规范完善

现代学徒制在对师徒关系进行重新建构的过程中，职业院校及企业对学徒学习期间行为规范进行了制度上的约束，构建了相应的评价体系，对学徒进行了学习行为及职业态度等多方面约束。在学徒评价体系构建中我国可借鉴英国的经验，英国是学徒任务完成之后，自己提交工作总结，学徒的师傅及企业负责人对学徒工作完成情况进行确定，并给出不同等级的评价，学徒按照评定的等级获得对应津贴，并获得国家认可的职业资格证书。证书等级同学校学习成果对应互认，学徒可自行选择考核时间、方式、地点。当下我国现代学徒制试点中学徒考核还是以学校考核为主，学校考核评价在学徒考核中占据着主导地位，这与现代学徒制的要求显然是相悖的，无法对学徒培训技能进行考查。所以学徒评价体系构建可借鉴英国的经验，制定考核标准，确保能对学徒知识、技能、职业精神及职业态度等进行综合性考核，考核后按学徒实际情况给予不同等级的评价，并按照等级评价结果进行职业资格证书及岗位津贴发放，学徒如表现优秀，可给师傅充当助手，这样能更好

❶ 李政，徐国庆. 现代学徒制：应用型创新人才培养的有效范式 [J]. 江苏高教，2016（4）：137-142.

发挥对学徒的激励作用。

（二）理念创新：构建尊师爱徒人文理念

1.建立和谐人际关系

在人际交往中产生人际关系，人际交往通常是指人与人交往关系的总称；人际关系则通常定义为人们在生产或生活活动过程中所建立的一种社会关系。学徒制的师徒交往过程实际可看作一种人际交往过程，应建立和谐师徒关系，构建人文理念。

（1）认知方面，师徒彼此平衡心态。自古以来在伦理观念上存在"一日为师，终身为父"的思想，表现了师徒情感关系的亲密，同时也表现了师傅的权威地位。在现代学徒制的运行中，师徒双方是在平等、自由、尊重的认知下进行学习和沟通的。

（2）动机方面，师徒彼此放下戒备。在老旧观念中存在"教会徒弟，饿死师傅"的思想，师傅为了确保自己的有力性地位，对于技能的传授有"留一手"的现象；徒弟也会存在"偷学技艺"的思想。师徒彼此放下戒备，自身人际安全感提高。

（3）行为方面，师徒彼此相互适应。师傅因材施教，徒弟主动学习，在相互适应的过程中完成知识传授。

（4）态度方面，师徒彼此主动沟通。在技能传授的过程中，师徒之间展现良好态度，保持积极人际交往的心态，建立和谐师徒关系。

2.构建现代背景下的尊师重道

传统学徒制的师徒关系中的"尊师重道"带有一定的不平等性，师傅掌握着徒弟是否能进入某一行业的权力，处于师徒关系中的徒弟就失去了独立自主权，师傅可以任凭自己的意志教授技能、使唤徒弟。但是在现代学徒制的背景下，这种不平等的人身依附性不存在了，师徒之间是自由平等、彼此尊重的。师傅作为教育者，有传道、授业、解惑的责任；徒弟作为受教育者，有学习技能、服务社会的责任。同时师傅要注重师德师风建设，将多年积攒的经验教授给徒弟；徒弟要心存感激，认真学习经验技术。在实际的实习岗位上，往往学徒是没有薪资报酬的，学徒不能认为企业不给报酬就是损害自身利益，要认清学徒与学生的双重身份，学徒制学习期间是以走进实习岗位、学习技能知识为目的的，不能只在乎有无报酬。同时，企业师傅应该继续严格要求自己，提升自己的职业素质，让徒弟由内地对自己产生崇敬心理。

第三节
中国特色现代学徒制的教学管理优化

一、教学标准优化

2014年5月国务院颁布《关于加快发展现代职业教育的决定》（国发〔2014〕19号），

该文件指出"坚持校企合作、工学结合,强化教学、学习、实训相融合的教育教学活动。推行项目教学、案例教学、工作过程导向教学等教学模式。开展校企联合招生、联合培养的现代学徒制试点,完善支持政策,推进校企一体化育人"。同年8月教育部发布的《关于开展现代学徒制试点工作的意见》(教职成〔2014〕9号)指出,依据现代学徒制人才的培养方式要求和相关课程设置的特点,职业院校应采取灵活多样的管理和教学模式,采用企业、第三方、学校的多种考核形式,实现双师育人、工学交替和实岗育人。

(一)中国特色现代学徒制对管理、教学模式的要求

1.人才培养方式对管理组织模式的要求

职业院校与相关企业签订校企合作协议实现学徒制的管理机制。参与学徒制培养的学生一入学就签订学徒培养协议和就业协议,以企业学徒和学校学生的双重身份来接受学校和企业的管理。在这样的管理模式下,学生同时接受学校教师和企业师傅的理论知识传授和技能训练。在学习时间的分配上,以大专三年学制计算,学生有1/2的时间在企业实际工作岗位上接受技能训练,有1/2的时间在学校接受理论知识学习。采用"1.5+0.5+1"的形式,在这种教学形式下,学生在学校有一年半时间进行专业知识理论的学习,然后有半年的时间需要进入企业实习、实训,选择性进行项目实训或者是轮岗实训,最后剩下一年的时间则是让学生进入相关企业顶岗实习。此管理模式是工学交替教学的体现,在此模式下学生不但能够掌握工作需要的必要理论知识,还能在实训及实习中将理论应用到实际,有效提高学生运用理论知识解决实际问题的能力。

2.人才培养方式对教学模式的要求

现代学徒制下学校及企业需要依照市场需求及不同专业的建设要求,将专业教学内容及校企合作形式在培养方案中加以明确,制定教学质量评价标准,制定学生考核标准,确保教学改革的质量。职业院校应参照企业相关岗位的工作要求及用人需求,在学校及企业双方共同参与下制定人才培养目标,设置学习课程,并构建现代学徒制试点专业"公共课程+专业课程+培训课程"的课程体系,其中专业课程为学生的核心课程,课程内容依照企业岗位工作上的实际需求确定,培训课程由学校专业教师和企业技术技能骨干共同研发,双方确定培训内容。

(二)专业教学标准开发原则

专业教学标准需要反映基本规律,满足现实国情的整体性要求。中国特色现代学徒制专业教学标准开发是在经济体系大背景下,充分反映经济社会宏观要求、市场变化动态要求、科技发展趋势要求,实现教育体系与社会体系、产业体系、科技体系的有机衔接。

1.整体上的目的性原则

国家和行业颁布的专业教学标准与经济体系构建与产业数字化转型密切相关,应整体把握学徒制教育教学运行机制,规定人才培养的对象、学习年限、培养目标、课程设置及

教学要求，全国各职业院校均实施整体性人才培养方案，保障中国特色现代学徒制人才培养方向与人才质量，促进职业教育高质量发展。

2. 主体上的协同性原则

协同性原则有两层含义：一是专业教学标准具有校企双方人才培养活动协同的功能，服务于总的人才培养目标；二是专业教学标准的制订需要政府、行业、学校、企业多方协同努力，解决职业院校封闭办学的问题。中国特色现代学徒制专业教学标准需要利益相关方多方协同编制。首先，政府需要在法律框架下提供政策规章，明确各相关方的权利义务关系，并赋予行业组织、职教集团、社会团体等第三方社会组织开发专业教学标准的权利。其次，行业组织或者带有行业组织性质的职教集团需要依据企业工作岗位实际需要和技术技能人才成长规律，组建专业化的标准开发组织，深入开展调查研究。再次，企业由用人主体变为教学标准开发主体，提出人才培养的基本诉求，让企业在现代学徒制教学中真正成为学徒培养方案的设计者，成为学徒教育的实施者，成为学徒岗位培训的提供者，成为学生考核的评价者，更成为学徒培养结果的最终受益者。最后，职业院校作为重要的育人主体，需要发挥教学经验丰富的优势，主动参与专业教学标准制定过程，充分反映学习者的利益诉求和终身教育的发展要求。

3. 内容上的适应性原则

专业教学标准开发的核心要求是内容上的适应性，需要适应不同层次、不同专业、不同区域技术技能人才培养的需要，满足用人单位和学习者个人的发展要求。具体适应三个方面的需要：一是适应职业教育综合改革的需要；二是适应产业数字化转型的需要；三是适应生源多样化的需要。

4. 结构上的实用性原则

专业教学标准是制定人才培养方案的基本依据，是现代学徒制实施过程中的必备文件。与普通教育不同，职业教育的现代学徒制模式具有两个育人主体、两个学习地点，因而专业教学标准的结构也就变得更加复杂。从现实需要来看，现代学徒制专业教学标准需要以企业版、学校版和综合版三种版本来呈现，以适应不同主体的需要。综合版用以呈现整体人才培养目标和全部课程内容，以满足第三方组织开展人才培养质量监控和最终考核的需要；企业版用以呈现企业教学目标和企业现场学习内容，主要反映生产性实训项目的教学要求，是企业组织教学过程和监控教学质量的基本依据；学校版主要呈现学校教学目标和学校学习内容，反映理论课程教学和非生产性基本训练的教学要求，是学校安排教学进程和监控教学质量的基本依据。由于校企双方需要在时间进度和教学内容上保持协调一致，专业教学标准的学校版和企业版互为支撑、相辅相成。

5. 过程上的动态性原则

学徒制专业教学标准的开发是不断调整、补充、完善的过程。学徒的学习内容是当前和近期内企业所采用的主流技术，原则上排除已经淘汰的技术和尚未实现量产的技术，这就决定了学习内容的动态变化性。基础教育课程标准具有相对稳定性，但职业教育需要贴近企业生产技术的变化，在教学上做出灵敏反应，现代学徒制是在生产现场的学习，这一特征更为明显。现代学徒制的专业教学标准需要每年进行一次动态调整，目的就是追随企业技术变化。为了适应学徒制教学标准的动态性特征，我国应该设立专门的学徒制服务机构，长期追踪企业技术变化和用人需求，每年发布新的专业教学标准。职业院校和企业则根据国家颁布的专业教学标准，及时调整人才培养方案。

6. 使用上的灵活性原则

实现标准强制性与灵活性的统一，是我国职业教育标准化建设的一个难点。为了实现"协调发展"的基本要求，中国特色现代学徒制专业教学标准开发需要有底线思维，保证用人单位人才搜寻成本的合理性；但由于我国经济发展不均衡，各地教学条件具有较大的现实差异，因而需要将标准一般要求的强制性与个性要求的引导性相结合，在整体上达到最佳实施效果。譬如，对于专业课程设置，既应规定一定数量的必修课程，又应规定必要的限制选修课和一定比例的任意选修课，以满足不同区域产业发展的要求；既要考虑职业教育的超前性，又不能完全脱离产业发展的实际水平。对于经济发展相对落后的地区，既应加大投入限期达标，又应该充分考虑现实可能性，坚持稳中求进的总基调，防止专业教学标准成为"空中楼阁"，影响国家标准的权威性。

（三）国家专业教学标准与认证体系构建

国家专业教学标准要为学徒培养提供最全面的理论知识，提供最实际的应用准则，以便能够对学徒培训经历进行更好补充，标准设计要有利于对校内学习成果进行界定。所以学校需使学徒将理论知识应用于实际的工作环境中，使其在具体实践中完成相关目标。共同标准能简化学徒培养制度中的解释，尤其是跨地区学徒培养。但新标准初期也会产生一系列问题，标准实施中，也会出现效果不佳的一些教学方法。随着时间推移，标准的潜在缺陷逐渐被发现，怎么克服这些缺陷是确保质量的重要手段。但缺陷发现及改正需要由专门机构进行，专门机构负责对质量缺陷的跟踪、协调。新标准实施过程中需引入资助机制，并多激励学校及企业参与。当前关于学徒制的专业教学标准主要集中于学校层面，校企两方面分开开发，如果资助机制不到位，国家标准也难以真正建立并实施。而国家层面的专业教学标准开发会对国家统一性还有地方灵活性两者进行综合考虑，分析两者的矛盾问题，将职业院校专业按照大类进行模块化处理为当下的一种有益手段。制定具体内容时需明确学徒培养规格、周期，同时需明确企业培养的核心要求。

教学标准制定后，需考虑的是培养结果要怎样去认证。第一，每个职业目标下都应该有一个对应的资格，此资格不能是竞争性的，不能由不同授予机构提供。第二，一个健全的现代学徒资格制度应同更广泛的职业资格制度彼此协调，这样更好管理。现实中多将学徒资格同教育培训的资格进行挂钩。这样学生和企业对于学徒制在教育进程下的位置就能清晰可见了，也能很好地分析此学徒制会给学生（学徒）带来怎样的工作岗位，怎样的职业生涯。任何目标职业，都能基于不同方式将学徒资格同职业教育资格联系起来，如同样的目标职业可能有很多其他替代途径，学徒制能够被允许获得诸如学校培训等的技能途径。第三，学徒资格标准数量的确定。很多国家的学徒制只对有限数量的学徒培训职业进行管理，但对短期不适合进行学徒制的职业是不会进行硬性规定的，国家会将有限资源都转移到价值更高的学徒制行业。第四，确保评估可靠性。学徒资格认证应由获得资质的第三方权威机构来认证，且评估计划中，需对笔试、面试、期末评估报告、实践测试内容进行罗列。学徒资格认证可以说是企业对学徒培训质量的保证，通过检测能对学徒技能是否达到了行业的预期标准进行有效判别。且认证需由权威机构进行，但为避免某种特许经营下可能带来的负面效应，应对认证机构资质设置有效性期限，多为 5 年，让认证机构间保持竞争。

学徒培养质量直接关系到现代学徒制的成功与否，也是现代学徒制试点单位所面临的一个重要挑战。从国家的层面建立教学标准，对学徒培养质量进行认证为现代学徒制得以成功构建的前提及基础。如果没有学徒教育标准体系，现代学徒制的其他有关活动是根本不能如常进行的。且如果不对学徒培养质量进行考核认证，再好的学徒培养计划都难以有效落实，这向劳动力市场发出了关于学习成果检验的一个信号。

二、课程体系重构

（一）中国特色现代学徒制课程体系重构的原则

课程体系建设是学校育人体系建设的杠杆，随着现代学徒制的深入开展、与现代学徒制育人体系相适应的课程体系的开发与实施，其将成为职业教育未来研究的重要方向。现代学徒制课程体系建设除了遵循现代教育课程建设的一般原则以外，还应思考以下几个要点。

1. 需求导向

职业教育的最终指向是就业，我国正处于经济转型期，需要大量的技术技能型人才。现代学徒制通过调动企业积极参与职业教育人才培养的全过程，把企业资源不断融入职业教育过程中，提高了技能人才供给的效率和质量。因此，职业教育应以产业需求、行业需求、企业需求以及个人发展需求为归宿来选择、排列和组合课程内容，以达到供需双方的相对平衡。

2. 学校课程与企业课程双元开发原则

一些职业院校从行业内剥离之后，与行业企业之间的关系也逐渐疏远，很多本该在企业内实现、由企业承担的人才培养项目都放到了学校，校内课程完全取代企业课程，这种现象显然同现代学徒职业教育的理念是背道而驰的。

现代学徒制强调企业及学校两个部分的课程同等重要，课程体系构建时应让两部分课程尽可能实现融合衔接。课程应由学校教师和企业技术能手共同研发，从而让课程更具针对性，学校内的课程主要是专业理论知识，侧重对学生专业理论素质的培养，企业课程则主要是动手操作，侧重对学生实践能力的培养。

当下职业院校在学徒制课程开发设计上已经相对成熟，而企业课程的开发则相对欠缺，符合现代学徒制高等教育理念的企业课程应该突出高职教育"高等性"和"职业性"

的特点，既需考虑高等教育中育人水平层次的差异，又要综合考虑企业内岗位工作要求，课程体系构建时需充分考虑企业技术技能培养实践性、开放性还有职业化等诸多特点，要依照企业学徒具体特点，基于具体岗位建立开放性的课堂，通过开放式教育构建学校、企业特点有机融合的现代学徒课程体系。

现代学徒制课程将"工作"与"学习"一体化，学生不仅要在学校接受理论知识教育，还要以学徒的身份在企业中学习岗位技能知识。在此过程中，企业与学校双主体育人，两者在职业教育课程体系的构建中都是主要参与者。其中，企业在职业教育课程体系构建中应发挥主导作用，从企业需求出发，与学校合作，将源于工作过程的应用知识进行教学化、系统化处理，而课程开发则主要在办学实体层面即学校进行。

3. 以专业教学标准为依托

现代学徒制的专业教学标准为国家制定的、能够推动现代学徒制有效实施的一个指导性的文件，德国、美国、英国、澳大利亚等国家在 21 世纪初建立起职业教育专业教学标准体系，使得这些国家的现代职业教育获得快速发展。如今，我国已经开始进行职业教育相关专业教学标准的建设，力求构建拥有先进水平的、能覆盖国内多数行业领域的、具有显著中国特色的职业教育标准体系。专业教学标准是针对人才培养所提出的一个上位概念，而课程体系构建要以人才培养作为主要依据，基于这些状况，职业院校应依托国家制定的专业教学标准，面向人才市场来制定符合学校特色的人才培养方案，并在此培养方案基础上开发符合现代学徒制人才培养体制的课程体系。

4. 遵循学生职业成长规律

任何形式的教育都应遵循学习者身心发展的规律，学习者职业能力培养也需要良好的成长环境和教学过程，课程体系的建设应充分考虑岗位特点、学生认知能力等因素。校企双方应对岗位情况、工作任务及流程、所需职业能力进行深入分析，再分解所需知识点和技能要求，进而开发和设置课程，构建符合学生职业成长规律的课程体系。

职业能力测评方案（Competence Measurement，简称 COMET）是对职业院校学生职业能力进行大规模诊断的工具，该测评方案的目的是测量和评价被试者在特定职业领域的职业能力特征，其基础是一个三维能力模型，包括职业能力的内容维度（学习范围）、要求维度（能力水平）、行动维度（完整的工作过程）。其理论基础之一是"从初学者到专家的职业能力发展逻辑规律"。

5. 融通国家职业资格标准的开发原则

现代学徒制进行课程体系开发及构建的时候需要将以学历证书为标准的学校教育及以职业资格技能培训证书为标准的企业教育两者融通。所谓的"两证融通"指的是要让学生的技术技能水平不仅能够达到学校的学历教育标准，还要符合职业资格技能鉴定的标准，要符合这双重标准要求，让学生在接受学校教育获得学历证书的同时获取专业技术技能的资格证书。

现代学徒制的课程体系在制定的时候需将学校内课堂教学标准和企业内岗位工作的职业技能标准做好对接，让学校课程考核评价同企业内的职业技能鉴定两种考核方式对接融通，从而实现学校学习教育同职业资格培训间的衔接及贯通，最终让学生在完成学历教育的同时也能够达到企业岗位技能的资格要求。

职业院校学历教育同企业岗位职业资格培训，两者人才培养目标的融合统一同现代学徒制中的育人目标其实是不谋而合的。现代学徒制强调学徒在学校学习期间不仅要熟练掌握理论知识，还要获得企业内对口岗位所需要的技术技能及业务素质，因此现代学徒制课程体系在开发设计中一定要秉承学校教育及国家职业资格标准两个标准相互融通的原则，这个原则是至关重要的。

6. 工学交替的序化原则

所谓的工学交替指的是在校学习及在岗工作有机结合的一种教育教学模式，这同20世纪50、60年代的半工半读在性质上有一定的相通之处。工学交替为职业教育职业性、实践性、开放性三个特征的必然性要求。对于工学交替的形式，当前尝试的也有多种，如在学期前进行工学交替，在两个学年间进行工学交替，也可以按照星期进行工学交替，但不论采取哪种交替形式，都是为了将学校学习及企业工作更好结合。而企业工作实践指的是一边让学生进行模拟实训，一边让学生真枪实弹进行岗位任务，要做好工作实践要求学校及企业间保持良好合作关系，让学生在校学习同企业岗位工作实践无缝隙衔接。

现代学徒制工学交替课程体系在构建时就是要将其双重身份、双主体教学等特征有机结合，如图5-7所示，通过通识课程、能力模块、素质课程及实训课程进行工学交替，让现代学徒制人才培养的内涵得到充分体现。这样的课程体系在教学实施中给具体操作层面提供了很大便利，让工学交替得以顺利实施。

图5-7　现代学徒制工学交替课程体系

（二）以现代学徒制为视角的课程重构

1. 现代学徒制下课程结构创新

（1）企业课程的编制实施。基于现代学徒制，职业院校学生首先要在学校进行专业理论知识的学习，通过学习掌握基础技能，基本理论掌握后要进入企业，在岗位师傅的带领下进行专业知识及技术技能的学习。在企业学习过程中，企业需制定相应的教学计划，并针对教学内容制定学生的考核评价标准。

学校及企业需密切合作，共同参与学徒制课程的开发设计，且课程开发中学校专业带头人、企业岗位师傅共同组建了课程开发团队，团队成员共同努力对学徒岗位课程进行针对性设置，通过课程系统学习，提高学生技术技能。学徒岗位的具体课程主要由岗位技术课程、企业文化课程还有企业发展理论等课程来组成。

（2）选修课程的灵活设置。现代学徒制体系要对学生职业能力进行综合性培养，为满足学生个性化发展要求，在学徒制课程设置时不仅要设置能够促进学生专业技能的专业课程，还需设置促进学生个性发展的选修课程。如化工制药专业学生在就业中有药剂师这一就业方向，因此在课程设置中应设置药剂基础知识课程。选修课程可设置中药安全使用、老年人及婴幼儿合理用药等相关课程，借类似的选修课程来丰富学生知识，拓宽学生视野。

（3）设置满足职业需要的"证书"课程。现代学徒制对学生的专业技术能力要求较高，开设满足职业需要的相关的证书课程，这种设置更有利于学生就业后的职业规划及职业路径发展。比如药剂师考试相关的药士证、药师证等，这些证书代表学生的职业技术已经达到国家技术标准。因此在课程设置中应设置与职业资格认证相挂钩、职业资格考试需要考的科目，让学生学习后能够顺利获得资格证书，以便更好就业。

2. 将企业元素融入现代学徒制下的课程内容中

现代学徒制实施中学校及企业为实施主体，但学校、企业两者的组织机构构建不同，工作形式不同，管理体制也不相同，甚至两者文化也存在较大差异，而校企合作作为现代学徒制实施的桥梁，要真正实施是不能脱离文化对接的。

近年来企业招工时对学生文化素养的要求越来越高，要提高学生文化素养就需校企文化实现有效衔接，将企业文化元素等有机融入职业院校课程改革中。可聘请企业的专家到职业院校进行授课，让学生对企业发展历程有更深刻的了解，对专业相关的工作岗位有基础的了解，通过专家讲解接受企业文化熏陶，并在企业文化渲染下明确就业目标，自觉培养自身的职业素养。

在对企业的调研中发现很多企业招工时对毕业生的工作态度、责任意识、敬业精神等职业道德越来越重视。2021年《中国职业教育发展大型问卷调查报告》显示，企业聘用员工时最看重的素质是工作态度，占比高达81.74%。因此将企业文化融入并渗透到职业院校公共基础课程中是非常必要的。对于化学制药专业，可将药品质量安全、用药安全等企业文化有机融入教学中，让学生在学习中就以最严谨的态度进行专业学习。学徒跟岗实习及顶岗实习中，让学生以学徒的身份进入企业，全面了解企业文化，了解岗位工作流程，了解岗位工作的重要性，在实践中接受企业文化熏陶。

3. 将企业技术骨干引入现代学徒制下的师资队伍中

现代学徒制工学结合式的人才培养模式实施的关键是打造专兼职结合的高素质教师团队，按照专业教学及发展需求，从合作企业中挑选技术骨干来担任学校的兼职教师，让合作企业的技术骨干人员参与到课程标准的制定及人才培养方案的编制工作中来，参与人才培养的全过程，从而培养高素质技术技能人才。

（三）以培养职业核心能力为导向，基于工作过程开发系统化的课程

1. 学生职业能力模型的构建

所谓的职业核心能力指的是岗位从业人员应具备的适合职业发展的职业技能及职业素

质，这种职业核心能力普适性强，也具有可迁移性，是从业人员职业生涯道路中非常重要的支撑力量。19 世纪 70 年代，德国著名教育家梅尔滕首次提出关键能力。80 年代，澳大利亚教育家提出了青少年需具备的 8 个方面的职业核心能力（图 5-8）。这一职业核心能力模型的提出，得到了广泛的认可。美国培训与发展协会提出 16 项职业核心能力，包括基础技能、沟通技能、适应技能等。1998 年，我国《国家技能振兴战略》中，提出 8 项核心能力（图 5-9）。

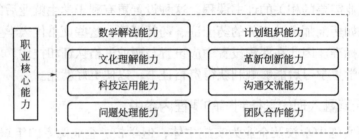

图 5-8　澳大利亚教育家所提出的职业核心能力

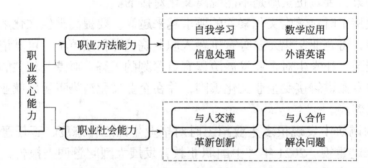

图 5-9　《国家技能振兴战略》8 项核心能力

《国家中长期教育改革和发展规划纲要（2010—2020 年）》指出在学生教育中应着重进行能力提高，在对学生知识结构进行优化的同时，让他们拥有丰富的社会实践，并着力做好学生学习、创新、实践等能力的培养，通过学习适应社会发展。结合国内外学者对职业核心能力的相关研究，在我国职业院校现代学徒制体系下要培养学生职业核心能力需结合我国职业教育的特征及市场需求进行，在对学生进行专业技能培养的同时，对他们进行专业岗位通用能力的培养，从而构建出一个适合我国国情的职业核心能力培养模型。该模型应适应职业院校工学结合模式，体现学生职业生涯规划及个人成长发展规律。基于此，可构建如图 5-10 所示的职业院校学生职业核心能力培养模型。

操作能力对应操作技能模块，是指通过获取信息，整理加工信息，分析问题，确定目标，提出行之有效的解决问题的方案和行动计划，统筹人力、物力、财力，独立解决问题完成工作的能力。操作能力可以通过实训基地、技能大赛、1+X 职业资格证书等途径获取。

沟通能力对应职业素质模块，是指从业者对职业的了解和适应的能力，包括身体健康、政治素质、心理素质、专业素质、社会交往和适应素质、学习和创新素质等。

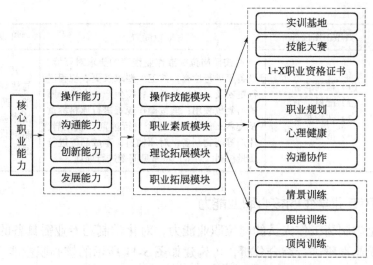

图 5-10　学生职业核心能力培养模型

创新能力对应理论拓展模块，是指运用专业知识，使用科学的方式方法，掌握专业理论研究的方法论、创造性地解决问题的能力。创新能力可通过情景训练、跟岗训练和顶岗训练等途径加以强化。

发展能力对应职业拓展模块，是指能够胜任社会职业所具备的各种素质的总称，不仅包括专业技术能力、职业道德素质、身体心理素质，还包括人际沟通、自我管理、团队协作、创新创业等各方面的能力。

2.化工专业的典型工作任务和职业能力

通过对化工专业进行跟踪调研，结合专业建设指导委员会给出的指导性意见，确定了化工专业岗位的典型工作任务，其工作任务对于职业能力的具体要求见表 5-4。

表5-4　化工专业的典型工作任务及职业能力的要求汇总

工作岗位	典型工作任务	职业能力	开设主要核心课程
药品调剂员	（1）用药指导 （2）凭方发药 （3）住院部药房管理	能读懂常用药品名称、通用名；能介绍常用药品用途、注意事项及不良反应；能看懂处方，可按操作规程进行处方调配；能识别长期及临时医嘱	药事管理与法规，药理学，医院及药店药品管理技能，临床医学基础，常见病用药指导
药物采购员	（1）药品采购及药品的档案管理 （2）计划及合同管理	能够签订采购合同；能按照药房进、销、存的动态性变化编制采购计划；能对医院药品进行采购；能够对药品购进记录及药品供应商资料进行整理分析，进行归档	药事管理与法规，医院及药店药品管理技能
药物检验员	（1）药品检验 （2）药品质量控制及保证	对医院常见制剂的原辅料、成品及半成品能进行常规的理化分析及无菌性检查；能够对药品生产控制区的环境条件进行监督	药剂学，药事管理与法规，药物分析

续表

工作岗位	典型工作任务	职业能力	开设主要核心课程
药物制剂员	(1) 药剂准备 (2) 配料 (3) 药物制备 (4) 清场	能按照岗位标准作业程序的要求对环境、设备等进行检查；按卫生要求及更衣规程进行更衣及人员净化操作；按生产指令进行原辅料复核领用；能按操作规程进行原料称重及配料；能按生产指令进行散剂、颗粒剂、片剂等药物制备；对原辅料、半成品等进行质量检测；对生产中常见问题进行处理	药剂学，药事管理与法规，化学，药物化学，药理学，药物分析技术基础，GMP 实施，制剂设备单元操作，制剂生产技术

3. 化学制药专业学生的核心职业能力

按照上述化学制药工作人员的岗位职业能力，对化学制药专业需具备的专业知识、实践技能及综合职业素质进行综合分析，可构建如图 5-11 所示的核心职业能力模型图。

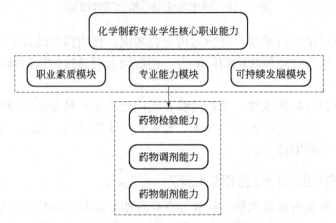

图 5-11　化学制药专业学生核心职业能力模型图

（四）中国特色现代学徒制下化学制药专业课程体系建设

1. 化学制药原有课程设置

化学制药原有课程体系在设置上采取的是学科化的课程体系，是由基础课程、专业基础课程及专业课程构成的一个"三段式"的课程体系。课程教学中理论课程及实践课程彼此间不存在内在性联系。课程实施中主要是教师进行理论知识的讲授，讲授时教师对课程内容信息进行传递，学生对信息被动性接受，课堂教学的氛围往往不佳。而对学生学习的评价，闭卷考试为主要评价方式。此课程体系下对学生进行培养，学习内容同企业岗位的实际工作是相脱节的，这使得很多学生毕业后进入企业后无法胜任岗位工作。

2. 化学制药专业课程体系重构思路

基于如上课程体系的弊端，现代学徒制下，对化学制药专业的课程体系拟进行重新构建，依照化学制药专业人才培养的目标，以未来职业的岗位群作为基准，以学生的职业能力作为培养核心，构建了基于岗位工作过程的专业课程体系。在课程体系构建中将行业标准及职业资格认证有机融入化学制药专业人才培养的过程中，培养中注重将知识传授同岗位技能进行对接，将知识传授同职业标准认证进行对接，对专业课程体系不断优化，从而构建出了现代学徒制下基于产业、行业、企业、岗位这四大场景的课程体系。课程体系注重职业素质发展、专业能力培养及可持续发展三大模块，注重学生校内、校外两大空间环境的发展。具体如图 5-12 所示。

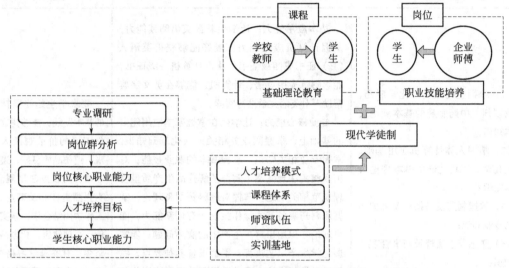

图 5-12　现代学徒制下化学制药专业人才培养的示意图

3. 重构中国特色现代学徒制背景下的项目课程体系

化学制药专业课程体系具体包括课程目标、课程内容、课程结构、课程实施、课程评价五个要素，课程目标是课程体系的中心导向，专业课程内容选择实施及评价都需围绕课程目标进行展开。五个要素是环环相扣的，共同构成了专业课程体系内容。

化学制药专业学徒制课程体系构建时应以化学制药岗位群核心职业能力作为导向，以化学制药岗位工作的过程作为主线构建以强化学生知识、能力、素养这三大目标为标准的课程体系，此课程体系是集理论、实践为一体的完整性的工学结合式的成才育人体系。

（1）建立工学交替的人才培养模式。应以学生核心职业能力培养作为人才培养模式核心，基于校企合作，教师及企业岗位师傅共同参与教学，建立半工半读式的工学交替的人才培养模式。学制安排为"2+0.5+0.5"，就是说在校的第一个学年主要进行公共基础课程、专业基础课程的学习，在校的第二个学年主要进行专业课程及专业实验学习。从第三学年开始学生可以选择开始半工半读，或者是工学交替，在第三学年的第一个学期（即第一个"0.5"）学生可以在校继续进行专业实验学习、操作熟练度的练习；第三学年的第二个学期（即第二个"0.5"）学生必须进入企业，一个企业师傅带 3～5 个徒弟，让这些学生组成学习小组，进行小组合作式学习。学习中采取班组化管理方式，力求通过这样的学习形式，让学生充分利用学习时间将化学制药工作岗位所需的技术技能熟练掌握，通过校企合作育人，最终实现双证融通，为国家培养更多高素质技术技能专业人才。

（2）明确化学制药专业人才培养目标。化学制药专业立足化学制剂、药物调剂、药物检验等岗位，为国家培养了大量的化学制药相关的专业人才。通过调研确定了化学制药专业知识、能力、素质的三维培养目标，具体如表 5-5 所示。

表5-5　化学制药专业三维培养目标示意表

知识目标	能力目标	素质目标
（1）掌握生物制药、化学制药、药物制剂、中药制药的基本理论及基本知识； （2）掌握人体计算机应用基础、有机化学、无机化学的基本理论及基本知识； （3）掌握制药设备操作及维护相关的专业知识； （4）熟悉药事法规及药事管理基本知识； （5）掌握单元操作、单元反应还有制药生产的工艺原理，会进行生产路线设计； （6）掌握本专业需要的文献检索相关的知识	**基本应用能力**：让学生掌握英语阅读能力，掌握计算机应用能力，最好能够获得英语A（B）证书或四级证书，获得计算机一级证书，能够熟练应用英语、计算机，能够在英文字典帮助下对英语文献进行阅读。 **专业核心能力**：让学生在掌握基本应用能力的基础上，掌握同业务相关的文化基础知识，掌握专业相关知识，掌握基本的职业技能；对国家相关法规熟悉了解，了解药品生产质量管理规范相关规定。掌握对原料药制备理论，掌握原料药制备基本操作技能；有创新能力，能将理论知识用于解决生产中的实际问题；能掌握化学生产工艺流程，了解设备养护要点，熟悉质量控制措施；通过学习可获得对应岗位的中级工证书。 **专业拓展能力**：结合学校现代学徒制人才培养模式对学生加强班组管理，着重加强学生创新能力培养，加强学生组织协调能力培养，为学生今后步入工作岗位做好前期准备。 **其他能力**：教学中应加强思想道德素质教育，进行职业道德素质教育，进行职业安全教育。力求为当地企业培养更多脚踏实地、爱岗敬业的技术型人才及实用型人才	要求学生始终坚持党的基本路线，能够树立科学正确的价值观及人生观；道德品质良好，遵纪守法，有良好法制观念；有强烈责任心及事业心，工作中团结合作，诚实守信；心理健康，意志品质坚强；有终身学习精神；有一定自我心理调节的能力，有良好抗挫折能力，对成功及胜利有自制力；身体健康，无精神类疾病及传染性疾病

（3）按照岗位需求对课程进行设置，合理安排课程结构及组合形式。现代学徒制下要基于校企合作对课程体系进行构建，构建中应基于企业的岗位工作实际内容确定专业教学内容，并对教材进行编制。要以岗位专业知识必需、够用为标准构建课程体系，且课程体系构建中应将学生核心职业能力作为课程体系构建的核心，并以企业岗位工作的实际过程作为课程体系构建的导向。比如说化学制药专业应对课程内容进行精选，确保理论学习能够满足岗位专业工作的必需，且知识要够用。为了让学生毕业后能顺利适应岗位工作，应对课程结构进行调整，工学交替，在理论课讲授中适当安排工作操作及技术技能实训课程，教、学、做一体化，强化实践教学，加强对学生实践操作能力的培养，尽可能多地安排实践学习，需按照岗位职业标准及课程进度进行课程设计，安排专业实践，让专业职业能力同课程——对应，具体如表 5-6 所示。

表5-6　化学制药专业职业能力与专业课程的对应关系表

岗位职业能力			教学任务	以工作任务为载体的课程
职业能力培养主线	岗位工作的基本职业素质及基本技能		培养学生化学制药岗位群工作中所需要的基本职业素质及基本技能	公共关系
				心理健康
				思想道德修养
				法律基础
	化学制药的技术管理	制药生产	培养学生化学制药专业工作岗位的核心岗位职业能力	医药基础
				制药识图
				药事管理
				药品生产质量管理规范
				实用药物化学
				化学制药技术
		药物检验		实用药理基础
		药物调剂		制药化工

确定课程类型。化学制药专业所构建的基于现代学徒制下的专业项目课程框架图如图 5-13 所示。

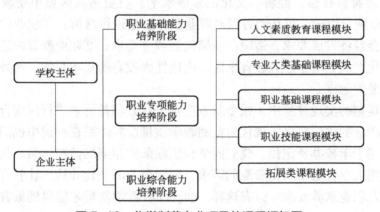

图 5-13　化学制药专业项目的课程框架图

基于现代学徒制所构建的化学制药专业项目课程框架体系由基础能力、专项能力、综合能力这三项职业能力组成，并对职业专项能力进行细化，让学生通过人文素质教育课程、专业大类基础课程、职业基础课程、职业技能课程、拓展类课程培养专业能力。各个课程模块相互补充，有机统一，共同培养学生的技术技能。

国际社会当前普遍认为做好职业教育的主要任务是为学生毕业后进入工作岗位奠定基础，其中最重要的特征就是工学结合。校企合作、产教融合是工学结合下的人才培养模式的主要特点，也就是说职业教育学生学习的主要内容就是工作内容，而学习也需通过工作实践来得以实现。而所有的这些学习，都只有现代学徒制才能够为其提供最真实的学习情境，才能让学生在最真实的工作环境中进行知识的获取。

现代学徒制可以说是一种深度融合的工学结合理念，每种教学模式构建都需配套相应的课程体系，因此针对化学制药专业的专业特点及工作岗位的具体工作内容，化学制药专业可基于现代学徒制视角，基于岗位工作的具体内容进行课程体系的构建。在现代学徒制下进行课程体系构建，需基于学校、企业双主体，以职业需求作为导向，将学校课程及企业岗位工作内容有机融合，构建以岗位工作过程为导向的，以对学生核心职业能力进行培养为目标的课程体系。具体来说应按照如下环节构建现代学徒制下的专业课程体系：①建立工学交替人才培养模式；②明确相关专业的人才培养目标；③按照工作岗位的具体需求进行课程设计，对课程组合形式进行合理安排；④确定课程的类型，并基于现代学徒制构建专业课程的课程体系框架。

三、教学质量监控体系完善

（一）教学内部监控体系的构建原则

1. 适用性原则

此原则是朱兰（J.M.Juran）最先进行主张的，他指出所谓的质量指的就是适应性。周厚勇等对朱兰的观点进行了拓展，并在此基础上提出职业教育适宜质量说法，指出职业教育质量不仅需符合社会、经济、文化的发展水平，更要适应区域中受教育者实际的需要 ❶。对此观点进行引申，可从两方面对职业教育质量进行理解：①职业教育外适性表现是指要适应社会经济发展要求，适应产业结构的调整要求；②职业教育内适性要求是指要适应人的个性化发展。对于职业教育来说，内适性为教育的根本目的，而外适性是职业教育体系构建的逻辑起点。

在现代学徒制的实现过程中，校企双方应基于双方利益诉求进行深度合作，而此也会成为职业教育质量的构成要素。现代学徒制教学质量监控体系在构建中也需基于学校育人的内在要求，基于学校办学定位，建立同学校实际条件相当的监控体系。且质量监控体系还需能够满足用人单位对于人力资源的需求，要同企业的文化挂钩，让教育教学质量符合员工职业技能及职业素养要求。只有这样，职业学校教学质量才能得到最有效的提高。

2. 全面性原则

全面性原则是指教学质量监控不仅监控教学质量本身，也应包括与教学质量密切相关的各方面、各环节的有效监控。构建内部教学监控体系，坚持"预防为主、节点管理"的原则，坚持"全方位、全过程、全员"管理思想，既要对招生、教学、就业等进行有效监控，还要对办学定位、培养目标、师资力量和校园文化等进行监控管理。在监控过程中，实施事前、事中、事后三步监控。事前监控教学准备过程；事中监控教学实施过

---

❶ 周厚勇，李东亚.论适应合格本科教学质量要求的教研室建设 [J].天中学刊，2010，25（5）：3.

程；事后监控教学整改过程，让所有教学环节都处在监控状态中，只有这样教学质量才能不断改进。

3. 预防性原则

职业院校主要办学目标是为社会输送技术技能型人才，而学生职业素养及技术技能为要输出的主要产品。在产品输出中社会及用人单位的认可是产品质量的重要评价指标。从这点来看职业教育在输出质量检验上存在明显滞后性，对输出成果的检验往往需要三年或更长时间。教育中一旦培养质量出现了偏差，这种错误是不可逆转的。因此教学质量监控体系构建时要坚持预防为主原则，科学合理布设监控点，只有在这样的监控下才能及时发现教学中存在的质量问题，并针对问题进行及时处理，从而达到预期的人才培养质量。

4. 持续改进原则

组织性的质量管理经过了四个具体时代，其中，第三个时代重点关注的是差错的预防，要组织内部人员都承担起应负的责任，基于顾客需求进行产品生产，主要聚焦生产过程中容易出质量问题的根源，最大限度实现零瑕疵。而第四个时代则更强调顾客的重要性，对质量标准持续改进，强调的是突破，是要给顾客带来更大惊喜❶。所以职业院校内部教学质量监控体系构建需重点关注质量文化，而第四个时代则是学校未来要努力的一个方向。在职业院校教学质量供应链上，学校、企业、学生、家长、社会等都是利益相关者，尽管各自有不同的利益主张，但期望得到最大满足感是他们共同的利益诉求。职业院校只有对教学质量持续改进，才能确保各利益相关者的利益诉求。

5. 校企双控原则

现代学徒制是校企合作进行的一项双向性活动，校企双方在利益诉求上有共性，也有一定区别。职业院校教育教学应多关注人的发展，最大限度适应社会要求。合作企业参与学校教学则是为了更好解决企业内人力资源问题，是要为企业培养更多高素质员工。现代学徒制实施中，学校需将人才培养向企业方向后移，而企业则需将本身的人力资源前伸到学校，双方缔结合作利益同盟，在互利共赢的基础下构建教学质量监控体系。在体系构建中学校应秉承底线思维，不能迁就，应在确保学生权益的前提下同企业实现优势互补，不短视，也不能急功近利，以确保学徒培养目标能够顺利实现。

（二）教学质量内部监控体系的运行机制

现代学徒制呈现学校与企业、专业与职业、教学与生产的跨界管理形态，在实现中国特色现代学徒制培养的过程中，教学空间从学校内部向学校外部延伸，教学组织形式由单一的学校教学向校企双主体育人转变。在此过程中，应构建多主体互动协作式的内部质量监控运行机制，确保校内、校外多元主体在教学管理活动中形成合力，不断优化教学质量监控体系。

---

❶ 董欣，姜俊玲 . 浅谈组织质量管理体系的适应性、有效性、充分性 [J]. 农业装备与车辆工程，2003（010）：24-25.

1. 构建"扁平化"质量监控管理组织

职业院校传统的质量管理采用行政监控模式,一般采用等级式管理构架,教学质量信息反馈主要依靠行政部门的自我反馈,往往容易忽视出现的问题,不利于持续提高质量。特别是实施现代学徒制培养时,企业元素的加入,使教学质量监控更为复杂。因此,在实施现代学徒制时,应基于项目管理构建"扁平化"的质量管理组织,吸纳、融合企业监控力量,共同控制学徒培养的教学质量。

(1) 决策机构——校企合作委员会。由校企双方共同成立,学校和企业高层领导担任成员,主要负责健全管理制度,协调各方资源,全面统筹保障中国特色现代学徒制顺利实施。

(2) 研究机构——专业教学指导委员会。由行业企业专家、专业带头人、教育专家等组成,主要负责开展专项指导,参与过程质量监控,并对项目推进过程中的政策、技术问题进行诊断研究,提供解决思路。

(3) 教学管理机构——教务处。行使教学管理行政职能,主要负责组织安排教学活动、制定质量管理方案、调控教学运行情况,是教学质量监控的常规主体。

(4) 评估诊断机构——质量督导部门。由教学专家、质量管理专家、企业人力资源质量管理代表等组成,主要履行教学质量监控的职能,负责学校及企业内部质量审计,在条件允许的情况下,学校专业技术人员应通过企业的内审评估培训。

(5) 实施机构——项目团队。由学校和企业专业(系、科、车间)负责人、骨干教师、企业师傅等成员组成,主要负责中国特色现代学徒制项目的具体实施。

(6) 教师组织和学生组织。教师组织和学生组织并没有固定的组织机构,但都是教学活动的直接参与者,是教学质量的决定性因素,两者都可能通过开展他评式监控和自评式监控反馈教学质量,因此,在教学质量监控过程中,不应忽视教师和学生的作用。

2. 构建互动式内部教学质量监控的协调运行机制

中国特色现代学徒制强调学校和企业之间建立沟通机制,以保证学徒制决策机构能够及时获取信息,高效调整和改进教学活动。因此在动态过程中应实施内部教学质量监控,构建互动式协调运行机制,强化校企沟通,及时解决学徒培养中遇到的问题。

一是发挥校企合作委员会高层协调功能。建立高层常态化管理对话机制,在顶层设计方面加强沟通,强化信息反馈与整理,及时对顶层设计方面的问题进行协商对话,及时纠偏。

二是要加强学校教学团队与企业专家团队的互动。学校教学团队要主动向企业专家团队介绍学校办学传统与特色、学生的年龄特点与教育规律,使企业专家团队能更准确地把握实际情况,并根据行业与企业要求有针对性地对学徒培养质量进行监控。学校教学管理人员与企业专家团队应建立定期交流监控信息的相关机制,使学校教学管理人员能清晰地了解企业专家团队的监控信息。同时,企业专家团队也可根据学校管理部门的关注点增加或调整监控点,从而使信息交流更加畅通,质量监控的相关反馈能及时落实到修正环节,确保质量得以持续改进。另外,学校教师也应该与企业师傅之间进行互动,"双导师"的"教"与学徒的"学"之间也应当定期互动,以更好地对人才培养质量进行把控。

三是要加强教学管理部门与质量督导部门之间的互动。校内教学管理部门兼具教学实施、质量管理、质量监控等多重责任，在教学质量监控中容易凭主观做出评判。质量督导部门则代表学校进行专门的质量监控，更易于客观地发现问题，采集到的信息更真实，对教学质量监控的促进作用更为明显。

（三）教学质量内部监控体系的制度支撑

教学质量内部监控体系得以有效运行的关键是配套完整的制度体系。在中国特色现代学徒制管理制度中，结合教学质量制度，学校和企业根据学徒制培养的需求，从微观层面完善教学质量监控制度，主要涉及与管理相配套的制度、教学运行方面的制度、质量考核相关的制度等。

1. 与管理相配套的制度

目前，现代学徒制是以试点项目的形式开展。项目管理的制度根据职业院校与合作单位的合作项目的不同而有所区别，但是为了确保项目的高效、有序运转，确保教学质量得到有效监控，需要配套校企共建项目管理制度、校企学生三方协议制度。

（1）校企共建项目管理制度。作为现代学徒制项目的纲要性文件，该制度明确规定校企共建项目中的各项要求。主要包括各方责任、协调机制、权利义务等基本原则问题；协议格式、参与方、协议签订形式等基本操作问题等。

（2）学校、企业、学徒（学生）共签三方协议。现代学徒制的利益相关方主要有学校、企业、学徒，为规范各方行为、保障各方利益，三方需要共签协议。三方协议即招生、招工、培养培育一体的规范性协议，明确各自权利和义务，维护各自合法诉求。尤其需要明确规定学徒（学生）双重身份的相关事宜，落实各项保险，保障学习和工作安全权益。

2. 教学运行方面的制度

教学活动是影响教学质量的关键环节，对教学运行的规范是监控教学质量的重中之重。应该重点从人才培养方案的规范性、教学管理、师资队伍、学徒管理等方面完善制度。

（1）对人才培养方案的规范性制度。属于整体框架性规范制度，主要涉及制定人才培养方案的原则、制定人才培养方案的内容以及人才培养的要求等，可根据此方案制定和修改相关规划性制度。

（2）教学管理方面的制度。学徒制的教学参与方由单一的学校转变为学校和企业的双元教学，对教学活动尤其是实践教学活动提出了更多规范要求。应建立现代学徒制检查制度、评价制度、实践教学环节规范制度。比如制定《学徒实习实训管理办法》，对学徒在校内、校外开展实训活动进行规范，该制度在保障企业利益的同时，更保障了学生利益。

（3）师资队伍方面的制度。指主要针对"双导师"团队制定的相关制度，主要涉及双导师职责、遴选与聘任、考核与评价等方面的问题，在发挥学校制度监控的基础上，充分发挥企业实践平台的作用，从制度上明确学校对企业导师管理与考核的职责与权限。

（4）学徒管理方面的制度。学徒具有学生和企业员工双重身份，在管理过程中需要建立学校内的班级管理制度、企业的学徒管理办法。班级管理制度是针对学徒制"专班"制定的，从班级文化建设、组织架构建设、班主任认证等方面展开的管理制度。学徒管理办法体现了学徒在学校和企业的自我管理责任，包括日常管理、学籍管理、生活管理、安全管理、成绩管理、档案管理、公益保障等基本内容。

3. 质量考核相关的制度

质量考核制度主要包括项目质量考核机制和教学质量考核机制。项目质量考核机制由校企双方建立，包括考核组织、考核依据、考核程序、考核结果运用等方面的定期考核制度。教学质量考核机制是在教学过程中，强化过程考核，建立双向介入、双证融合的教学质量考核机制，从考核依据、考核对象、考核办法、资料存档等方面予以规范。

（四）教学质量保障体系实施方案

1. 教学质量内部监控的主体与客体分析

（1）多元主体。现代学徒制的实施不仅是企业同学生（学徒）间的利益博弈，也是学校、企业、学生、家长、社会等不同利益主体间基于各自利益诉求所进行的博弈。按社会建构理论的观点，现代学徒制为上述的多方利益主体基于自身利益诉求在一定框架下彼此协商之后达成的共识。

现代学徒制改革成功最关键的是各利益主体间达到利益的动态性平衡[1]。对各参与主体利益诉求进行识别为教学质量监控体系构建的一个必要前提。学校、企业、学生、家长等主体对于利益的主要诉求如表5-7所示。

表5-7　现代学徒各主体利益诉览表

参与主体	主要利益诉求	质量环节点
学校	最大限度节约办学成本，争取最优质的办学资源，最大限度提高人才培养的质量，提升对社会的服务能力	内部
企业	力争能基于最小成本为企业争取最优质的人力资源，确保企业技能得到传承，最大限度提高企业的竞争力，获得可持续发展	内部
学徒、家长	力求能通过学习获得岗位技术技能，在企业获得较高的工资待遇，获得更好的职业生涯	内部
企业师傅	力求通过教学获得更高的经济报酬，并逐步提升自己在企业或者是行业中的地位及声望	内部
政府	力求通过现代学徒制进一步促进地方经济的发展，为社会稳定提供更多保障	外部
行业	力求通过现代学徒制确保行业内技能得到秩序性传承，提升行业竞争力	外部

综上所述，多元主体参与为现代学徒制的一个重要特征，而现代学徒制教学质量内部

❶ 曾珠. 中外比较视角下的中国特色现代学徒制人才培养路径研究 [J]. 中国成人教育，2021（16）：4.

监控体系在构建时需对这些参与主体进行厘清，这样有利于各方主体充分发挥质量意识，有利于监控体系的良性运行。

● 学校：质量监控的实然主体

教学质量是基于教学活动形成的。教学活动中，学校为办学的主体，同时也是对人才进行培养的主要教育阵地，作为人才培养各项活动的主要策划者，承担人才培养全部活动，因此拥有教学质量主体责任。现代学徒制实施中，不仅需要校企共融合作，还需要企业主导合作，而教学质量监控为教学应承担的主要责任。

● 企业：质量监控的应然主体

企业本位为现代学徒制主要特点，实施中企业作为用人单位为教学质量环路最终产品的接收者，也是产品质量的最后检验者。学生技能素质、用人单位满意度等都是衡量人才培养质量的核心性指标，而企业在质量指标监控中则是最拥有发言权的。学徒培养的质量越高，越能够为企业创造更大的价值。因此作为教学活动最大的受益者，企业为现代学徒制教育教学的应然主体，在学徒培养中企业需从用人单位转变成"用人＋育人"单位。

● 学生：质量监控的参与主体

不管是哪种组织活动都需以顾客作为焦点，顾客为每个组织活动得以存在的基础。组织活动要取得成功需对顾客需求进行分析，基于顾客需求开展活动。学生为职业院校的直接顾客，也是职业院校教育的终极受众，是教学质量最主要的利益相关人，也是教学质量的主要构建者。

作为参与主体，学生评教为教学质量监控的一个重要环节，应将学生评教纳入质量监控，并建立起以质量为内核的监控体系。学生参与质量监控有利于提升教学质量内部监控的有效性。如脱离学生参与，所有教学的标准及评估方案都会失去适切性，质量监控也会被游离异化。

教学质量监控中，学生除可参与传统考试考核之外，还能参与课程设置规划、学习成果反馈等同教学质量相关的决策及执行工作，具体如图 5-14 所示，让学生从学的角度对教学质量进行直接性表达。

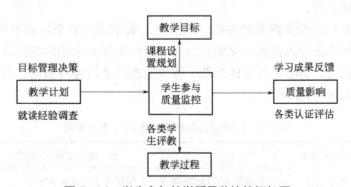

图 5-14　学生参与教学质量监控的框架图

● 学校、企业、学生多主体的责权分析

中国特色现代学徒制人才培养中，学校、企业、学生三者构成了教学质量内部监控体系中的主要多元主体，在教学质量环路中位于不同位置，因此各自享受的职权及责任的义务也不尽相同（表5-8）。而质量监控体系在构建中，需针对不同主体设定区别对应的监控点。学校还有企业这两个办学主体需要设置专门的监控组织机构。学校人才培养教学活动需充分发挥教师、学生的主体作用，除此之外还需将企业骨干、专家及质量管理者等都纳入教学督导团队中；对于企业人才培养教学活动，更需重视学生这一监控主体的作用，并应邀请学校质量管理者参与到质量监控中。如此，使多方参与主体形成一个"矩阵式"的监控组织系统，借此来实现对现代学徒制培养全过程的有效监控。

表5-8　现代学徒制多元主体职权分析

主体名称	主体定位	在现代学徒制人才培养中的主要职权
学校	实然主体	明确学徒制专业范围，结合企业岗位要求明确人才培养规格，制定专业教学计划，对现代学徒制工学结合式的课程体系进行构建，对专业课程进行改革，选聘双师型教师担任学徒制的班级教师，在实习期间安排教师对学生进行跟岗管理，对现代学徒制评价管理体系进行构建，对学徒学业进行考评，并为学习优秀的学徒提供奖学金
企业	应然主体	企业会参与到招生中，对人才培养规格进行明确，参与人才培养方案的制定，参与课程体系的设计，并为学徒提供适合的实习岗位，委派技术骨干担任学徒实习时的指导师傅，科学合理安排学生实习，参与学徒评价，聘用达到就业标准的学徒
学生（学徒）	参与主体	认识了解专业性质，了解所学专业的教育需求，要求学校还有企业为自身提供专业成长需要的教育，对人才培养方案进行落实，配合学校及企业接受学徒教育，认真学习、认真实习，自觉遵守学校及企业所制定的各项管理章程，协议期满后要求从事专业相关工作

（2）全要素客体。教学质量监控不仅仅要监控教师教学及学生学习的质量，还需监控对教学质量有影响的各项因素。所谓的质量应包括自教学任务输入到教学结果输出的全过程组织活动的真实情况，还包括课程质量、专业质量等。所以职业院校教学质量监控需贯穿人才培养全过程，对招生、课程设置、教师教学、教学管理、学生学习、学生毕业等所有环节进行质量监控。

因现代学徒制拥有明显跨界性特征，因此对其教学质量有影响的因素非常多，学校、企业、学习、工作等多方因素相互交织。只有对这些错综复杂的影响因素进行厘清，才能准确排查质量控制点。明晰监控客体为教学质量监控体系构建的前提。对于现代学徒制来说，质量监控点如表5-9所示。

表5-9　现代学徒制教学质量的主要监控点

因素类别	主要监控点	基本内容说明
目标定位	办学目标	决定人才培养基本要求，决定人才培养基本方向
	专业培养目标	学校同企业及行业进行共同调研，做好岗位职业能力的分析，最终确定人才培养的规格、培养方式，并进行课程设置，拟定实施要求等
	质量标准	校、企双方明确人才培养体系化要求，制定质量标准体系，以确保人才培养质量

续表

因素类别	主要监控点	基本内容说明
组织制度	组织机制	基于双元育人基本特点建立相关的管理组织形式，建立教师及学生组织机制等
	制度协议	学校及企业教师签署学生管理制度、员工管理制度、教学管理制度，校企及学生签署三方协议
	教学过程	校企共同制订人才培养计划、课程设置及实施、制定校企轮训模式、组织实践教学等
	管理过程	对招生及招生形式进行管理，对学生学校学习进行管理，对学徒企业培养进行管理，进行学分管理，对企业中学徒进行安全管理等
	教学改革	教学管理改革、教学内容改革、课程体系改革、实践教学改革、职业文化培育改革等
资源保障	企业资源	教师、教材、实训设备、数字化资源等校企文化共融等
	条件保障	确定学徒基本利益保障机制，构建学校教师培训体系
	生源质量	对生源基本素质进行评估，对生源专业学习能力进行评估
	评价主体	学校、企业、第三方机构等
考评反馈	考核内容	对岗位专业知识进行考核，对职业基本素养进行考核
	考核方式	多元化综合性评价
	反馈机制	多元主体参与下的持续改进式的反馈机制

对中国特色现代学徒制的教学质量造成影响的因素进行分析，发现教学质量受多方面因素影响，其中目标定位是教学质量人才培养的基础指针，组织制度是现代学徒制人才培养的基础保障，过程要素实施为现代学徒制人才培养的关键环节，资源条件为现代学徒制人才培养的重要保障，评价考核是现代学徒制人才培养目标得以实现的重要手段，反馈机制为现代学徒制人才培养质量得以持续改进的重要信息平台。只有全部纳入质量监控，确保每项都能有效运行，现代学徒制人才培养活动才能顺利落实，教学质量才能持续改进。

2. 教学质量内部监控体系的构建

对教学质量进行监控的最终目的是确保教学质量能得到持续性改进。因此监控中需基于职业院校的具体校情进行监控，监控中需对教学过程进行全方位、全过程式的监控，对各监控点做好监控。

图 5-15 给出了 ISO9001 质量保证体系运行原理，但现在职业院校内部质量监控体系还存在很多问题，比如说质量环路不清晰，质量体系结构执行性差，质量体系文件不完备，质量持续改进机制不明确等。

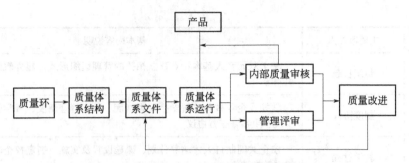

图 5-15　ISO9001 质量保证体系的运行原理

对比来说，西方国家的职业院校往往拥有较成熟的质量监控体系。欧洲大学协会（EUA）2010 年对 36 个国家 222 所高等教育机构进行了网络调查，结果显示 95% 的高校拥有校级信息系统，超过半数机构中质量工作为校领导专门负责，且系以上层面配置质量保障人员的机构也占很大比例。

对于教学活动来说，有效管理活动应为封闭式的循环环路，能够持续改进。戴明环（PDCA 循环）为典型的闭环管理方式，此管理主要由计划（plan）、执行（do）、检查（check）和调整（action）这四个环节构成，质量管理中每项工作都需按此环路推进，一个循环结束，如新发现的问题没有得到有效解决，会进入下一个新循环，周而复始。PDCA 循环为基于反馈回路的一种管理模式。在质量管理中，每个环节都能够形成独立的闭环，环环相扣、彼此关联，最后形成一个大的管理系统。管理过程中，又能通过详细分工、明确责任、持续改进等具体性的措施确保最终目标的实现。PDCA 循环作为全面性质量管理方法在管理领域被广泛性应用。

从控制论角度来说，教学质量监控过程也是循环改进的一个过程（图 5-16），这同PDCA 循环是相适应的。西方很多国家的学校在质量监控体系构建时都会考虑 PDCA 质量环路。比如说阿姆斯特丹大学就是基于 PDCA 循环，构建出了教学质量持续改进路径（图 5-17）。

图 5-16　教学质量监控过程

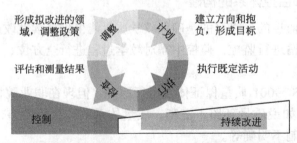

图 5-17　阿姆斯特丹大学基于 PDCA 循环的教学质量持续改进路径

我国职业院校在教学质量监控环路构建时也有很多成功经验，如上海应用技术学院的质量监控体系是由八大系统所构成的两个具体的闭环回路❶，而辽宁轨道交通职业学院闭环控制环路是由内外环两个反馈回路组成❷。在现代学徒制的实施中，双元主体需参照"双线并行、多元评价、闭环反馈"这一原则对教学及培训活动进行监制，针对每个质量控制点建立信息传递线路，从而形成闭环性的内部教学质量监控体系（图5-18）。

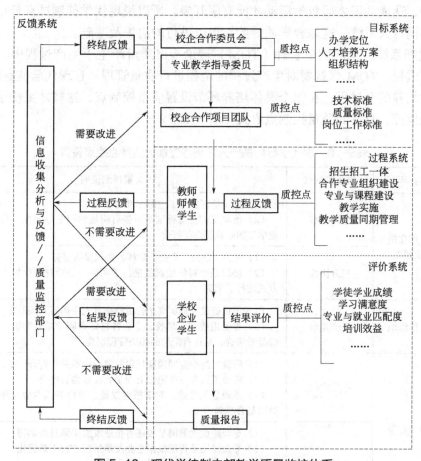

图5-18　现代学徒制内部教学质量监控体系

此具体的监控体系有四个流程子系统构成，分别为目标系统、过程监控系统、多元质量评价系统、反馈系统，四个子体统环环相扣，构成了闭环性的回路。在此回路中，质量监控的活动是沿着教学质量目标研制、达成及反馈这样的路径螺旋推进的。且还配套有协同组织、制度系统这两个运行保障的子系统，并构成了最终的监控闭环系统。依托此体系，现代学徒制的目标定位更加明晰，过程管理得到了优化，最终提高了人才的培养质量。

（1）目标系统。所谓的目标指的是想要达到的境地或者是标准。管理体系的原点就是目标，目标在活动管理中发挥着重要作用。导向作用：目标的首要作用，也就是要明确

❶　杨彩霞.高校内部教学质量保障体系评析——教育部评估中心教学质量保障体系研讨会启示 [J].中国高等教育评估，2009（4）：41-45.

❷　鲍凤雨，苗玲玉.基于"双闭环控制"的高校内部质量诊断与改进 [J].辽宁高职学报，2017（1）：4-7.

组织的活动方向，此方向为组织活动得以继续的内生动力。激励作用：管理活动中，如组织目标能对成员共同利益诉求进行充分的表达，成员们在组织活动中就会达成共识，形成强大的凝聚力及创造力。规定标准：组织质量管理最终目的是督促组织内成员完成工作任务，获得工作绩效。因此管理活动中各项工作标准都应源于对任务目标的分解细化。

在现代学徒制实施中，不同利益主体间各自的利益诉求是不同的，只有对这些利益诉求进行整合，达成共识之后教学活动才能有序开展。所以说现代学徒制试点最核心的任务就是构建协同育人系统，这是教学质量监控得以进行的前提及基础。

（2）过程系统。全面质量管理（TQM）理论指出质量产生于生产过程中，生产过程决定了生产质量。TQM 强调要对生产过程的全程进行质量管理。在现代学徒制的实施中，需围绕人才培养的全过程，在每个具体培养环节设置质量控制点，这样才更便于对教学质量进行全程监控，具体的质量控制点设置见表 5-10。

表5-10　现代学徒制基于人才培养过程的质量监控点设置

序号	培养环节	质量控制点	要素详细说明
1	一体化招生招工	生源标准	（1）企业是否参与了生源标准的制定 （2）所制定的生源标准是否拥有明显的职业导向性，是否同初中毕业学生的心理特点相符合
		三方协议	（1）三方（学校、企业、学徒）协议是否签订 （2）协议是否对学生权益进行了明确，是否对招生招工的一体培养方式进行了明确
2	合作组织	专班建设	（1）项目班级管理制度是否由校企双元主体所共同制定 （2）专班组建中，学校、企业各自管理职责是否明确，基本管理流程是否明确，是否有配套的相关管理制度
3	专业建设	办学定位	（1）所设置的专业同国家规定的建设标准是否符合 （2）所设置的专业在定位上同企业要求是否符合 （3）所设置的专业，对于招生数量、结构等基本情况同企业岗位的对接是否准确
		建设规划	（1）专业建设规划同学校还有企业发展实际是否相符 （2）专业结构是否能根据企业发展情况进行不断优化 （3）专业建设的标准及目标是否明晰 （4）人才培养方案是否能够不断优化，是否科学合理 （5）师资、经费等建设条件是否有明确的保障措施
4	课程建设	体系内容	（1）课程是否由校企共同研发，是否有可行性的配套措施，是否可以对效果进行有效检测 （2）是否开发了理论实践一体化课程 （3）课程设置同企业岗位需求是否相符，是否能够满足企业及行业的要求 （4）课程标准是否制定，核心课程是否明确
		教学设计	（1）是否有灵活的教学方法手段 （2）是否有过程、结果评价相结合的教学评价 （3）是否将企业文化元素融入专业课程还有职业素养课程中
		教学资源的建设	（1）教材的遴选机制是否已经建立，是否确定了校本教材比例 （2）数字化资源是否由校企共同建设

续表

序号	培养环节	质量控制点	要素详细说明
5	师资队伍建设	校内教师队伍	（1）师资队伍的结构及数量、结构同专业建设要求是否相符 （2）专业带头人是否能够引领专业持续发展 （3）专业教师认证培训是否是依托企业开展的，骨干教师的培养体是否已经形成 （4）教师教学科研能力、技术开发能力、服务社会的能力等是否被重视，是否建立了双师型教师培养的认定机制 （5）学校专业教师下企业锻炼的机制是否已经建立
		企业师傅	（1）企业师傅的评聘机制是否已经建立 （2）带徒师傅思想品德怎样，师傅对校企文化认同度怎样 （3）师傅执教能力、指导学徒实训的水平如何
		项目团队	（1）项目实施团队是否建立，团队成员的结构是否科学合理，团队是否拥有清晰的管理层级 （2）校企双方对项目团队是否建立定期评估的机制
6	实践教学建设	课程体系	（1）实践教学的课程体系是否已经建立 （2）实践教学经费及时间的保障机制是否已经建立 （3）校企是否已经共同对实践教学体系进行修正
		教学条件	（1）实训基地建设情况及企业实习场地的建设情况 （2）实践基地技术含量、设施完整度、建设主体的使用情况等 （3）合作企业实习基地的建设情况 （4）专业及行业间的合作情况，技术技能鉴定的开展情况 （5）实践教学在指导师资上的配备情况 （6）企业文化与校园文化间的融合情况
		教学管理	（1）教学管理的制度是否健全，是否得到了落实 （2）实践教学质量标准是否建立、考核标准是否建立，执行情况怎样 （3）实践教学是否拥有健全的管理制度，校企双方是否都参与了教学的管理和考核
		学徒企业顶岗实习	（1）学徒顶岗计划是否可行，对顶岗是否进行了人员、经费、时间上的安排 （2）实践教学体系是否已经构建，是否具备完备的企业管理实践教学组织
7	教学质量同期管理	管理职责	（1）是否建立了专业建设委员会，是否建立了质量控制办公室等，各机构间的职责是否清晰，各机构内的人员配备是否已经到位 （2）专业管理制度的运行方法、管理手段等
		过程控制	（1）是否制定了教学管理的过程控制设计，是否全部实施到位 （2）是否对教师、师傅、学生等在教学管理中的参与情况进行控制 （3）是否有健全的教学事故处理机制，是否有日常教学督导，教学反馈是否及时，是否能够对机制及时修正
		人才培养质量	（1）学生专业质量的考核情况，学生课堂教学的考核情况，学生日常管理的考核分析，学徒工作绩效考核等 （2）对生源进行数量与质量的分析，对学徒进行职业素养分析，对学徒进行职业能力分析 （3）对教学团队的建设情况进行分析

（3）评价系统。所谓的教育评价指的是在一定价值标准下，运用科学方法，对教学过程中的教育要素、过程和教学效果进行价值上的判断。教学评价在教学中起到导向、激励、诊断组员、鉴定等作用，是质量监控反馈的常用手段。基于不同评价范围，可将评价分成单项及整体两种评价方式。

① 单项评价。单项评价是对活动侧重的某个侧面的价值判断。中国特色现代学徒制在职业院校的实施是复杂的，但是各个组成部分之间彼此相对独立，需要逐项评价以对各层次工作进行有效改进，从而推进教学质量整体性进步。单项评价不仅要做好教师教学评价、学生评教、自评互评等常规评价工作，还要对学徒制所特有的双导师认证、师生评管、企业师傅评学评教、学生企业认证等进行单项评价。

a. 双导师认证。中国特色现代学徒制的教师队伍需要校企互认、互聘、互评。双导师认证为间接监控教学质量的一项重要手段。学校专业教师参加企业培训，以获取企业认证，满足专业教学的需求；企业师傅参加品行及教育能力提升培训，教学能力评估合格后，担任学徒教学人员，参与实践教学。

b. 师生评管。即教师、学生评价教学管理水平。职业院校教师和学生的积极性受教学管理水平的影响，定期通过合理编制问卷进行调查、召开座谈、畅通信息渠道等途径，让教师和学生充分发挥监控的主体作用，及时反馈管理过程中的问题，特别是协助查找校企合作环节中存在隐性问题，这具有积极意义。

c. 企业师傅评学评教。企业师傅一般为企业资深技术骨干，具有很高的技术素养，深知企业行业规律。企业师傅通过对学徒的学习和对学校教师的教学理念进行深入评价，及时诊断学徒的学习状态，有助于做好校企教学时序的轮换安排，推进教学质量提升。

d. 学生企业认证。中国特色现代学徒制实施招生招工一体化培养，学生具有双重身份，既是学校学生也是企业员工（准员工）。学生的学业成绩评价体系由职业学校建立；而作为企业员工（准员工）需要企业制定技能水平适岗能力评价体系。引入企业认证，有利于准确评价学徒（学生）在特定指向岗位目标技能的掌握情况。双证互融能更好地衡量人才培养的质量。

在实际教育教学管理过程中，单项评价不限于以上几个方面，但是，所有的单项评价均属于单一特定方面的评价，不可以偏概全地用于教学质量的整体评价，应从总体上去把握和认识教学质量监控活动某一特定方面在某一特定阶段的状态，并以此进行问题诊断。

② 整体评价。整体评价是着眼于活动的全部或较为完整的局部进行的评价与诊断。中国特色现代学徒制的教学质量整体评价并不等同于学校办学水平评估，是学校与特定校企合作的企业对特定专业建设开展的深度合作育人教育制度的评估，主要有两个特定评价对象，一是专业评估，二是项目质量报告。

a. 专业评估。专业开发与建设特别重视经济结构、就业市场等情况的变化，中国特色现代学徒制依托要实现专业与企业职业直接对接，企业需求与专业人才培养直接对接。为了最大限度规避质量风险，职业院校每年要结合教育政策、行业发展等对专业建设进行内部评估，充分开展调研，结合学生就业反馈和岗位适应能力等信息，诊断专业的优势和不足，一般每三年进行一次专业的修正和调整。

b. 项目质量报告。质量报告制度是职业教育发展的重要战略，我国高职教育与中职教育分别于 2012 年、2016 年开始发布年度报告，这是院校对社会关切的回应，是主动履职的举措，起到良好的质量自控效果。校企将质量报告作为内部质量监控的一个管理工具，推动人才培养质量持续改进。中国特色现代学徒制的实施，是校企双主体实施的项目，需要增强质量自控的良好自觉，定期对实施情况进行诊断分析，主动向社会报告人才培养全过程，公示学徒学业结果、学习者满意度、专业与就业的匹配度、培训效益等重要节点的关键数据。

第四节
中国特色现代学徒制的学生管理优化

一、学徒课业训练管理

学徒课业训练管理采用全任务式的教学模式，学徒在"学习中工作、在工作中学习"。由于学徒的课业训练具有企业工作训练和学校教学两种性质，因此其课业训练管理比较复杂，包含了学校教学管理和企业教学管理。其中企业教学管理会根据不同的任务要求进行任务分类，并按照企业要求教授学徒不同岗位需求的技能。根据任务的绩效差别，可分为基础任务、非生产性任务和生产性任务三种任务；根据任务的难易程度，则可分为基础任务、初级任务、高级任务三种任务，培养学徒从生手、熟手直到高手。学校教学管理则按照学生从入学到实践所要求的理论知识进行课堂教学。

（一）入学综合管理

学徒入学，也同其他非学徒制学生一样需要经过军训以及其他形式的入学教育，同时作为企业准员工，还要办理企业入职手续。

1. 学生身份教育

学徒作为学校的学生，享受全日制在校普通高职学生的所有权利和义务，按人才培养方案修满学分方可毕业。学徒在校期间必须严格遵守国家法律法规和学校的各项规章制度，保质保量完成所有课程任务，接受专业知识水平考核。无论是哪种培养模式，都必须培养学生对学校的认同感。因此，学徒也须与其他培养形式的学生一同接受基本的入学教育。

（1）参加军训，培养品质，接受集体主义和爱国主义教育。军训是我国全日制教育的必修课，学徒培养形式也不可缺省，这一环节的教育可以增加学生对学历教育的认同感。

（2）学习"职业指导"课程，培养职业生涯规划意识。

（3）学习"创新创业教育"课程，培养创新意识和创业精神。

（4）参加全校的体育运动会等集体活动，锻炼体魄，增强体质，培养集体荣誉感。

（5）参加适量的校园社团活动，丰富在校学习经历。

（6）参加职业技能拓展和专业素养提升活动，强化对学生身份的认同。

2. 企业员工身份教育

参加现代学徒制培养的学生，与企业签订学徒合同，成为企业的准员工，必须接受企业文化的熏陶和企业员工身份教育，增强职业认同感和企业归属感。针对新入学的学徒，要及时开展企业员工身份教育，其主要内容包括以下方面。

（1）学徒基本职责教育。学徒在企业必须遵守基本的学徒职责：端正学习态度，努力学习，恪守诚信，严格遵守《学徒手册》中的学徒行为规范条例，保质保量完成所有学习任务，保证学徒期满时能通过各项学徒考核并较好地独立完成工作。

（2）企业文化教育。企业发展，人才为先，选择现代学徒制的企业，多数是为了储备干部和技术技能人才。学徒作为准员工和储备人才，其培养的第一步是企业文化教育。在学徒入学后设计系统的企业文化教育环节，从企业文化的讲解，到行政规章制度及办事流程的介绍，再到专业产品技术、市场营销技能、商务礼仪等的学习，全方位加强人才的培养力度，为实现"人岗匹配、人尽其才"营造良好的学习氛围。

（二）班级管理

1. 双班主任管理

基于校企协同育人的基本理念，学徒制班级设置双班主任，分别由学校专业教师和企业师傅担任。学校班主任负责学籍管理、班级建制以及学生会社团管理等，负责建立学生档案；企业班主任负责企业文化导入和岗位认知等活动的组织，协助填写学徒档案。在校内学习阶段，以学校班主任为主导，在企业学习阶段则以企业班主任为主导。

2. 学徒档案管理

为了加强学徒管理，必须为每一个学徒建立学徒档案，学徒档案必须包括以下信息。

（1）学徒入学时的基本信息。包括身份信息、入学成绩、生源地、签约合同号等。

（2）学徒的职业倾向测试情况。由测试教师填写测试结论和评语。

（3）学徒各阶段学习的情况。包括学业学习情况和参与活动情况。

（4）师傅的评价及考核结果。主要包括企业考核小组确定的学徒职业能力的综合评价，用以判断学徒的发展潜力和为学徒安排更合适的发展岗位。

学徒档案采用全电子化管理（图 5-19），上传至学徒管理网站上。

3. 任务教学课堂管理

现代学徒制任务教学的课堂，可以是企业真实的工作环境，也可以是模拟的企业工作场景。总体教学任务包含基础任务、非生产性任务和生产性任务，所有任务教学课堂（现场）的规范都应参照企业对学徒工作的规范来进行，通过规范学徒在企业中的学习行为，培养职业道德和文明习惯，提高整体素养，形成良好的学习风貌。在任务实施过程中，为保证教学效果，企业师傅与学校教师（以下简称"双师"）根据学徒的具体情况调整教学内容和方式。"双师"作为教学相关负责人，应组织编写"任务教学指导书"。指导书需要明确任务教学的目的、实施过程和考核方法。任务教学主张边做边学，边学边做，强调学徒的自主学习，在任务实施过程中，学生是主角，"双师"必须转为配角，不应给学徒过多的帮助，要实现角色的换位，以加强对学徒专业技能、自学能力、方法能力、社会能力和创新能力的培养。

图 5-19　学徒档案管理

为完整记录师傅指导学徒的过程，每次师傅授徒都要填写授课日志，一个学徒班分了多少个小组，就要有多少本授课日志。由于任务教学课堂与传统教学课堂不同，其授课日志也应该体现学徒教学的特色。

4. 自主式学习管理

要让学徒能"在学习中工作、在工作中学习"，常规性学习习惯的养成和自我学习管理非常重要。现代学徒制教育更注重的是提供条件保障，企业师傅只是学徒学习的引路人，自我学习、自己解决问题才是学徒成才的关键。因此，自我总结和对工作的阶段性反思是提高现代学徒制教育学习效率的重要手段。

学徒每周填写学习（工作）记录表，每个培养阶段结束时，要填写阶段性自我总结表。导师要及时审阅学徒的记录表和总结表，从而对学徒的学习情况有更全面的了解，并根据每个学徒反映的情况给予个性化的指导。

5. 企业化考勤管理

考勤管理是现代企业管理中一个非常重要的组成部分，同时也是学校管理的重要组成部分。校企双方联合制定《学徒考勤管理细则》，按照企业化模式对学徒进行考勤管理，促使学徒树立良好的纪律意识。学徒出勤考核作为衡量学徒在工作和学习上是否积极的一个重要方面，也是计发工资奖金、劳保福利等待遇的主要参考依据。

学徒各个培养阶段的考勤由学校指派的驻点教师和企业师傅共同管理。请假手续需严格按照企业的相关规定办理。

（三）工学交替阶段管理

学徒初入企业，要接受入企教育，以便对企业有一个全方位的了解，有利于认识并认同企业文化，坚定自己的职业和学习选择，理解并接受企业的价值理念和行为规范。学徒进入企业岗位进行实践时，学校要向企业提供学徒名单（表5-11），对学徒的基本情况进行描述，包括对前一阶段学徒在校学习情况的描述和评价，以便企业师傅对学徒进行岗位安排和针对性的指导。

表5-11　学校向企业提供的学徒名单

专业：		班级：		时间：		班主任：
序号	姓名	×× 课程成绩	×× 课程成绩	……		教师对学徒的评语

1. 学徒入企教育

新学徒进入企业，进行入企集中教育，入企集中教育包括以下内容。

（1）企业概况：企业的创业历史、现状、在行业中的地位、品牌与经营理念、文化、前景、组织机构、各部门的功能和业务范围、人员结构、薪资福利政策、培训制度、历年重大人事变动或奖惩情况等。

（2）规章制度：奖惩条例、行为规范等。

（3）入职须知：入职程序及相关手续办理流程。

（4）财务制度：费用报销程序及相关手续办理流程。

（5）安全知识：消防安全知识、设备使用安全知识及紧急事件处理等。

（6）沟通渠道：介绍学徒投诉及建议渠道。

（7）实地参观：参观企业各部门的工作场所。

（8）介绍交流：向学徒介绍公司高层领导、各部门负责人及对公司有突出贡献的骨干，双方进行交流。

（9）其他：服务意识、岗位职责、业务知识与技能、业务流程、部门业务周边关系等。

课程结束后，企业根据设计好的任务学习内容以及企业岗位需要对学徒进行分组，并指定指导师傅。企业师傅根据其岗位要求，向学徒明确岗位职责和工作绩效要求，及时安排好学徒入职后的学习与工作，帮助其熟悉工作环境，掌握相关的业务知识和流程。全部安排结束后，企业向学校汇报学徒分组及岗位安排情况（表5-12），以便校企双方及时掌握学徒的培养情况。

表5-12 企业向学校提供学徒分组及岗位安排情况

时间：		训练项目：		
序号	岗位名称	学徒分组名单	任务描述	师傅姓名

2.学徒岗位实践过程管理

在整个学徒培养过程中，要做好过程管理记录，确保学徒的岗位实践以学习为主、生产为辅。

（1）填写工作日志。学徒应每天填写工作日志，记录实训过程和每天的工作内容，以及碰到的问题，以便在每周例会上进行讨论。企业师傅应经常检查日志，并将日志的检查情况定期汇报。

（2）每周例会。一般定于每周固定一天召开周例会，由企业师傅组织，总结一周的工作成果，分析存在的问题并确定解决方法。

3.岗位阶段考核

学徒在完成一个项目的学习后，必须接受阶段考核。在学徒岗位阶段考核中，工作表现优异者，给予表彰与奖励。考核合格的学徒将进入下一岗位学习，经过多个岗位轮训后，完成所有项目的学习。

4.出师考核

学徒完成所有项目的学习后，参与联合培养的各方要组成考核小组对学徒进行全面鉴定，内容包括德、智、体、美、劳五个方面。学校、企业人力资源部等应提前两个月安排学徒的转正评估，考核合格的学徒可获得毕业证书，转为培养企业的正式员工。学徒也可以申请放弃培养企业的就业岗位，自谋就业岗位。放弃就业的学徒，必须填写学徒放弃就业申请表，经企业同意后正式解除双方的契约关系。

（四）某石油化工专业现代学徒制班组管理实践

班组为企业生产管理中的最基本的单位，以班组为单位进行学徒管理，是很多企业及职业院校进行学徒管理的重要方式。某石油化工专业在学徒管理中以班组为单位，建立了金字塔式的管理模型，具体如图5-20所示，此管理模型使现代学徒制人才培养目标得到了更好的实现。下面就此班组管理经验进行论述。

按照现代学徒制学徒培养要求，工作学习中需对学徒的高度责任心还有效益意识进行培养。因此，需要设计由顶层、中层及基层构成金字塔管理模型。

此石油化工行业金字塔班组管理模型是基于行业连续生产的特点出发的，每层目标都有明确的管理目标及衡量标准。

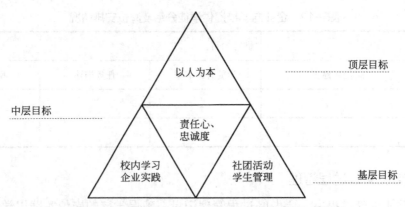

图 5-20　某石油化工专业学徒班组金字塔管理模型

1. 顶层、中层、基层目标的确定

石油化工行业的企业生产需进行连续性的生产加工制造，生产线长，行业涉及面宽广。近几年某石油公司基于经济全球一体化的发展形势提出建设世界一流的综合性的国际能源公司的总体发展目标，公司秉承稳健发展的方针，以提高经济效益作为战略中心，对公司市场、资源进行改革。行业对从业人员的要求从以往的技术型工人转向奉献型、研发型的人才。基于此，行业将顶层培养目标定为：为行业、企业培养自主学习型人才，培养成长型人才。衡量标准是现代学徒制的人才培养模式是否能够满足学徒发展需求，是否能够适应合作企业岗位要求，是否能够满足行业内精英骨干自我价值实现的需求。

学徒班组管理中层目标是对学徒企业忠诚度及责任心的培养，将此目标转移到学校及企业文化方面则是学徒对双重身份的有效认知，引导学徒行为向着顶层目标前进发展。也可以说中层管理目标是校企合作教学实施的具体方案，是企业工作发展中的用人需求等。基于企业用人需求，由合作企业的班组长对班组学徒进行具体管理，对一线的操作工人进行绩效考核，进行岗位职责的考评。

学徒班组管理的基层目标为教学设计、课程标准设计、考核标准制定、班级文化及团队合作等具体的具有指向性的目标。衡量的标准为理论课程、实践课程的课业成绩优秀率 ≥ 90%，顶岗实习的合格率 ≥ 95%；且学生在校学习期间对社团活动的参与率达到100%；学生每月进行日常管理评比，如宿舍卫生的检查评比，每月排名应在前三名内。

2. 顶层、中层、基层目标的具体实施过程

在金字塔模型顶层、中层、基层三层管理目标确定之后，需对目标进行分解细化，形成目标体系，确定检验标准。目标执行中通过 PDCA 循环进行检验及修订。

教学中学校教师及企业师傅对课程标准进行联合制定，制定标准后对校本讲义进行编写。授课时教学内容需同合作企业生产管理的工作实践相吻合，课堂教学采取教师讲解及企业师傅现场指导有机结合的教授方式。教学中对石油化工企业班组长竞选流程进行模拟，让学生为中层目标"责任心及忠诚度"的实现作出努力。班干部竞选时参照企业班组长的竞选流程进行，发布竞选通知—学生报名—对报名学生进行考核—让学生进行竞聘述职—对竞选结果进行公示—正式选用。此流程将石油化工企业人力资源管理的班组长选拔

管理者部分的理论知识有效应用到了职业教育学徒制学习的实践中。

学校校内学习基本目标任务的布置完成遵循 PDCA 循环，通过 PDCA 循环让学徒制金字塔流程基层的目标得以实现，并为中层目标的实现进行了有效积累。PDCA 循环如下所示：P（计划）——教师对石油化工企业的工作情况进行讲解，讲解课堂理论知识，并对教学任务进行布置；D（执行）——将学生分成几个班组，几个班组学生按照任务要求一步步完成任务，任务完成过程中同教师随时沟通，不同班组间也能交流沟通；C（检查）——各个班组对自己班组任务的完成情况进行汇报，汇报后，不同班组针对汇报提出不同的意见，教师针对汇报及班组间意见进行针对性的修正及指导；A（调整）——如果学生教学任务的完成有不合格的部分，需针对不合格内容让不合格的班组进行下一轮 PDCA 循环，直到教学任务顺利完成为止。

学生管理系统需指派专职的辅导员进行负责，教师要对学生教学任务日常管理还有学校社团活动的情况进行监督检查，并根据实际情况给出修正建议。如以学校教室卫生及宿舍卫生的检查为例，当前所有班组学生/学徒都能按照任务标准及时进行清扫，基本上达到了班组金字塔管理模型中的基层管理目标，每个月的考核排名都位居前三名之内。班组学生/学徒在基本教学任务完成之后，还自觉将个人行为同学校文化还有企业的文化进行有机融合，也基本实现了"以人为本"这个金字塔管理模型中的最顶层的管理目标。

如上为某石油化工专业所建立的班组金字塔管理模型，此模型适应新时代高等职业院校教学育人模式，管理中能够体现企业对于班组建设的新要求。在实际应用过程中，提升了学生/学徒的综合实力，促进了企业的科学发展，对其他生产性行业及专业的现代学徒制的学生管理有较强借鉴意义，有利于人才的高质量培养。

二、学徒安全与心理健康管理

在以学徒为主体的学徒制辅助子系统建设中，学徒安全及心理健康管理是目前研究中被忽略的一个部分，但是此部分内容恰巧是学徒制建设系统中特别需要重点建设的部分。在管理中应参照如下方面做好细化管理。

（一）人身安全管理

学徒的安全威胁，既来自其工作环境，也来自其生活环境。因此现代学徒制教育的安全管理，不仅体现在工作现场，也体现在学徒的日常生活中。

1. 树立安全与风险防范意识

为了让安全知识教育贯穿学徒学习生活全过程，校企共同编制《学徒安全手册》，从入学开始就进行安全教育，使学徒全面和系统地了解学习期间可能面临的安全问题，掌握基本的安全知识，树立安全与风险防范意识。

2. 加强工作安全防范与管理

学徒在企业培养期间应树立安全意识，严格按工作单位的安全操作规程完成工作任务。为加强工作现场安全管理工作，进一步落实监管措施，理顺监管职责，有效控制一般性事故，杜绝安全事故的发生，需要制定学徒工作现场安全管理制度，规范和加强导师对学徒工作过程的安全监管，根据所负责项目的实际情况和特点，组织对安全生产管理进行日常检查。

3. 按规定购买相关保险

为保障学徒的合法权益，学校要为学徒统一购买校外实习责任保险，企业要为学徒购买人身意外保险（个别经费紧张的企业，也可以在校企联合培养协议中明确由学校统一购买），确保学徒在企业岗位培训、实习、工作的人身与财产安全。

（二）心理健康管理

由于学徒具有双重身份，其所处的学习环境和工作环境往往比普通学生更加复杂，心理健康问题将很大程度上影响学徒的健康成长。

学徒的心理健康是指学徒能进行正常的心智活动并能良好地适应学习、工作和社会生活。学校、企业等需共同设立心理辅导小组，以学校委派的现代学徒制试点班的班主任为负责人，负责学徒心理疏导和心理健康管理，帮助学徒解决在学习和生活中遇到的各类心理问题。具体来说要靠先进的心理辅导理念解决学徒新、杂、急等心理上的难题，将心理健康管理贯穿学徒制学业学习全程，初期要对学生做好职业目标教育，为学生进行职业规划，新生入学时就要对其进行专业教育，让学生了解专业特点，了解专业对学生的要求，通过心理健康教育让学生学会自我调控，为后期职业目标的实现奠定良好的心理基础。

在心理健康教育的基础上还需为学生建立心理档案，这样才能让企业师傅了解学生的心理状态。学业中期需对学生自主能力加强培养，在学生陷入追究"为什么"的时候，正确引导学生对问题进行求解，关注事情怎么办，并启发学生怎么做才更利于任务的完成。引导学生发现问题中的例外情况，以小的变化带动大的变化，推动学生通过自己一点点积极的改变最终作出较大范围的积极变化。学业后期需关注学生心理素质的提升。

在学生即将毕业，步入社会的特殊时要帮助学生提高自我效能感，在面临问题时能积极寻找问题的答案，积极发现自己身上的正向资源，提高自身的职业素质及心理素质，让自己能够更快、更好地适应企业工作，以让现代学徒制人才培养目标能够更好地实现。

三、学徒生活管理

学徒的双重身份决定了对学徒在生活上的管理与对普通的企业员工、学校学生的管理是不同的，相关的管理办法必须适应学徒的这种特性，同时要注意融入企业的文化元素。在学徒生活管理中，还需要特别注意以下几个方面。

第一，与一般学生相比，学徒有一定的补贴和津贴，经济上相对宽松，因此，在管理时要注意引导他们正确管理钱财。

第二，学徒学习的过程，实际上是匠心打造的过程，要通过生活管理的精细化，去助推匠心的打造。

第三，由于学徒经常分散在不同岗位学习，集体感会较普通学生弱，因此，可通过举行每周一次的班会，为学徒提供分享收获和探讨问题的机会，从而增强学徒的集体感。

学徒考勤管理细则、学生生产性任务安全须知及安全承诺等参考文本，请见附录1。

第五节
中国特色现代学徒制师资队伍转型与重组

正所谓"名师出高徒"，校企共建双导师教师团队为现代学徒制试点工作中的一项重要的任务。教育部办公厅《关于做好2017年度现代学徒制试点工作的通知》中明确指出，在学徒制试点工作中要对双导师制进行完善，建立并健全双导师教师队伍的选拔制度、培养制度、考核制度及激励制度，通过系列机制保障形成良好的校企互聘共用式的教学管理机制。在培训中对导师的职责还有薪酬待遇进行了明确，合作企业也要选拔出高技能人才来担任学徒的师傅，并对师傅的职责还有薪酬待遇进行明确。现代学徒制的教学任务必须由学校教师和企业师傅共同承担，形成双导师制。教学培训中教学的实施者为教师，教师要将工作岗位职业标准及需要的技能转化成教学内容，此过程中教师素质高低直接影响到教学是否能够彻底执行，关系到教学的最后效果。

一、双导师团队的构建

中国特色现代学徒制下的双导师制包括两层含义：第一，师资队伍由学校专职教师及企业师傅构成；第二，双导师要具备双能力，即理论知识的教授能力及专业实践教授的能力。双导师在教学培训中彼此配合，共同承担教学、实训等工作，在人才培养中不仅要注重对学徒进行职业技能的培养，还要强化对学徒职业素养的教育，需要对学徒进行生产安全、劳动纪律等的培训，确保学徒得到全面、全方位的发展，以更好提升人才培养质量。教师的学识水平和专业技能都非常重要，在组建导师团队时，学校、企业以及行业协会均要充分考虑导师的这两方面素质。

（一）建设企业师傅队伍的现状及存在问题

在企业中建设高素质的师傅队伍为现代学徒制试点工作开展中的一项首要任务，也是学徒制开展的一个基本条件。长期以来我国企业基本实行的是企业内训制度。企业培训的目的是培养员工的岗位适应能力以及爱岗敬业精神，企业培训师对基于行业的岗位迁移能力关注较少。由于企业目前的经营性质，建设企业师傅队伍主要存在没有时间、人手不够、不知道怎么教以及动力不足等困难，具体体现在以下几个方面。

（1）企业内的专业技术骨干多忙碌于一线管理岗位，工作繁忙，多数时间要进行事后检查工作，抽不出专门的时间对学徒进行事前的指导。

（2）企业技术能手往往擅长"做"而不擅长"说"，常常是"只做不说"或者是"做多说少"，因此在带学徒时，常常偏于示范而疏于讲解，使得学徒只能靠看、靠悟去领会师傅的意图，这对于悟性较低的学徒尤其不利。

（3）由于企业分工细，同类岗位人员较少，甚至只有一名员工，使得学徒只能在独立工作中领悟工作技巧。

（4）企业没有设置专门的培训机构和相应的制度。一方面，带徒师傅自己本身的生产任务往往并没有相应减少；另一方面，分心指导学徒又给其带来生产任务完不成、差错率增加的风险。

（5）目前我国企业师傅的地位没有得到认可，担任师傅的技术能手未能获得应有的尊重和相应的荣誉，导致相当一部分人宁愿"多一事不如少一事"，缺乏带徒的积极性。

（6）目前现代学徒制师傅的角色功能存在缺陷，制度层面的师傅选拔标准模糊，对于企业师傅的职业能力、资格标准以及划分等级的条例标准还有待明晰。

（二）导师团队的组建与协同

1. 导师团队组成

二元现代学徒制这种模式，导师团队为双导师，是由学校教师还有企业师傅共同组成；而三元现代学徒制的人才培养模式，导师团队则由学校教师、企业师傅和学徒中心项目经理组成。一般来说，导师主要有两种，一是公共课教师，二是专业课教师，学校需依照根据人才培养方案的课程内容进行具体的安排配置，原则上是按照一课一师的方式来配置导师。而企业中实训导师的配置，则往往是按照一师五徒来进行配置，即1位师傅要带5名学徒，最多不能超过6名学徒。学徒中心则实行项目经理负责制，对学徒分组管理，每个项目经理管理3～4组学徒，每组学徒5～6人。

导师团队设总负责人和各合作方负责人，总负责人负责整个团队的组建、审核和教学协调，各合作方负责人负责各自导师组人员的管理与内部协调。校方师资负责人建议由试点专业负责人担任，行业协会方面的师资负责人一般由学徒中心的对接项目经理担任，企业方面的师资负责人一般由企业的人事经理担任，考虑到企业组织结构不同，也可由企业的总工程师直接负责。

2. 导师团队职责及分工

双导师在学徒培训中共同承担着专业教学、实训指导等具体工作，且教学培训中不仅注重对学徒职业技能进行培养，还注重对学徒职业素养进行强化，并注重安全生产、劳动纪律、教学监管，以更好地促进学徒发展，确保对学徒进行全方位的能力培养。

二元导师团队中，学校教师负责公共基础课程和专业基础课程（含基础的实践课程），企业师傅要对学徒岗位技能进行培训，负责学徒岗位技能课程的教授。

三元导师团队内，学校基础课及专业基础课程也是由学校的教师负责，而学徒中心的导师主要对学生进行行业核心模块的专职培训，企业内的师傅则主要负责对学徒进行岗位技能课程的实训。三部分课程按照学徒制人才培养的具体要求进行交替轮换式教学，让学生在课堂中进行职业能力学习，并使职业能力在实训及实战中不断提高，几个教学环节是相互促进的。

在开展试点工作时，试点工作组要明确导师的工作职责，并在聘用学校教师和企业师傅时将工作职责发放给受聘人员。同时，要结合企业的要求和试点工作人才培养的要求，制定企业师傅管理办法，规范企业师傅的教学管理。

3.导师团队的组建流程

每一期的现代学徒制试点，都由学校的试点工作小组牵头，会同学徒培训中心及合作企业，共同组建导师团队，从而对学徒进行能力培养。下面对三元导师团队组建的具体流程进行详细分析。

第一步，试点学校按照现代学徒制人才培养方案进行课程内容设置，并依照课程内容聘请相关的教师对导师团队进行组建，要求所聘请的导师要全部符合规定的导师准入性条件。

第二步，学徒中心根据本期试点学徒的基本情况，安排项目经理，将整个班级的学徒划分为多个学徒学习小组，将分组情况和项目经理安排按要求填在学徒中心导师安排表上。

第三步，试点企业根据本期学徒数量，选拔符合条件的企业技术能手作为带徒师傅并确定其数量，组建企业师傅团队。参与选拔的技术能手，要填写现代学徒制师傅选拔申请表。

第四步，试点工作小组收齐上述安排表和申请表之后，还需要再次审查导师资格，确定导师等级及津贴标准，导师通过审核后，企业经理及试点学校工作小组应联合对其发放师傅聘书。

第五步，试点学校的工作小组在导师确定后，应将导师团队名单及人员组成情况以文件的形式向合作方通报。该文件为日后教学秩序检查的凭据之一。

二、导师选拔

导师选拔是现代学徒制开展及实施中非常关键的一项工作，导师的选拔对学徒制改革有直接影响。鉴于学徒培养与一般学历教育及企业员工培训的不同，师资准入在要求上与这些教育也是不同的，现代学徒制依照不同分工对来自学校、企业及行业协会的导师在资质及选拔上有不同的要求及标准。

（一）导师基本素质及要求

现代学徒制学徒培养质量同导师专业水平、导师职业素质直接相关，要成为现代学徒制的导师不仅要具备理论教学经验和实践教学经验，还要有多年企业岗位实践经历，且对教学方法有一定研究，需具备将学徒培养成才的能力。

（1）现代学徒制是一项创新教育改革，因此导师首先必须具有教育的情怀和高尚的个人品德，对培养学徒有热情。

（2）学徒教育属于职业教育，因此导师必须对职业教育有较为深刻的理解，有一定的沟通和表达能力，懂培训，能育人。

（3）学徒教育属于学历教育而不是职业培训，因此导师应具备较强的学习创新能力，且有终身教育理念，能对本职工作需要的知识、工艺不断学习，且能够在对学徒进行具体岗位技能教授的同时，兼顾学徒的终身发展。

（4）学徒培养不单是要面向企业，还需面向社会上的各个行业，导师需对社会行业全面了解。

（5）除了导师的专业技术水平外，导师的个人素养也会影响学徒学习的积极性和投入程度，因此在选拔导师时应予以综合考虑。

（二）导师的专业能力要求

1. 学校导师

① 具备专业的理论基础。
② 接受过专门的职业教育方法培训。
③ 熟悉相关教学方法（如项目教学法、示范模仿法等）。
④ 拥有基本行业岗位的职业能力。

2. 学徒中心导师

① 有丰富的行业从业经历。
② 具备与学校导师合作制定培训方案的能力。
③ 接受过专门的职业教育方法培训。
④ 具备良好的项目管理能力。
⑤ 对行业用人和岗位共性标准的制定有一定的经验或是认识。

3. 企业导师

① 具备职业岗位的相关工作经验。
② 能够对复杂技术问题进行处理，工作业绩突出。
③ 能够及时发现和解决培训过程中出现的问题。
④ 具备良好的班组管理能力。
⑤ 对学徒的职业生涯发展有认识并可以带领学徒为长期职业目标而努力。

（三）企业师傅的选拔

企业师傅是现代学徒制教育模式中不可或缺的师资力量，企业应在政府的主导下，与学校携手合作，根据师傅职责和试点工作的需要，制定师傅选聘标准，要选聘那些专业水平高、技术功底扎实且品德高尚的岗位技术骨干或者是企业专家。选拔需参照如下步骤：

第一步，主动申请。凡是在企业中工作时间满 5 年的，接受过正规职业教育，并以优异成绩结业的，有良好职业道德的企业员工均可申请。

第二步，企业考评。对于提交申请的企业员工，企业需要组织专家委员会对这些人的专业知识、业务能力及品格等进行考核，考核合格的人员再接受教育方法、教育手段的专门教学培训。

第三步，行业认可。申请人经过培训，达到企业及职业院校教学要求，得到行业协会认可后，方能从事学徒制职业教育工作。

三、导师团队重构

根据发达国家和我国先进企业的经验，现代学徒制导师团队的建设，要对双导师的各自职责进行明确，建立并完善导师选拔、考核、使用、激励等管理机制，以实现互聘共培。

（一）导师团队的管理与考核

1.学校层面要对双导师的管理机制进行强化

教师自身素质和水平是决定职业教育质量的关键因素，学校要强化现代学徒制双导师的选拔、培育、聘任、职责、考核、待遇和奖惩，严格执行导师资格准入制度，将企业实践指导及技术服务等纳入教师考核体系中，并将考核结果当作其专业技术职务晋升的一个重要参考依据，鼓励学校教师积极参与现代学徒制的人才培养工作。

2.企业层面要对企业师傅制进行完善

（1）强化师傅的社会责任意识，让企业师傅主动承担学徒培养的义务。现代学徒制目的是为社会培养更多高素质、高质量人才，模式已经被国家认可，并被积极推广。此制度的核心为校企深度合作，双方实现共同育人的目的。企业为此模式的主要受益者，应为现代学徒制教育从资金、师资及制度上给予保障。

（2）企业应加大人才培养的资金保障力度，对申请学徒师傅，且顺利考取教师资格证及企业师傅证书的员工要给予物质奖励及政策激励，通过激励措施吸引更多优秀员工投身到学徒培养的职业教育中。

（3）企业在选拔师傅时要明确选拔标准，还要明确师傅职责及薪资待遇，明确师傅的教学任务会纳入考核中，考核通过会享受一定的带徒津贴。

3.政府层面要对体制机制进行创新

地方政府要支持现代学徒制试点，促进校企双方的密切合作，打破现有教师编制制度及用工制度的束缚，探索实施教师流动编制聘用改革，让学校及企业间在教师及师傅间能互聘共用，双方人员能够双向挂职锻炼，借此加强学徒制专业建设的力度。

4.导师团队的日常管理

（1）明确工作任务，签约持证上岗。受聘的学校导师要与学校试点工作小组正式签订《现代学徒制学校导师合同》。合同应明确学校导师的工作任务，对导师的工作质量包括教学内容、教学进度、掌握技能范围等做出明确规定和要求，保障现代学徒制在岗实践的考核工作质量。受聘的企业导师要与学徒一对一正式签订《师徒带教协议》，该协议对师徒双方的职责等有明确规定和要求。

（2）公开考核标准，定期考核。参与现代学徒制培养的各方要共同制定导师考核标准，对导师的专业技能、职业素养、教育教学能力、责任心和敬业精神等进行定期考核。考核标准应在学徒教学与管理平台网上发布，以使导师团队的管理公开透明。

（3）设立退出机制，确保质量。导师考核办法中要设立导师退出机制，当发生师德问题、安全问题以及学徒培养质量严重不达标等问题时，应及时终止导师合同，解聘不合格的导师，避免学徒培养方向出现偏差或培养质量不合格等。

（4）运用现代化手段提高管理效率。校企要共同建立企业导师资源库与网络管理平台，实现导师管理的网络化。导师可以通过网络发布指导信息，学徒可以在网络上对导师进行评价，试点管理团队可以通过网络及时了解师带徒的动态信息。

（二）激励机制

建立健全现代学徒制导师团队的绩效考核制度，评选并奖励优秀导师，是吸引人才、稳定导师队伍的重要举措。

（1）学校要用好政府试点政策。在我国目前的现代学徒制试点中，让企业拿出一部分经费来补贴师傅的做法必然会挫伤企业参与现代学徒制培养的积极性。因此，各试点院校、试点专业要从国家或各级政府拨付的现代学徒制试点专项经费中对校企导师进行补贴，没有国家和各级政府专项经费支持的院校和专业，要自筹经费补贴校企导师。

① 根据职业特性和岗位工作复杂程度，学校须明确师傅待遇，专设导师带徒费和奖金，制定企业师傅津贴标准，将师傅承担的教学任务纳入考核，发放带徒津贴，作为对师傅带徒弟所付出的体力和智力劳动的酬劳。

② 根据专业特性和试点开展的理论和实践研究内容，制定学校导师的津贴标准，作为对学校导师开展现代学徒制教学改革所付出的体力和智力劳动的酬劳。

③ 学校要制定试点工作绩效考核办法和激励机制，将导师收入与学徒学习的效果直接挂钩，评选并奖励先进企业、优秀导师和优秀学徒。

（2）企业要制定相应的激励制度，鼓励实践经验丰富的行业企业专家、高技能人才和社会能工巧匠等担任带徒师傅。根据师傅带徒弟的具体情况，将培训工作绩效作为评优晋级的重要依据。企业应通过实施现代学徒制使师傅文化成为企业文化的重要组成部分，让师傅获得全社会的尊重。

（3）人社部门要完善企业新型学徒制补贴政策，政策完善之后还应会同财政部门将补贴资金落实到位，从就业专项资金中对现代学徒制试点企业给予一定的职业培训补贴。

（三）导师团队培养

双导师在培养上应采取校企"互聘共培"方式。"互聘"是让学校聘用企业中的技术骨干作为带徒师傅，而企业则聘用学校的骨干教师作为岗位的技术顾问。"共培"指的是学校要对带徒师傅加强职业教育教学能力的培养，企业对学校教师进行岗位技能的相关培训，通过双向的聘用培养，形成一支能适应现代学徒制教学设计、教学实施和教学考核评价的双导师团队。

1. 学校制定政策，加强培训，构建优秀双导师教学团队

职业院校同企业合作，共同制定教师及师傅的培训计划，制定考核项目及考核标准。教师及师傅的在职培训不仅包括新入职教师的进修实习，还包括岗位在职教师的继续学习

再教育。新入职教师要跟随老教师进修学习，跟随企业师傅实践进修。在职教师也需要每年抽出一定时间参加教学相关的继续教育，或下企业进行岗位实践锻炼。政府、学校及企业三方应对现代学徒制导师团队培养进行统筹性安排，确保每位教师及每位师傅都有进修机会，并拨付一定资金，进修后对教师及师傅学习的效果也要进行评估性考核。

2. 企业强化社会责任意识，建立健全企业师傅培育体系

在现代学徒制学徒培养中，企业应强化社会责任意识，加强企业师傅队伍建设，并将师傅团队建设当作转型升级的一项重要的战略性措施，当作是企业技术技能积累的一项重要手段，建立并完善企业师傅的培育体系，将高技能师傅当作企业的一项宝贵的人才资源。在现代学徒培养中企业不能将人才培养的任务全部交给职业院校，而是要充分发挥自身教育主体的作用，按照转型升级的具体要求对岗位技术技能人才进行培养，还要将师傅团队建设纳入转型判别的依据。且企业需同师范院校及技术院校合作对师傅展开全面培训，让企业师傅全面学习现代教育培训方法，掌握教育教学流程，通过培训了解现代技术技能人才的成长规律，以在学徒培养工作中更好地提高学徒培养质量。

现代学徒制企业师傅的工作职责、现代学徒制企业师傅管理办法等参考文本，请见附录2。

第六章
中国特色学徒制的高质量发展思考

《中华人民共和国国民经济和社会发展第十四个五年规划和 2035 年远景目标纲要》（以下简称《纲要》）明确提出："创新办学模式，深化产教融合、校企合作，鼓励企业举办高质量职业技术教育，探索中国特色学徒制。"我国职业教育从现代学徒制探索，已经步入中国特色学徒制内涵推进阶段。在以推动高质量发展为主题的"十四五"及更长远的一个时期，推行中国特色学徒制作为增强职业教育适应性的关键举措，中国特色学徒制的高质量发展实有研究之必要。

本书第一章至第五章分别对学徒制的历史背景、理论构建、国际探索、中国实践及突破创新等进行了研究探讨。本章将在前述内容的基础上，通过对中外现代学徒制加以比较分析，立足中国职业教育实际，借鉴国外先进经验，进而就何谓中国特色学徒制高质量发展、为什么要高质量发展、怎样高质量发展简要阐述，以期对推进现代职业教育高质量发展有所裨益。

第一节
中外现代学徒制比较分析

一、中外现代学徒制的相同点

中外现代学徒制虽然有着国家政治体制、社会传统文化和产生历史背景的区别，但是从根本上而言，两者都是学徒制，都是现代学徒制，自然具有一定的共同之处。比如，中外学徒制都比较注重培养学徒的理论知识和实践技能、校企双主体共同培养学徒。

（一）强化职业技能

国内外现代学徒制在重视理论知识和专业知识学习的同时，更为强调职业技能的培养。德国的"双元制"学徒制培训以企业为本位，学徒一般每周 1 ～ 2 天在学校主要学习理论知识，3 ～ 4 天在企业主要接受职业技能的培训。英国的"三明治"学徒制，即学徒以"学习—实践—学习"的产学结合模式学习，采用一段时间在校学习，一段时间在企业实习，工读交替，理论知识和实践技能都会得到很大提高。澳大利亚的新学徒制坚持"能力本位"和"市场导向"，结合岗位需求设置课程并进行动态调整，同样注重学徒理论知识和实践技能的提升。根据《教育部办公厅关于全面推进现代学徒制工作的通知》（教职成厅函〔2019〕12 号），我国现代学徒制人才培养模式，明确要求坚持德技并修、工学结合、知行合一，按照企业生产和学徒工作生活实际，实施弹性学习时间和学分制管理，育训结合、工学交替、在岗培养，积极探索三天在企业、两天在学校的"3+2"培养模式，着力培养学生的专业精神、职业精神和工匠精神，提升学生的职业道德、职业技能和就业创业能力。

（二）校企协同育人

现代学徒制是传统学徒培训与现代学校教育结合、企业与学校合作实施的职业教育人才培养制度。离开企业岗位，学徒将不复存在；离开学校教育，学徒制的现代性将无从谈起。校企合作是现代学徒制的基本前提，校企共育是现代学徒制的核心特征。校企协同育人，中外现代学徒制概莫能外。企业参与现代学徒制，能够为学徒提供就业机会、职业技能培训、合理的报酬，还能够为学校分担人才培养成本，提供实习实训场地、培养师资队伍、合作开展产品研发等。由此，在西方现代学徒制的发展过程中，企业是不可或缺的重要角色。2018 年，德国实际聘用双元制职教学习者开展职业实践教育的企业（职教企业）达 42.7 万家，比上年增加 60 家，职教企业数量连续两年增加。我国现代学徒制是在借鉴西方学徒制经验的基础上，结合我国产业发展和职业教育现状，开展的以"学校""企业"双重主体育人为根本，以"学生""学徒"双重身份为保证，以学校教师与企业师傅双导师联合传授为方式，以岗位成才为路径，以工学结合为特征的一种全新的职业教育人才培养方式。学校和企业共同制定人才培养方案，共建实习实训基地，共同设置课程、开发新型教材，及时将新技术、新工艺、新规范纳入教学标准和教学内容，推进以能力为导向的课堂教学，促进学生岗位能力提升。

二、中外现代学徒制的不同点

中外现代学徒制除了在国家政治体制、社会传统文化等宏观方面存在区别之外，在具体操作层面还存在以下几点不同之处。

（一）法律保障不同

纵观西方发达国家，各国现代学徒制发展情况和历史背景各不相同，呈现多元化的发展特征。但是，无一例外的是，凡是现代学徒制取得良好效果的国家均具有完善的法律制度作保障。作为世界现代学徒制典范的德国"双元制",以《联邦职业教育法》为基石形成的周密而完善的职业教育法律体系是其获得成功的关键。德国于 1969 年就制定了《联邦职业教育法》,并根据社会发展变化不断修正。2019 年 12 月,在该法颁布实施 50 周年之际通过了最新修订版。德国政府通过立法在明确现代学徒制法律地位的同时,对参与现代学徒制的利益相关者的责权利也作了相应规定,从法律层面保障了"双元制"的运行机制、主体责任以及配套的制度解决方案,形成了学校与企业双主体育人的框架模式。

澳大利亚政府于 1978 年制定《职业培训法修正案》,赋予现代学徒制明确的法律地位,规定了行业企业参与的职责、权利和违约责任。2009 年的《公平工作法案》,针对学徒和参与企业制定了奖励条款,基本涵盖了澳大利亚所有行业的学徒培训,有效激发了行业企业参与学徒培训和管理的积极性。

英国政府于 2009 年出台《学徒制、技能、儿童和学习法案》(以下简称《法案》),提出设置学徒制培训需要达到的最低标准,由国家学徒制服务中心(NAS)负责监督,突出了"技能"的重要性。《法案》被认为是澳大利亚近 200 年来对学徒制的第一部专门法律,为学徒制的发展提供了法律依据❶。此后,2013 年和 2015 年英国又相继颁布了《英国未来的学徒制实施计划》和《英国未来的学徒制》,提出要把学徒制发展成为义务教育后学生和企业员工接受继续教育的一个重要渠道。2016 年的《企业法案》对学徒制内涵、学徒协议内容也进行了规定,为学徒制的可持续发展提供了有力的法律保障。

与西方发达国家相比,我国职业教育立法还存在一定的不足。现代学徒制的法律地位和企业参与的责权利尚未有明确的法律规定,法律保障有待提升。我国现行的《职业教育法》颁布实施于 1996 年,对我国职业教育的发展发挥了巨大作用。但时过境迁,我国经济社会已经发生了翻天覆地的变化,《职业教育法》已经远远不能满足当前高质量发展的需要。现有规定对企业责任与义务的规定相对笼统、模糊,操作性不强。尤其是对学徒制的法律规定相对较少,专门针对企业参与学徒培训的立法亟待补充和完善。《职业教育法》中仅有 5 条内容涉及企业,且都是以"鼓励""可以"等柔性语言表述,保障力度极其有限。由于法律中对企业参与的责任与义务缺乏明确性和强制性,这使得我国企业参与学徒培训全凭企业主的觉悟程度和认识水平。加之在参与的企业获得政府补助或税收减免等优惠政策的配套法规方面仍有待完善,企业参与学徒培训的积极性难以被有效调动起来。

近年来,以习近平同志为核心的党中央高度重视职业教育,国家相继出台《国家职业教育改革实施方案》《关于推动现代职业教育高质量发展的意见》等众多政策文件,我国职业教育迎来了快速发展的良好机遇,迈入了提质培优、增值赋能的高质量发展阶段。但是,我国的职教立法以部门规章或红头文件居多,多为倡导性的规定,效力等级有限,配套法规缺乏,落实难度较大。我们实有必要加快《职业教育法》的修订步伐,加大修订力度,不断完善职业教育法律体系,提升效力等级,健全配套细则,加速推进产教融合、校企合作,打造校企命运共同体,为实施中国特色学徒制铺就顺畅通道。

---

❶ 李茂. 英国 200 年来首次为学徒制立法给青年学习权利 [N] 中国教师报,2009-02-12.

（二）管理体制不同

实施现代学徒制的外国政府多设有专门的管理机构，对现代学徒制相关事务进行宏观管理，例如，德国的"联邦职业教育机构（BIBB）"、瑞士的"职业教育与技术署（BBT）"、美国的"劳工部（Department of Labor）"、英国的"商业、技能与创新部"等。外国政府通过专门的管理机构协调学校、企业、行业协会之间的关系，还通过财政补贴等方式积极鼓励行业协会参与现代学徒制管理，有效推动了现代学徒制的发展。

相比之下，我国尚未成立具有国家宏观统筹管理职能的现代学徒制专门机构，行业协会和其他主体也很少参与现代学徒制的运作和管理。当前，我国职业教育与培训主要由教育部、人力资源和社会保障部等共同管理，比如，现代学徒制试点由教育部牵头推动、以职业院校为主体实施，企业新型学徒制由人力资源和社会保障部牵头推动、以企业为主体实施。这不仅导致人力资源和社会保障部与教育部在学徒制培训管理职能上的交叉，也造成分属于国务院不同部门的职业院校体系与职业培训体系各自为政等问题。此外，西方发达国家的行业协会在学徒培训的组织与管理中发挥着重要作用，而我国的行业协会基本上没有参与到学徒培训的管理中来，未能履行与西方国家一样本该具有的决策、监督与评价职能[1]。这些都成为制约我国现代学徒制持续有效实施的枷锁。

（三）经费保障不同

充分的经费保障是国外现代学徒制发展得比较成功的关键因素之一。其培训经费来源呈现多渠道、多元化特征，政府资金是其中之一。企业资助是国外现代学徒制经费的一个重要来源，其占比甚至超过政府拨款。企业承担大部分的培训经费，其次是政府提供的经费，学徒自身只需承担很少一部分的费用。国外企业积极参与现代学徒制的培训项目，将参与学徒制培训作为一种对企业未来的投资，将职业教育视为企业职责的一部分，充分发挥了企业在学徒制培训中的主导作用[2]。2007 年，德国企业培养学徒的总花费达到 147 亿欧元，并呈现逐年上升的趋势，2011 年达到了 238 亿欧元[3]。同时，政府对积极参与的企业提供政策福利和税收优惠，这就极大地提高了企业参与学徒制人才培养的积极性。为了让更多申请者能获得职业进修机会，促进受资助者的职业发展，强化德国的高水平职业教育，推动学术教育和专业培训的同等效力化，并减轻受资助人员在职业进修和技能培训方面的经济负担，确保德国经济和社会有足够多经过进修的专业和高级管理新生力量，2020 年 2 月，德国联邦议会通过了联邦政府修订的《职业进修促进法》的第四次法案草案。根据该法案，受资助的职业进修等级由一个将增加到三个，直到最高的大师级。薪酬免税金从 40％增加到 50％。联邦教研部将在任期为此追加 3.5 亿欧元资金。该法律让职业进修变得更有吸引力和更灵活。同时，为应对新冠肺炎疫情的影响，帮助双元制企业在经济困境下应对试用期

❶ 李梦玲. 中西现代学徒制比较研究：基于政府职责视角 [J]. 职业技术教育，2015（7）：29-34.
❷ 黄泽群. 国内外现代学徒制的比较分析 [J]. 船舶职业教育，2019（3）：9-11.
❸ HOECKEL K，SCHWARTZ R.Learning for Jobs：OECD Reviews of Vocational Education and Training：Austria[J].Sourceocde Enseignement Et Compétences，2011（12）：67-69.

结束后学员流失的问题，留住因通勤成本高而企图放弃学业的双元制职教生，德国联邦政府启动了"保障双元制教育岗位"计划，在联邦政策支持下，下萨克森州政府拟在"双元制教育行动计划"框架下投入 1800 万欧元，用于稳固现有的职业教育岗位供给，促成新职教合同的签署❶。州政府的财政支持，一方面使企业在疫情下能承担更多教育职能，并重视作为未来员工的主体中学和实科中学的学生，另一方面鼓励今天的青年人克服长距离通勤的困难，选择良好的职业教育机会。充分有效、多元化的经费保障机制为外国现代学徒制的成功发展提供了坚实的经济基础。英国通过开征学徒税，提高公共财政拨款、企业分摊和个人投入，建立了以公共资金为主，其他投资为辅的现代学徒制经费保障体系。2021 年 2 月，美国众议院通过了《2021 年全国学徒制法案》（*National Apprenticeship Act of 2021*），该法案拟向美国学徒制项目注资数十亿美元，助力学徒制发展，以更好地应对经济动荡。

近年来，我国在职业教育方面的经费投入不断提升。2020 年，全国教育经费总投入 53013 亿元。但是，中等职业技术学校投入为 2872 亿元，只占普通高中的一半；高职专科院校投入为 2758 亿元，仅占普通高等教育的 19.70%❷。从总体上来看，国家投入职业教育经费明显低于普通教育（表 6-1），经费保障尚未纳入法律体系，经费保障机制仍有待健全。如前所述，职业教育法律体系以《职业教育法》为主体，在经费方面缺乏专门的法律支撑。就学徒制而言，培训经费主要来源于政府财政资金，而企业投入占比非常有限，其他社会主体的投入更是微乎其微。政府财政资金难以支撑现代学徒制的开展，学徒还需要承担一定的学费。我国职业教育财政投入增幅虽然逐年都有所上涨，但仍不能满足现代学徒制人才培养模式的发展需求。

表6-1　2016～2020年我国教育经费投入情况　　　　单位：亿元

年份	教育总经费投入	职业教育经费投入（包含中职和高职高专）	高中阶段教育经费投入	中等职业教育经费投入	高等教育经费投入	普通高职高专教育经费投入
2016	38888.39	4051	6155	2223	10110	1828
2017	42562.01	4342	6637	2319	11109	2023
2018	46143	4613	7184	2463	12013	2150
2019	50178	5019	7730	2617	13464	2402
2020	53014	5629	5376	2872	11241	2758

注：数据来源于 2016～2020 年《教育部关于全国教育经费统计快报》，职业教育经费投入仅包含中职和高职高专经费投入。

---

❶ 驻德使馆教育处.德国教育动态信息 [EB/OL].（2021-12-29）[2022-05-16]. http：//www.de-moe.org/article/read/12146-20211229-5365/years.

❷ 数据来源于《教育部、国家统计局、财政部关于全国教育经费执行情况统计公告》《教育部关于全国教育经费统计快报》和《全国教育事业发展统计公报》。

（四）行业领域不同

西方发达国家的现代学徒制行业覆盖领域非常广泛。德国的"双元制"职业教育涉及300多个职业，几乎覆盖所有行业，而且每年根据发展需求对培训职业不断进行调整。英国的"三明治"学徒制从传统行业不断向新兴行业拓展，从1993年的14个职业开始试行，到2011年已达到170个行业的1500多个岗位类型，2015年主要集中在商业、行政管理与法律领域和公共服务与护理领域。澳大利亚的"新学徒制"，学徒有500多种职业可供选择。美国的"注册学徒制"在建筑和制造业率先推行，至今已经覆盖1000多个职业领域。我国的现代学徒制主要集中于制造业和服务业领域，覆盖的行业范围有限。我们有必要进一步探索在更广的职业领域推广学徒制项目，尤其是新兴领域和技能短缺领域。

（五）培养对象不同

伴随国外现代学徒制的深入发展，其培养对象即学徒的范围也在不断扩大，学徒的年龄和学历层次逐步提高。我国由职业院校主导实施的现代学徒制大多数是在校学生参与，年龄和学历水平都不高，对于已经就业的在职人员缺乏吸引力，这方面需要逐步增强。而由企业主导实施的企业新型学徒制，虽然企业可结合生产实际自主确定培养对象，但还是以签订1年以上劳动合同的技能岗位新招用和转岗等人员为主要培养对象❶。未来，中国特色学徒制应该逐步扩大培养对象范围，进一步健全终身职业技能培训制度，支持社会成员在职业生涯发展的不同阶段通过多种方式，灵活接受职业技能培训，不断提高职工岗位技能，畅通技能人才职业发展通道，服务学习型社会、技能型社会建设，推进技能强国建设。

第二节
中国特色学徒制高质量发展的思考

党的十九届五中全会通过的《中共中央关于制定国民经济和社会发展第十四个五年规划和二〇三五年远景目标的建议》（以下简称《建议》）中提出，建设高质量教育体系，要求加大人力资本投入，增强职业技术教育适应性，深化职普融通、产教融合、校企合作，探索中国特色学徒制，大力培养技术技能人才。《建议》首次提及"中国特色学徒制"，引发众多学者尤其是职教界同仁的极大关注和深入讨论。那么，何谓"中国特色学徒制"？笔者以为，"中国特色学徒制"应当从空间和时间两个维度来界定。从空间上看，"中国特色学徒制"区别于其他国家尤其是西方国家的现代学徒制，主要体现在政治体制、社会文化传统等民族特质；从时间上看，"中国特色学徒制"既区别于我国的"传统学徒制"，又不同于现在运行的现代学徒制和新型企业学徒制，主要体现在所面临的新形势和新任务。通过前文对国际上学徒制的实践探索和中国学徒制的历史演变的分析，我们不难发现，诸如德国、英国等国家的现代学徒制为其技能人才培养，促进经济社会发展提

---

❶　人力资源和社会保障部.关于全面推行中国特色企业新型学徒制加强技能人才培养的指导意见[Z].2021.

供了强劲动力。我国的传统学徒制对于技术技能的传承、积累和突破、创新也发挥了重大作用，现代学徒制和新型企业学徒制试点也取得了一定成效。但是我们不可能完全照搬外国的做法，也不可能一成不变地延续当前的现代学徒制和新型企业学徒制。所以，"中国特色学徒制"应该立足中国政治体制，扎根中国大地，是既借鉴国外优秀学徒制成果又不照搬现成模式的学徒制，是既继承我国传统学徒制的经验又不囿于成功做法的充满创新的学徒制，是在当前试点经验基础上的高起点、高标准、高质量的学徒制。

根据国际劳工组织（ILO）的观点，建设成功高质量学徒制体系的途径基于六大基本要素：有意义的社会对话、强健的监管框架、利益相关方明确的作用与责任、公平的经费安排、较强的劳动力市场关联性、包容性（图6-1）。

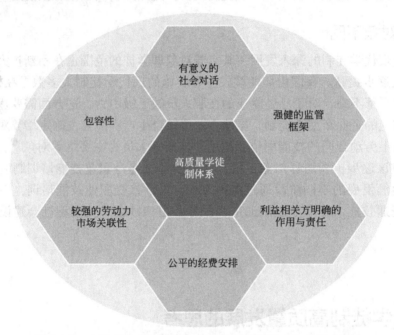

图6-1　建设成功高质量学徒制体系的途径基于六大基本要素

高质量学徒制是教育与劳动世界之间的桥梁，建立在社会伙伴（雇主、雇主组织和工会）参与的社会对话基础之上，这些社会伙伴也是确定所需培训以及培训方式的最佳合作伙伴。

高质量学徒制需要一个强健稳定的监管框架，该框架为学徒制体系的设计和实施提供了总体条件，并确保学徒能体面地工作。

高质量学徒制建立在众多利益相关方的支持和承诺之上，这些利益相关方清楚地了解自身的作用和职责，其共同的目的在于确保整个体系的一致性。

高质量学徒制为公共机构、雇主和学徒本身带来了成本和收益。必须有一个明确的总体认识，即成本是公平分摊的，从而确保所有利益相关方愿意长期参与。

高质量学徒制使青年人能够就业并参与劳动力市场。这意味着雇主和学徒必须了解存在哪些职业和技能需求，以及如何对这些技能进行认证。

高质量学徒制不仅仅是为某个社会群体设计的。若想让学徒制为所有人提供机会，则需要采取积极行动，以增加多样性、完善报告和问责制、提高灵活性并加强咨询与支持。

高质量学徒制发挥着关键的作用，能够促进职业技术教育与培训机构和劳动力市场间的协作，促进教育世界与劳动世界间的相互协调，帮助青年人获得相关的技能、个人发展和资格认证，提升他们的就业力，解决中小企业技能短缺的问题，实现学徒、培训企业、职业技术教育与培训系统的多赢。由此，高质量学徒制已得到国际劳工组织（ILO）、二十国集团（G20）等国际组织和国际层面社会伙伴的高度认可和广泛支持。

借鉴国际经验，结合中国实际，中国特色学徒制高质量发展应当是秉着继承与发展的精神，立足本来、吸收外来、面向未来，以国家战略为指引，以培养高素质复合型、创新型技术技能人才为目标，以促进高质量就业为导向，以质量保障体系和标准为基础，具有法律保障，政府、社会、企业、院校、劳动者等利益相关者各司其职、共同参与的新型学徒制。

一、中国特色学徒制高质量发展的逻辑必然

中国特色学徒制的高质量发展就是更好满足人民日益增长的美好生活需要，解决接受优质教育不平衡、不充分问题，保证人民在职业教育高质量发展中有更多的获得感。

我国已经提出"十四五"时期要建设高质量教育体系，增强职业教育适应性，老百姓对教育的期待已经从"有学上"转为"上好学"了，那么选择更优质的、更好的、更符合个人诉求的教育应该是高质量教育的应有之义。高质量的中国特色学徒制应该是能够适应社会发展需求、满足家长要求、顺应学生个体成长诉求的职业教育模式。

（一）经济社会发展的必然产物

当前，我国正处在产业转型升级和经济结构调整的关键时期。"大数据""物联网""云计算""人工智能"等新技术的运用，催生了新产业、新业态、新模式、新职业。数字化、智能化代表了未来新的生产力和新的发展方向，是我国产业转型升级、构建"双循环"格局的重要动力，同时对人才的素质结构、能力结构、技能结构也提出了全新要求和挑战。产业转型升级对人才需求的结构、规格和质量发生了变化，要求技术技能人才能力结构向一定的深度和广度延伸，即实践能力与理论知识并重、技术与工程能力复合。以高质量发展为目标的中国特色学徒制作为人才培养供给侧改革的一种重要途径便应运而生，当然也是科技革命与产业变革的必然产物。

从总量上来看，人社部数据显示，截至 2021 年，我国技能劳动者超过 2 亿人，其中高技能人才超过 5000 万人。但我国技能劳动者占就业人口总量仅为 26%，从整个就业和经济发展的需求看，我国技能人才总量仍然不足[1]。从结构上来看，"十三五"期间，我国新增高技能人才超过 1000 万人，但高技能人才仅占技能人才总量的 28%，这与发达国家仍然存在较大差距，作为制造业强国的德国、日本等发达国家，高级技工往往达到技工总数的 40%。

---

❶ 中国技能劳动者超过 2 亿人其中高技能人才超过 5000 万 [EB/OL]. （2021-03-19）[2022-05-16].https：// m.gmw.cn/baijia/2021-03/19/1302174530.html.

随着我国发展质量效率提高、经济结构不断调整、产业转型升级，对高技能人才的需求将日益旺盛。尤其是随着中低端制造业向高端制造业的转型发展，中高级技工供应不足的问题，在我国目前和未来很长一段时间都将存在。数据显示，到 2025 年制造业十大重点领域人才总量将达到 6200 万人，需求缺口将近 3000 万人，缺口率达 48%。高层次技术技能人才短缺已经成为制约我国经济发展的瓶颈性问题。人才供需的结构性矛盾，依然是困扰中国高端制造业劳动力市场的重要问题。针对劳动力需求的变化，中国特色学徒制高质量发展可满足经济社会的深刻变化与技术的突飞猛进对教育提出的新需求。

（二）对更满意教育追求的必然回应

在"学而优则仕""劳心者治人，劳力者治于人"的传统文化认知背景下，当前优质教育资源供给不足与人民群众对优质教育需求旺盛间的矛盾，催生出了令学生、家长、学校无奈的"教育焦虑"和"就业焦虑"。高学历和高学位无疑成为学生获得社会认可、谋求理想体面职业的敲门砖。在职业教育和技术工人"低人一等"的偏见尚未根本扭转的当下，中考 50% 分流、高校毕业生突破千万的现实更加剧了学生和家长的教育焦虑。

2020 年全国各类高等教育在学总规模 4002 万人，毛入学率达到 51.6%，高等教育进入"普及化"发展阶段。人民群众对教育的追求从"有学上"转变为"上好学"。开展高层次学徒制，能提供更为多元的教育选择，既能缓解日益严重的社会教育焦虑，又能为广大家长和学生提供更多的教育选择和学习自由，使高等教育真正从"筛选的教育"走向"选择的教育"

国家"十四五"规划和 2035 年远景目标纲要提出"建设高质量教育体系"，强调"加大人力资本投入，增强职业技术教育适应性，深化职普融通、产教融合、校企合作，探索中国特色学徒制，大力培养技术技能人才"。

中国特色学徒制高质量发展是缓解教育焦虑、就业焦虑，满足广大人民群众对更满意教育追求的必然回应。

（三）顺应国际教育发展的必要举措

职业教育高等化和高等教育职业化是国际教育发展的共同趋势。纵观世界职业教育发展的历史进程，在产业转型与教育普及的双重影响下，各国逐渐形成了具有各自特色的应用型人才培养体系。

进入 21 世纪，科学技术尤其是数字技术迅猛发展的趋势，使得职业岗位任务的技术含量不断提升。各国及国际组织开始大力推动发展高质量学徒制以满足对高层次技术技能人才的需求，比如，国际劳工组织（ILO）提出了"高质量学徒制"、英国提出的"学位学徒制计划"、澳大利亚的"工业 4.0 高等学徒制计划"、美国提出的"扩张学徒制"计划。德国于 2009 年 3 月 1 日正式成立巴登符腾堡州双元制大学，日本也于 2017 年通过法案修订设立了专门职大学和专门职短期大学。全球知名教育集团皮尔森国际和英国著名的德比大学国际指导研究中心联合发布的《世界一流学徒制标准：报告和建议》提出了世界一流学徒制的标准及指标，这对我国创建和发展中国特色、世界一流的学徒制具有借鉴意义。

现代学徒制的高质量发展因不同国家和不同利益相关者而在概念表达上有所不同，但现代学徒制的高质量发展是各国随着自身经济、社会、教育和文化体系的发展，而出现的一个重要指向和发展趋势，是一种学校教育与企业培训结合的高层次应用型人才培养模式（我们姑且以"高质量学徒制"称之）。

可见，现代学徒制高质量发展已成为发达国家现代职业教育体系中不可或缺的重要组成部分。

结论：

学徒制是个古老而又现代的技能人才培养制度，从手工业发展初期家庭作坊式的子承父业，到师徒传承，再到新中国成立后的工人学徒制度和八级工制度，到后来经历改革开放40多年的发展，学徒制发生了巨大的变化。而今，我国为应对技能型人才的巨大缺口，从自身发展战略出发，更加重视学徒制的改革和发展，开展了多种形式的学徒制试点，取得明显成效。在此基础上，高质量学徒制随之产生，它不仅顺应了国际发展潮流的需要，更是学徒制今后发展的重要方向。

从我国当前经济社会和教育发展的阶段和现实来看，中国特色学徒制高质量发展既是必需，也是必然！

二、中国特色学徒制高质量发展的路径思考

中国特色学徒制高质量发展既是一种发展理念，也是一个预期目标，更是一项行动原则和工作计划，应立足于高水平的育人模式的探索，注重自上而下的顶层设计和系统实施。

（一）坚持党的领导，确保中国特色学徒制高质量发展的正确方向

1. 坚持党的领导

"党政军民学，东西南北中，党是领导一切的。"学徒制也不例外❶。培养什么人，是教育的首要问题。中国特色学徒制作为一种人才培养模式，作为一种职业教育制度，也必须回答这个首要问题，它不仅是为经济社会发展提供高素质技术技能人才、能工巧匠、大国工匠，关键是为党育人，为国育才，努力培养担当民族复兴大任的时代新人，培养德智体美劳全面发展的社会主义建设者和接班人。

正如习近平总书记所强调的："我国是中国共产党领导的社会主义国家，这就决定了我们的教育必须把培养社会主义建设者和接班人作为根本任务，培养一代又一代拥护中国共产党领导和我国社会主义制度、立志为中国特色社会主义奋斗终身的有用人才。"

中国特色学徒制只有坚持党的领导才能行稳致远。

2. 坚持立德树人的根本任务

坚持立德树人的根本任务，把思想政治工作融入中国特色学徒制，推动思政课程和课

---

❶　滕道明. 中国特色学徒制"特"在何处 [N]. 中国教育报，2021-04-13（05）.

程思政同向同行，将思政育人、劳动育人、文化育人有机结合，推进学习方式变革，提升人才培养质量，为社会主义现代化建设服务，为人民服务。

在中共中央办公厅、国务院办公厅印发的《关于推动现代职业教育高质量发展的意见》中，第一部分"总体要求"就明确要求"坚持立德树人"。"立德树人"是衡量中国特色学徒制"好不好"的核心指标。

中国特色学徒制要围绕"大国工匠、能工巧匠"高素质复合型技术技能人才的培养目标，充分发挥校企"双元"主体优势，依托德技并修、工学结合的育人机制，强化精益求精、追求卓越的工匠精神教育，实现职业技能和职业精神培养的高度融合，不断提高学生的思想水平、政治觉悟、道德品质和文化素养，使其逐渐成长为德才兼备、全面发展的高端技术技能人才。中国特色学徒制的高质量发展以提高人才培养能力为核心，以实现高质量、更充分就业，促进校企深度合作，提振师资水平，促进高水平科研服务能力为目的。

3. 扎根中国大地

"中国特色学徒制"应该是一种适合中国国情、传统的师傅带徒弟的技能传承模式与现代学校教育相结合、企业与学校为满足各自需求合作实施的一种教育制度。

这个新的提法充分体现了"坚持中国特色，扎根中国、融通中外，立足时代、面向未来，坚定不移走中国特色社会主义教育发展道路"的主要原则，也是落实习近平总书记"坚持社会主义办学方向""坚持扎根中国大地办教育"重要论述的集中表达。我们的学徒制必须体现中国特色，扎根中国大地，结合我国实际开展校企协同育人，努力培养具备政治认同、职业精神、工匠精神、健全人格和公民意识等方面核心素养的高素质复合型技术技能人才。

（二）完善法律法规，奠定中国特色学徒制高质量发展的制度基石

法治是中国特色学徒制规范有序进行的基本保障。近年来，我国政府高度重视职业教育，众多政策密集出台，我国职业教育迎来了快速发展的良好机遇，迈入了提质培优、增值赋能的高质量发展阶段。但是，我国的职教立法以部门规章或红头文件居多，多为倡导性的规定，效力等级有限，配套法规有待进一步完善，落实难度较大。

2015年，欧盟发布了《基于工作学习的高质量学徒制指导原则20条》（以下简称《指导原则》）。《指导原则》共有20条，涵盖了国家和社会伙伴共同参与治理、企业参与学徒制的支持、学徒制的吸引力和职业指导的改进、基于工作学习的质量保障四个方面。其中一条原则就是：构建明确一致、有效的法律框架，加强学徒制社会伙伴的权利与责任保障。

中国特色学徒制同样存在着政府、行业、企业、学校、学徒和企业导师等诸多利益相关者。而当前，参与各方责权利不清晰、现代学徒制法律地位不明确的现实，严重影响了中国特色学徒制的有效实施，亟须健全我国以《职业教育法》为主体的现代学徒制法律法规体系。《中华人民共和国职业教育法（修订草案）（二次审议稿）》虽然明确提出了"国家推行中国特色学徒制"，也明确了培训对象和培养方式，但是对于企业参与学徒制还停留在"引导"和"鼓励"，过于宏观，缺乏有效的约束力和可操作性，仍有待进一步立法

以明确规范利益相关方的责权利。由此，我们实有必要加快《职业教育法》的修订步伐，不断完善职业教育法律体系，提升效力等级，健全配套细则，明确企业的主体地位、学徒的薪酬标准、学徒的劳动保障、财税支持政策、各方奖惩标准等关键内容，建立多方考核问责机制，加速推进产教深度融合、校企紧密合作，打造校企命运共同体，为高质量实施"中国特色学徒制"铺就顺畅通道。

（三）组建专门机构，强化中国特色学徒制高质量发展的组织支撑

纵向分割的专业部门管理体制，劳动人事部门与教育行政部门在职业教育和职业培训管理职能上的交叉，严重地制约了现代职业教育体系的建设，严重影响了学徒制的高质量发展。

基于职业教育统筹协调机制而组建的，由教育部、人力资源和社会保障部、发改委、工业和信息化部、财政部、农业农村部、国资委、税务总局、扶贫办等单位组成的国务院职业教育工作部际联席会议，负责统筹协调全国职业教育工作，研究协调解决工作中重大问题，听取国家职业教育指导咨询委员会等方面的意见建议，部署实施职业教育改革创新重大事项，每年召开两次会议，各成员单位就有关工作情况向联席会议报告。但作为一个非实体性机构，其尚不具备对中央与地方、行业企业与劳动者、教育培训机构与用人机构之间等诸多不同的利益诉求进行统筹协调的功能，特别是地方、行业以及工会在职业教育发展中的作用还无法体现。鉴于此，我们需要借鉴发达国家的先进经验，组建宏观的职业教育管理机构——国家职业教育总局，负责包括学徒制在内的职业教育管理工作。立足国家战略，将企业新型学徒制与现代学徒制、老工业基地产业转型、技术技能人才双元培育改革试点等统一起来，避免政出多门、资源分散。

同时，国际经验表明，行业组织的广泛参与能够促进现代学徒制的教育内容更好地契合行业企业的实际需求，促进企业和学校紧密合作，有利于提高学徒的培养质量。由此，我们要加强对行业协会的建设，积极引导行业协会参与现代学徒制培训，与政府、企业、学校等现代学徒制主体共同参与现代学徒制相关标准的制定，并参与现代学徒制的监督和管理。要加强第三方评估机构的建设，发挥其在评估学徒质量方面的有效作用。

（四）加强多元投入，增强中国特色学徒制高质量发展的经费保障

从学徒制办得比较好的国家来看，职教的人均投入基本都大于同层次普教的人均投入，而我们国家实际用于教学活动的人均经费是普教投入大于职教投入。应当建立财政投入逐年递增机制，使其逐渐达到同层次的普教标准或者是高于普教标准。

我国职业教育总体投入不仅在同级教育中占比少，且投入力度与办学规模严重不匹配，同时职业教育经费稳步增长机制也不够健全。基于我国职业教育经费投入仍不能满足加快发展的现代职业教育的需求，存在短板的现实，我国需要进一步细化对职业教育经费投入的立法规定，明确各级政府对职业教育经费投入的责任和比例，明确职业教育经费在本地区教育经费投入中的比例，并且规定必须保证职业教育财政性经费、生均经费和生均公用经费同时增长，落实《国家职业教育改革实施方案》"在保障教育合理投入的同时，

优化教育支出结构，新增教育经费要向职业教育倾斜"的要求，强化企业投入和职业学校多元筹措经费的体制机制建设，提高职业教育经费保障水平。

推行新型学徒制，企业不可避免地要增加开销，目前企业对参与新型学徒制的积极性高低不一，一些企业重业绩轻培养，没有看到技能人才对提升企业核心竞争力的长远价值；还有一些中小企业却是心有余而力不足，经营问题导致其投入不足。由此，必然影响中国特色学徒制的有效开展。所以，推进中国特色学徒制高质量发展，必须切实关注企业切身利益，深化"金融+财政+土地+信用"的组合激励制度，对学徒制培训成效突出的实施企业给予税费减免、荣誉奖励等激励措施，增强企业的社会责任感，使其加大学徒制培训的投入力度。

（五）健全标准体系，夯实中国特色学徒制高质量发展的品质根基

标准是质量的核心内涵，标准引领质量，高质量发展就是高标准发展。没有标准就没有管理，没有标准就没有质量，标准是实现中国特色学徒制高质量发展的基石。

《国家职业教育改革实施方案》（职教20条）强调指出："发挥标准在职业教育质量提升中的基础性作用。"推进中国特色学徒制高质量发展，必须加强标准体系建设。按照专业设置与产业需求对接、课程内容与职业标准对接、教学过程与生产过程对接的要求，校企共同研制高水平的现代学徒制专业教学标准、课程标准、实训条件建设标准等相关标准，做好落地实施工作。以健全国家专业教学标准为前提，建立学徒培养质量评价标准。要真正调动导师"教"和学徒"学"的积极性，必须要有明确的可预期、可执行的质量标准。同时，为了确保学徒培养质量获得行业领域内的一致认可，其质量评价标准必须基于公认且健全的国家专业教学标准。

（六）优化社会环境，增进中国特色学徒制高质量发展的文化认同

学徒制作为职业人才培养模式，其发展受职业教育的社会地位影响很深。推进中国特色学徒制高质量发展，首先需要加强宣传，营造良好的社会氛围，树立正确的职教观。德国人"崇尚技术，以工业为美"的社会文化，决定了德国"双元制"职业教育获得成功。而我国受"学而优则仕""劳心者治人，劳力者治于人"等传统观念的影响，职业教育不受社会青睐。

《国家职业教育改革实施方案》提出"职业教育与普通教育是两种不同教育类型，具有同等重要地位"，并已纳入《职业教育法修订草案》，政府对于职业教育非常重视。习近平总书记也提出"在全面建设社会主义现代化国家新征程中，职业教育前途广阔、大有可为"。但是，职业教育政府重视度高、社会认可度低的"上热下冷"的反差仍然存在。当前重学历文凭、轻职业技能的观念仍然存在，技能人才发展渠道不宽、上升通道不畅、社会地位不高的现象尚未得到根本改变。为此，我们要树立正确的人才观、职教观，大力弘扬劳动光荣、技能宝贵、创造伟大的时代风尚，营造人人皆可成才、人人尽展其才的良好环境；重视劳动教育，渗透职教思想，在全社会逐渐形成重视职业教育的社会风气；改革用人评价，扭转"唯名校""唯学历"导向，改变人才"高消费"状况，促进人岗相适，

确保职业学校毕业生就业途径丰富，职业上升渠道畅通；提高技术技能人才政治待遇、经济待遇和社会待遇，健全技能等级与薪酬待遇相匹配的绩效考核体系；大力弘扬劳模精神、劳动精神、工匠精神，推出一批劳模工匠，使其发挥模范典型示范带动作用。观念是行动的先导，我们唯有形成高度重视职业教育的社会观念，才能切实推进中国特色学徒制的高质量发展，助力技能型社会建设。

（七）总结试点经验，挖掘中国特色学徒制高质量发展的实践养分

当前，我国学徒制已经进入高质量发展阶段，鉴于职业教育对经济社会发展和产业转型升级的人才和技术支撑作用，以及我国职业教育还不能完全满足高质量发展需求的现实，国务院启动了《国家职业教育改革实施方案》（以下简称《方案》），明确提出"总结现代学徒制和企业新型学徒制试点经验"。《中国特色高水平高职学校和专业建设计划》进一步明确"施行校企联合培养、双主体育人的中国特色现代学徒制"。教育部办公厅印发的《关于全面推进现代学徒制工作的通知》，是《方案》"一盘大棋"的重要举措，是推进"中国特色高水平高职学校和专业建设计划"的"先手棋"，标志着中国特色现代学徒制从试点、总结、完善迈入全面推广的新阶段。基于助力产业转型升级和经济发展维度，教育部印发了《关于全面推进现代学徒制工作的通知》，强调指出，要"健全德技并修、工学结合的育人机制和多方参与的质量评价机制，深化教师、教材、教法'三教'改革，提升职业教育对国家重大战略和区域支柱产业的贡献度"。

目前，我国各地进行的现代学徒制试点是基于职业学校、面向职校生的，缺少配套的法规政策激励和保障，难以调动企业积极性，导致现代学徒制试点工作进展缓慢，效果有限。人社部和财政部出台的《关于开展企业新型学徒制试点工作的通知》，从企业的角度对学徒制试点工作从指导思想、目标任务、主要内容、保障上作了规定，在一定程度上能够调动企业的积极性，能够有效弥补教育部文件相应的不足之处。所以，我们有必要在现有试点基础上，建立包括教育部门、人社部门、财政部门等多部门合作的机制，深化校企合作，运用多方之力，统筹协调推进中国特色学徒制高质量发展。

一是要多元主体协同推进。政府要发挥统筹作用，从权益保障、经费支持等方面做好政策供给；行业要发挥指导作用，从专业建设、课程开发、质量评价等方面做好标准供给；企业与学校要共同发挥主体作用，从导师管理、学徒保障、培养过程等方面做好制度与资源供给。

二是优化人才培养模式。培养模式是决定学徒培养质量的关键。推动中国特色学徒制高质量发展，企业不只是提供场地、设备、企业师傅，还要全程深入参与到学徒培养过程中。结合岗位需求，校企合作制定人才培养方案，确定人才培养目标，重构课程体系，融入时间管理、职业生涯管理、领导能力等相关内容，注重发展高级职业技能，有效实现高质量人才供给与就业市场岗位精准匹配。

（八）借鉴国际经验，打造中国特色学徒制高质量发展的新型样态

为了应对青年失业率上涨和高技能人才短缺的严峻挑战，世界上很多国家实施了现代

学徒制改革。世界经济论坛指出，劳动世界的未来需要回归学徒制❶。伴随各国经济发展的客观需要和现代学徒制改革的深入推进，高质量学徒制应运而生。

如前文所述，英国在现代学徒制成功实践的基础上，于 2004 年进行重大改革，概念上取消了"现代"这个前缀，建立起了较为完整的、分层级的学徒制体系：中级学徒制、高级学徒制、高等学徒制。2015 年澳大利亚启动"工业 4.0 高等学徒制计划"、2017 年美国提出了"扩张学徒制"计划，德国和日本将学徒制融入高等教育，虽然没有提出明确的项目计划，但是也在不断推进现代学徒制的高质量发展，从而满足技术发展和产业升级对高素质技术工人的需求。

2015 年，欧盟为了应对各国高技能人才短缺和失业危机，提高学徒制质量，发布了《基于工作学习的高质量学徒制指导原则 20 条》（*High-performanceap-prentice Ships & Work-based Learning：20 Guiding Principles*），简称《指导原则》。为突破现代学徒制发展的质量瓶颈，2015 年 6 月，联合国教科文组织职业技术教育与培训国际中心（UNESCO-UNEVOC）举办了以"高质量学徒制"为主题的网络会议，发布了《用高质量学徒制推动职业技术教育发展》（*Delivering TVET through Quality Apprenticeships*），将学徒制的质量问题提上了国际议程。

在上述背景下，已有 150 多年发展历史的全球知名教育集团皮尔森国际（Pearson）和英国著名的德比大学（University of Derby）国际指导研究中心联合发布了《世界一流学徒制标准：报告和建议》（*World-class Apprenticeship Standards：Report and Recommendations*），旨在探索一流学徒制的标准及指标。

2019 年 12 月，世界劳工组织为应对世界各地存在的技能不匹配以及青年人就业机会的缺乏构成了严重挑战，发布了《高质量学徒框架》。

以上国际做法对我国创建和发展中国特色、世界一流的学徒制具有借鉴意义。中国特色学徒制要根植中国历史、扎根中国大地，但也不能盲目排外，而是要积极主动吸纳借鉴国外一切成功的经验和做法。博采众家之长，完善中国特色学徒制治理体系，增强学徒制的吸引力，提高企业参与的积极性，提升学徒培养质量。借鉴英国和意大利探索学位学徒制的人才培养模式，将现代学徒制引入本科层次职业教育，开展学位学徒制试点，探索高层次中国特色学徒制，以改革的精神促进中国特色高质量学徒制的建设和发展。

---

❶　The Future of Work Requires a Return to Apprenticeships[EB/OL].（2021-12-16）[2022-05-16]. https：//www.weforum.org/agenda/2019/12/apprenticeships-future-work-4ir-training-reskilling.

附录 1

参考文本 1

学徒考勤管理细则

一、凡教学计划中安排的学徒上课、早操、实习、劳动、军训及有关活动都要考勤。因故不能参加者，应事先办理请假手续。假满后应及时销假。未经请假擅自缺勤者，按旷课论处。

二、请病假应持医院的病假证明。请病假一天以内由辅导员和企业师傅批准；请假一天以上，则学徒应提前一周提出申请，由辅导员、企业师傅共同批准方可执行。

三、学徒一般不得请事假。遇有特殊情况必须请事假者，要从严审批。请事假一天以内由辅导员和企业师傅批准；请假一天以上，则学徒应提前一周提出申请，由辅导员、企业师傅共同批准方可执行。

四、因故不能事先请假者，应持有关证明补假。如需要延长假期，应在假满以前说明理由并持有关证明，申请续假。

五、对于学徒缺勤的学时计算：军训一天按 5 学时计算，其他的按实际学时计算。

六、学徒不得无故迟到、早退。三次迟到或早退记为旷课 1 学时。上课迟到超过 10 分钟者，不准进入课堂，按旷课论处。

七、学徒考勤工作由考勤员负责，每周向辅导员报送一次考勤表。

八、企业师傅负责所在课堂考勤，期末将学徒出勤情况记入学徒阶段考核。

九、对旷课的学徒，由其所在院系按学校学生管理有关规定处理。

十、学徒的考勤，除以上条款以外，应参照企业考勤制度执行。

> 参考文本 1 是某职业学校的考勤管理制度，制度制定得非常详细，细化到上课、早操、实习、劳动、军训及有关活动，几乎囊括了学徒学习、工作的各种活动。对各种活动的考勤都有详细规定，有明确的缺勤处理规定，可作为学徒考勤管理的一个工作范本。

参考文本 2

学徒生产性任务安全须知及安全承诺

一、基本要求

1.在企业学习期间自觉按照企业的要求认真履行自己的义务。

2.服从学校对学徒岗位工作的统一组织与管理。

3.严格遵守企业的各项规章制度：

（1）严格遵守企业的考勤制度，不缺勤，不迟到，不早退，需要请假或离岗时，应及时与企业师傅和所在企业相关部门联系，征求他们的意见，得到同意后再办理相关手续；自觉服从企业的岗位分配及管理。

（2）严格遵守企业的保密制度，根据所在场地要求，配合签订保密协议。

（3）严禁在工作区域内打闹嬉戏，更不得打架斗殴。

（4）严禁将易燃易爆物品带入工作场地。

（5）严格遵守企业其他相关制度和要求。

4.严格遵守学徒行为规范和社会道德规范，不做有损国家、学校、企业、家庭形象和声誉的事情，不在外留宿，不通宵上网，不进入营业性歌舞厅、网吧等娱乐场所或从事不健康活动。因违反上述规定而引发的各类安全事故与治安事故，均由学徒本人承担责任，学校将按相关规章制度给予相应的处分，并视情节轻重，在必要时移交公安机关追究学徒的法律责任。

5.尊重企业师傅和企业其他工作人员。

6.在企业学习期间遵守纪律，加强安全防范意识：

（1）重视路途的安全，遵守交通法规。不准无证驾驶车辆，不准私开他人车辆。

（2）注意生产安全。在现场参加具体操作时，要听从企业师傅的指挥，严格执行安全生产规程和标准，遵守操作规程，防止生产过程中的事故发生，发现问题及时报告，妥善处理。

（3）注意消防安全，学会使用消防设施，每到一个新的工作场地，必须先了解场地周围的消防设施和器材，发生紧急情况时要第一时间使用现场的消防器材进行自救和救人。非紧急情况不准私自动用消防器材或设施。

（4）外出或与陌生人交谈时，保持警惕，保障人身和财产安全。

（5）注意饮食卫生，不暴饮暴食，保持身体健康。

（6）不得参与国家禁止的经营活动，警惕上当受骗。

7.无论因何原因离开企业，应立即回校报到，不得在校外逗留。如未按时回校报到，由此发生的一切安全事故由学徒本人负责，学校将按有关规定给予相应处分。

二、注意事项

1.在企业学习期间若因学徒本人违反纪律、不遵守操作规程或不服从企业及学校管理而导致安全事故的发生，所有责任由学徒本人承担；被企业辞退的学徒，自觉接受学校处理并积极认真改正错误。

2. 若在企业学习期间未经学校和企业批准而擅自离开岗位，所造成的损失和责任由学徒本人负责，学校将按有关规定给予相应处分。

3. 在企业学习期间若变更电话号码，学徒或家长应及时告知企业师傅，因未及时告知企业师傅而造成的一切后果由学徒本人承担。

4. 在前往企业的途中，若学徒因不服从企业或企业师傅的安排而导致意外发生，责任由学徒本人承担。

5. 因在企业学习需要在校外租房居住的，必须先征得家长和学校同意，经批准后方可在校外租房居住，安全问题由学徒本人负责。

三、安全承诺

我参加了学校组织的生产性任务安全教育课程学习和考试，认真学习了生产性任务安全须知。深知无论是在企业学习还是在生活中确保人身安全的重要性，确保自身安全是对自己、对父母、对学校、对社会负责的表现。我郑重承诺：

1. 遵守企业的各项规章制度，积极参加企业组织的安全教育课，熟知所在岗位的操作规程、潜在的危险及应对方法。

2. 遵守交通规则，自觉注意上下班路途安全。

3. 工余时间积极从事有益身心健康的活动，但一定会注意安全，绝不参加危及人身安全的活动或游戏。

4. 无论是在企业安排的宿舍或是在家，都会注意安全用电、防火及防盗，确保自身安全。

每位学徒务必仔细阅读、严格遵守以上安全须知。如有违反并造成不良后果的，学校将追究当事人的责任，学徒考核不予通过。凡因个人原因造成的各类后果，责任自负。以上内容经学徒及家长认真阅读，确认无异后签字。

本《学徒生产性任务安全须知及安全承诺》一式两份，经学徒及家长签字后，学校保留存档一份，学徒自留一份。

学徒签名：   家长签名：

　　年　　月　　日   　　年　　月　　日

参考文本 2 是某职业学校生产相关专业的安全管理规范，概述了安全生产工作中的工作要求及注意事项，并让每位学徒及学徒家长签署安全承诺，让学徒及其家长知晓学徒在学习、生产中要遵守的主要规定，并对自己的行为负责。安全承诺签字是此文本的一个主要亮点，也是一些学校安全管理中要格外注意的一点。

参考文本 3

学徒安全手册

一、前言

1. 本手册旨在杜绝安全隐患。学徒的人身及财产安全对于企业、个人和家庭都举足轻重，因此每个人都应树立安全意识。

2. 本手册规定了基本的安全条例，提醒所有学徒防范风险，以免对自己或他人造成伤害。

3. 请认真阅读本手册，并在实际工作、生活中遵守安全规则。

4. 如果您对本手册有好的建议，请与学徒中心联系，我们将不定期对本手册增补徒修订。

二、办公室安全

1. 避免将企业保密文件传真至酒店等公共场所。

2. 应避免在公众场合（例如在飞机、餐厅、车站、厕所等）讨论保密文件的有关内容，在使用台式电脑时也要确保敏感信息不被他人获知。

3. 使用完保密文件或离开办公室时应将文件上锁。

4. 离开办公室时应将存有保密文档的电脑关闭或设置开启密码。

5. 各部门的来访者应有相关部门人员陪同，方可在办公区走动或进入经批准可参观的生产区域。

6. 最后离开办公室者负责关闭所有电器，并确定办公室门已上锁。

7. 应将个人物品放置在安全的地方并上锁。

8. 严禁未经许可在办公室内接拉电线、电源。

9. 使用办公电器时，应严格遵照使用说明。

10. 电源插座不得超负荷使用，如发现插座电线发热，应及时通知电工处理。

11. 保证安全通道畅通，禁止吸烟。

12. 如果有任何安全隐患，应立即通报师傅或安全管理人员。

13. 如有任何个人物品遗失或企业财物被盗情况发生，应立即通报保安人员或师傅。

三、交通安全

1. 在上下班途中或外出办公时应遵守交通规则，注意交通安全。

2. 因公驾车时应遵守交通规则，小心驾驶。

3. 严禁无证驾驶、醉酒驾驶。

4. 如有意外发生，应立即报警（110）或拨打急救电话（120），并通知师傅或行政管理人员，在偏僻地点发生意外时，更应注意个人安全。

四、恶劣天气

1. 在极其恶劣的天气情况下，应听从师傅或紧急通知的指令。

2. 雷暴、台风时应停止室外机器（电器）操作，在有避雷设施的工作场所内躲避。

3. 应远离窗口、门及外墙，不要在危险状况下到户外走动，特别是不要到建筑物顶部活动。

4. 电闪雷鸣时，尽量不外出，同时要关好门窗，不要使用电视机、电话和在户外使用手机等，并将手机关机，拔下电视天线插头和电源插头。

5. 在江河湖泊等天然水域中游泳时，如遇雷电，要马上上岸，不要停留在没有避雷装置的船上。

6. 在野外遭遇雷电来不及躲避时切勿奔跑，要双脚并拢蹲下，双手放在膝上，手臂不要接触地面，若能披上雨衣效果更佳，千万不可躺在地上，以免增加危险，同时，要避免多人挤在一起，不要在孤立的树下或无避雷设施的孤立房屋内躲避。

7. 在室外工作时遇雷暴天气，不要将金属工具高举。

8. 在雷雨中一旦感到头发竖起或皮肤有明显颤动感时，应立即蹲下。

五、商务出差

1. 将有关个人资料如出差路线、护照（身份证）、签证、对方公司联系人和电话号码等的复印件存放一份在家中或办公室中。

2. 随身携带紧急联系资料，应包括：家中联系电话、健康信息、过敏情况、现在或曾经患过的疾病、现服食的药物等。

3. 携带护照（身份证）、机票及所有旅行资料，应将其复印件与原件分开存放。

4. 注意行程安排，与同事保持联系。

5. 尽量不与陌生人搭讪，需帮助时尽量找巡警。

6. 入住酒店或进入其他公共场所，应首先了解安全出口和灭火救生器材的位置。

7. 发生意外事故时，应保全一切已掌握的证物。

六、业务外访

1. 业务外访时，当遇到竞争对手、客户的无礼行为，应礼貌地与之进行沟通，有必要时可直接向师傅寻求协助。

2. 事后24小时内直接向师傅汇报事情经过，如为重大事情，应当即通报所在企业。

七、上下班和外出安全

1. 尽可能结伴而行，途中避免将个人财物显露在外，尽量避免佩戴各种首饰。

2. 应行走于人行道，并注意周边闲杂人等，特别是尾随身后和蹲守路边的人。

3. 应注意路人中那些眼光乱扫或紧盯提包女性的人员。

4. 应尽量避免走小巷或较偏僻的路径。

5. 乘坐公交车辆时应避免与人拥挤，保持高度警惕，如有需要，尽快与警方联络。

6. 单人携带手提包外出时，应将手提包置于右手或双手握于身前，结伴外出携带手提包时，应将手提包置于同伴之间。

7. 携带背包外出时，应将背包反背于胸前。

8. 在外应避免与人争吵。

9. 如遇陌生人搭讪攀谈，应尽量回避。

10. 如遇他人威胁、恐吓，应立即通知师傅。

11. 如遇悍匪持凶器打劫，应首先确保人身安全，在此前提下见机行动，争取第一时间报警求助。

八、宿舍安全

1. 遵守企业有关宿舍管理规定，不得随意留宿外来人员，如有需要，必须提出申请并办理有关手续。

2. 严禁在宿舍内从事赌博等违法活动。

3. 如未携带钥匙而不能开门时，应寻求同宿舍学徒的帮助或报告管理部，严禁随意破坏门锁。

4. 为保证个人财产安全，注意不要随意将自己的现金数量、银行卡密码等重要信息业告诉他人。

5. 入睡前应将房门拧上保险，严防盗贼进入。

6. 不得在宿舍使用不合格的电器（指地摊、小杂店购买的无任何质量保证的电器）。

7. 严禁在宿舍私拉乱接电线。

8. 外出时应切断宿舍内各种电器电源。

九、工作前

1. 思考和确认本班次中的操作注意事项，回顾类似操作过程中曾经发生过的错误和事故，避免再次发生。

2. 按生产区域要求穿着工作服、工作帽和工作鞋。

3. 如有疑问，应向师傅咨询。

4. 了解将要进行的工作中所接触的危险品的情况和设备状况。

5. 在进入特定操作岗位或进行特定操作前准备好需佩戴的个人防护用品。

十、工作中

1. 遵守有关安全管理、安全操作规程。

2. 按岗位工作规范要求使用劳动保护用品和装备。

3. 按工艺要求逐步操作。

4. 检查和确认曾经出现过错误操作步骤和发生过事故的同类设备。

5. 向师傅汇报不安全状况和行为。

6. 应注意生产区域中的各类警示标牌。

7. 在使用设备前，最好对所使用的设备进行一次试运行，以确认其性能良好。

十一、结束工作

1. 确认关闭不使用的设备不会对其他岗位产生影响后，关闭不使用的设备，并切断电源。

2. 将使用过的工具放回指定的位置。

3. 清洁工作区域，将生产中产生的各类废弃物存放到指定位置。

4. 将用剩的原料退回仓库或存放在指定位置。

5. 做好交接班工作，使接班人员明了生产进程和设备状态等。

十二、设备操作

1. 除非受过培训并由师傅授权进行操作，否则不得单独操作任何设备，包括阀门等。

2. 未经师傅许可，不得进入设备内部。

3. 如无法确认设备是否可以开启，在启动任何设备前，启动者应询问设备周边的同事是否可以启动，在无任何人提出异议的情况下方可启动。

4. 所有设备不得超负荷运行。

5. 开启和关闭任何总开关前，应确定是否对其他岗位或部门产生影响。

6. 操作设备时不得打闹嬉戏或心不在焉。

7. 及时报告需要维修的项目。

8. 所有事故必须向师傅报告。

9. 遇见任何不安全或违反安全规定的行为时应立即制止，如果无效，应立即向部门安全负责人报告。

十三、防止火灾

1. 严禁乱动和破坏消防设施。

2. 严禁在应急疏散通道中堆放物品。

3. 严禁将安全出口锁住或阻塞。

十四、电气安全

1. 严禁湿手接触开关、电气设备。

2. 严禁无证维修电气。

3. 严禁操作挂有警示牌的电气开关。

4. 发现电线电缆发热，应及时和师傅沟通。

5. 未经授权，不得操作配电开关。

6. 工作场所内不得私自接拉电源。

7. 在切断电源进行维修时，应在开关处悬挂警示牌，必要时挂保险锁。

8. 电气维修完毕后，只能拆除自己设置的警示牌和保险锁。

十五、搬运物品安全

1. 从地板或低处提取物件时，应弯曲膝关节使用腿部力量而不是背部力量。

2. 尽量使用专用搬运工具，搬运重物时，应寻求他人协助，并注意协调配合。

3. 搬运时应注意包装上的各种提示图标，并严格遵照执行。

4. 搬运过程中应注意包装的完整性。

5. 在有积水的地面行走时，应特别小心滑跌。

参考文本 3 是某职业学校所给出的学徒安全手册，手册中对学徒学习、生活中可能出现的各种安全问题进行了归纳总结，并以条文形式提醒学生，可以作为生活管理的规范，也能够当作安全管理的规范。

参考文本 4

学徒工作现场安全管理制度（企业师傅用）

一、总则

为加强工作现场安全管理工作，进一步落实监管措施，理顺监管职责，有效控制一般性事故，杜绝安全事故的发生，特制定本管理制度。

二、职责

企业师傅对学徒工作过程的安全管理工作进行监管，根据所负责项目的实际情况和特点，组织对安全生产管理进行日常检查。

三、工作制度

1. 企业师傅和项目部应加强施工现场安全文明生产的管理，根据企业要求，有针对性地制订安全文明生产管理措施及监管计划。

2. 安全监管的主要内容有：

（1）每天巡查安全生产管理情况。

（2）督促学徒反馈安全生产情况。

（3）根据安全生产管理有针对性地进行旁站监管，对违章操作的人与事进行取证作为处罚依据。

（4）总结当天的安全生产管理情况，记录在工作日志中。

（5）每周总结现场安全生产管理情况并存档在周工作记录中，如有特殊情况应向学徒中心反映。

3. 对于存在特殊情况的工作现场，应在企业处理后，再进行学徒教学。

4. 在入职课程中，企业师傅应根据企业和工作的特殊性，将安全生产注意事项和要素传达给学徒，同时要求学徒对安全生产要求进行记录，学徒考核通过后方能上岗。

5. 对于特殊的岗位工作分项，比如项目实施现场，涉及安全生产的因素，均应在学徒入职课程、学徒进入生产性任务之前进行讲解并确保学徒安全生产考核通过。

6. 现场发生质量安全事故时，企业师傅应及时向其领导报告，企业应立即启动应急预案。

参考文本 4 是某职业学校所给出的学徒工作现场安全管理制度（企业师傅用），手册中对企业师傅的职责和工作制度进行了规范。

参考文本 5

学徒宿舍管理制度

宿舍是学徒学习、生活、休息的重要场所，是对学徒进行思想品德教育和行为养成教育的重要课堂。全体学徒要遵规守纪，严于律己，自觉遵守学徒宿舍的管理制度，为全面提高自身素质而努力。

一、财产管理

1. 学徒宿舍按人配备的床、桌、凳、柜及各类用具，责任到人，丢失、损坏一律由使用者赔偿。

2. 学徒宿舍门、窗、玻璃、门锁及线路、用电装置等为宿舍公用设施、设备，谁丢失、损坏，谁负责赔偿。如无法查明个人责任，由本宿舍学徒共同赔偿。

3. 学徒宿舍各类用具、设备按统一要求摆放，不准随意移动，不准另行增设、安装专其他用具、设备。

二、安全保卫

1. 严禁外来人员进入学徒宿舍。

2. 学徒必须严格遵守作息时间，按时就寝、熄灯、起床，午休和熄灯后要保持安静。不准从事一切影响他人休息的娱乐活动，不准点蜡烛，不准做饭，宿舍大门晚上按作息时间关门落锁，严禁破门、翻窗进入宿舍。

3. 保护好宿舍楼内各类安全防范设备，发现失火、盗窃等不正常现象，必须采取紧急措施并及时报告。

4. 严禁学徒在宿舍内经商，严禁携带有毒、易燃易爆物品进入宿舍，违者由学校处理。

5. 全体学徒和宿舍管理人员必须节约水电，做到人离灯灭，人走水关，杜绝长明灯、长流水现象。

6. 学徒宿舍禁止私拉乱接电线，一经发现，没收用电器具，并按规定处罚。

7. 学徒宿舍禁止使用电炉、电热杯、电热器、电热毯等，一经发现，将按规定处罚。

三、卫生管理

1. 保持室内整洁。每天由本室值日生打扫，做到窗明几净和地面干净，各类物品摆放整齐，墙壁无蛛网、无涂抹、不乱钉、不乱拉线、不乱挂衣物，室内无异味。

2. 维护公共场所卫生。禁止垃圾倒门外，不准在走道、厕所、洗脸间乱倒污水、乱扔赃物，严禁从窗口倒水，丢果皮、纸屑等物品，禁止随地吐痰，严禁在走道洗漱。

> 参考文本 5 是某职业学校所给出的学徒宿舍管理制度，主要涉及宿舍的财产安全管理、安全保卫工作及宿舍的卫生管理。宿舍管理为学徒生活管理的一个主要部分，良好的宿舍环境为学徒生活的基础保障。

参考文本 6

学徒召回制度

为进一步完善学徒培养管理体系，主动应对人才培养模式改革，强化学徒培养期间的教育管理，根据《×××学校现代学徒制试点工作实施方案》精神，特制定本制度。

一、指导思想

坚持技能为本、能力为重，确保学徒具备应有的职业素质，切实提高学徒岗位技能，保障学徒的权益。

二、召回及处理办法

（一）出现下列情况之一者，学校将实施召回：

1. 在学徒培养期间，出现违法行为的。

2. 在学徒培养期间，违反学校关于学徒培养管理规定的。

3. 在学徒培养期间，违反企业的规章制度，造成不良影响或给企业带来经济损失的。

4. 在学徒培养期间，表现较差，不听从指导教师和带教师傅教育的。

5. 在学徒培养期间，出现吸烟、酗酒、打架行为的。

6. 在学徒培养期间，因学校的特殊工作安排需要的。

7. 在学徒培养期间，因患病或发生意外伤害，无法完成任务的。

（二）处理办法

1. 因违法被召回的，取消学徒资格，学校按照有关规定处理。

2. 因所在岗位工作表现较差造成不良影响而第一次被召回的，由学校组织，会同家长、带教师傅加强学徒在劳动纪律方面的教育，并书写检讨和承诺书，重新进入某一岗位进行学习；第二次出现该情况，则参加学校组织的强化教育班学习，经考核合格后，书写承诺书和申请书，返回原企业学习。

3. 因违反有关规章制度，给企业带来经济损失被召回的，除加强教育外，学徒负责赔偿经济损失。

4. 因学校特殊工作安排被召回的，由学校和企业协商，待活动结束后，马上组织学徒返回原企业。

5. 因患病或发生意外伤害被召回的，须有县级以上医疗部门诊断证明，待伤病痊愈后，根据具体情况，另行安排。

三、召回程序

1. 由带教师傅向所在企业报告，申请退回学徒。

2. 带徒企业向学徒中心发函通知退回的原因。

3. 学徒中心对学徒进行教育和再培养，并对学徒的综合情况进行分析测评。

4. 对违纪违法且屡教不改的学徒，学徒中心可将学徒退回其所在学校。

5. 学校视具体情况对退回的学徒进行处理。

四、强化教育班教育内容

撰写个人整改措施、学习规章制度、进行公共服务等。

五、组织实施

召回教育具体工作由学徒所在院系负责，学生处、教务处配合。

参考文本 6 是某职业学校所给出的学徒召回制度。学徒进入企业实习就要遵守企业的规章制度，如果不遵守企业的规章制度，不符合企业规定，企业有权让学校将学徒召回。学徒召回制度汇总了学徒实习期间不能犯的错误，如果学徒违反了相关规定，就会被学校召回。

附录 2

参考文本 1

现代学徒制企业师傅的工作职责

1.师傅要对学徒做好日常考勤，做好日常管理，对学徒加强职业道德教育，加强劳动纪律教育，加强企业文化教育等，让学徒养成文明守纪的习惯。

2.师傅需带领学徒熟悉工作环境，熟悉工作中的防护设施，教会学徒自我保护能力，让学徒了解常见伤害及事故的有效处理措施，避免学徒学习中出现伤害，避免学徒在学习中出现安全事故。

3.师傅需做好学徒技能训练指导，对各技术环节进行示范，为学生答疑解惑，让学生通过学习尽快掌握岗位操作技能。

4.师傅要认真听取学校及学徒中心导师的意见，并基于意见，针对学徒指导的问题采取有效措施，更好提高学徒指导的质量。

5.师傅需督促学徒认真学习，填写周记录本，并对学生记录进行评判，给予评语，并签名。

6.师傅需对学徒的学习信息及时向学校还有学徒的家长进行通报。

7.师傅应配合学校还有第三方相关的评价机构，在学徒完成培训之后对学徒进行相应的岗位技能考核评价。

8.师傅需认真完成企业领导交办的其他任务。

参考文本 2

现代学徒制企业师傅管理办法

为发挥现代学徒制的机制优势，发扬师傅带徒弟的优良传统，规范师傅评审标准，促进企业发展，特制定本办法。

一、在学徒中心成立师傅鉴定与管理小组，明确人员与相关要求

1.要求师傅鉴定与管理小组成员公平公正，熟悉生产工艺流程及操作规范，能够客观地为参选的师傅评分。

2.要求师傅鉴定与管理小组成员熟练掌握相关技术和工艺，对员工的行为表现有判断能力。

3.师傅鉴定与管理小组的组织架构：小组组长 1 人，成员 3 人或以上。

二、师傅评审标准

1.师傅必须拥有正确的核心价值观，价值观符合企业标准，且工作积极，入职期间不存在重大的违规、违纪行为。

2.师傅在企业的工作年限≥ 5 年，且具备大专及以上学历。

3.师傅考核鉴定的评分≥ 60 分（分值采取分数加权平均）。

（1）资历：通过选拔人员进行横向对比得到分数。

（2）个人品德：通过评判人员进行主观性评分。

（3）是否懂培训、能讲、能观察、能教人：通过评判人员进行主观性评分。

（4）是否懂培训与教育的区别：通过评判人员进行主观性评分。

（5）其他。

三、师傅职责

1.指导学徒，使其在规定时间内完全独立完成生产操作，掌握操作技能，熟悉工作技巧；帮助学徒适应企业文化，让其尽快进入工作角色。

2.指导学徒，使其在规定时间内学习和掌握基础知识点，并明确自身的职业生涯规划。

3.其他上级要求的关于工作技能上的工作安排。

四、师傅奖惩

1.带学徒期间，每月补贴 ×××× 元。

2.带学徒期满后，工资每月增加 × 元作为岗位补贴或享受待遇。

3.如因指导失误或指导能力不足而导致学徒考评不达标的，将取消师傅资格，并相应取消每月增加的 × 元岗位补贴。

五、师傅报名及评选

1.在每年的规定时间内由其他师傅推荐或自己报名。

2.报名结束后，由师傅鉴定与管理小组的成员根据师傅评审打分表的标准打分，并于次月公布打分结果。

3.被评为师傅者，由师傅鉴定与管理小组为其安排学徒并统一管理。同时，报企业人力资源部备案以便考核，最终结果由师傅鉴定与管理小组与企业总经理或董事长联合监督。

参考文本 3

现代学徒制企业师傅选拔申请表

姓名		
性别		
身份证号		照片
出生年月日		
工作单位		
所在岗位		职务	
最高学历		职称（职业资格等级）	
手机号		电子邮箱或 QQ 号	
工作经历		
本岗的技术专长 （含其他技术专长）		
培训或教育经历 （或对教育的理解）		
审批意见： 1.资历 2.个人品德 3.是否懂培训、能讲、能观察、能教人 4.是否懂培训与教育的区别 5.其他	企业： 学校： 　　　　　　　年　月　日	

注：如空白栏不够填写，可适当附页。

参考文本 4

现代学徒制企业师傅聘任书

×××：

经过相关评审，特聘您作为本现代学徒制试点的导师，指导学徒进行 ×××× 岗位的学习和工作，并在学徒的职业技能、职业道德和准则、职业发展等方面给予培养与指导。

指导时间：从　　年　月　日至　　年　月　日

学制：　年

指导学徒：

现代学徒制试点单位：

（盖章）

颁发日期：　　年　月　日

参考文本 5

现代学徒制导师团队名单公告

各单位、各部门：

经过考核，现确定 ×××、×××、××× 同志为现代学徒制试点师傅，分别负责　级 ×××× 班的学徒教学工作。

特此通报。

现代学徒制试点工作小组

（盖章）

参考文本 6

师徒带教协议

立议人：

师傅：　　　　　　　　　　　　　　　　　　职务 / 岗位：

学徒：　　　　　　　　　　　　　　　　　　岗位：

为了发挥企业师傅"传、帮、带"作用，明确师徒职责，现签订如下协议，望双方共同遵照执行。

一、协议期限

本协议自签订之日起至 　　年　　月　　日止。

二、双方职责

（一）师傅职责

1. 传授理论知识和实际操作技能，指导和解答技术上的有关问题。

2. 制订学徒培养期内的培养目标和培养计划，并将计划落到实处。

3. 与学徒共同学习和运用新技术、新工艺，鼓励、支持学徒创新，正确对待学徒的合理建议，鼓励学徒参加各类技能竞赛和职业技能鉴定。

4. 加强安全教育，及时发现和纠正存在的隐患，提高学徒的安全防范意识。

5. 工作和生活上关心、爱护和帮助学徒，为人处世要起到模范作用。

6. 对学徒的德、能、勤、绩做好考核记录，正确、全面评价学徒在学徒培养期内的各项工作。

（二）学徒职责

1. 学徒需遵守企业的各项规章制度，虚心学习，安心本职工作，吃苦耐劳，团结同志。

2. 学徒培训中应尊重师傅，听从师傅安排。

3. 学徒培训中应严格按照岗位标准要求进行规范的作业，如遇到疑难问题要虚心向师傅请教，保证生产安全。

4. 利用所学知识认真钻研新技术、新工艺并加以运用。

5. 学习期间，应接受各项学徒考核，合格后方可进入下一阶段工作。

6. 学徒培养期满后，应撰写书面的自我总结上交师傅及企业人力资源部。

三、其他

如师傅因岗位调整或其他原因无法继续履行师傅职责，则由企业安排其他人员履行师傅职责；如学徒因岗位调整或其他原因无法继续履行学徒职责，则本协议终止。

本协议一式三份，由企业人力资源部、师傅和学徒各持一份。未尽事宜按照企业相关管理规定处理。

师傅：　　　　　　　　　　　　　　　　学徒：

协议签订日：　　　　　　　　　　　　　协议签订日：

　年　月　日　　　　　　　　　　　　　　年　月　日

参考文本 7

现代学徒制企业师傅工作评价表（学徒用）

师傅姓名		所属部门	
学徒姓名 （学徒组）		学徒岗位	
评价时间		评价结果	

说明：本表格评价企业师傅在授课、指导学徒、管理学徒等方面的能力，由师傅指导的学徒进行评价。评分等级A、B、C、D、E分别代表优、良、中、合格、不合格

序号	考核评分标准	评分等级					备注
		A	B	C	D	E	
1	授课时逻辑清晰、表达清楚、易于理解						
2	授课课件条理清晰、易读、美观						
3	课程实用性强，对我的工作有实际帮助						
4	布置的任务清晰、目标明确						
5	提供的建议、辅导是我需要的						
6	需要时能从师傅那里得到帮助						
7	定期与我沟通交流，能耐心指导						
8	能通过交流，清楚我的问题所在						
9	互动时能解答我的疑惑						
10	我感觉师傅认真投入地做导师这项工作						
11	总体来说，我对师傅的评价是						

我认为师傅应该改进的地方：

我还希望从师傅那里得到的帮助：

我上阶段的个人考核成绩是（　），我认为这个成绩符合（或不符合）个人能力和学习的实际情况（如果不符合，请从个人角度分析并写明原因）。

签名（可匿名）：

日期：　年　月　日

参考文本8

现代学徒制企业师傅工作考核表（考核小组用）

师傅姓名		所属部门	
学徒姓名 （学徒组）		学徒岗位	
评价时间		考核结果	

说明：本表格考核企业师傅在授课、指导学徒、职业素养、个人素质等方面的能力。由校企行三方组成的考核小组对师傅进行考核打分

考评内容	考评意见
表达能力	强□　　较强□　　一般□　　较差□　　差□
工作态度	好□　　较好□　　一般□　　较差□　　差□
行为规范	好□　　较好□　　一般□　　较差□　　差□
岗位常识	好□　　较好□　　一般□　　较差□　　差□
安全意识	强□　　较强□　　一般□　　较差□　　差□
综合评价	优□　　良□　　中□　　合格□　　不合格□
特殊能力和贡献	
学徒评价	优□　　良□　　中□　　合格□　　不合格□
考核小组评语	签名： 日期：

参考文本 9

现代学徒制企业师傅档案表

姓名			
性别			照片
身份证号			
出生年月日			
工作单位			
所在岗位		职务	
最高学历		职称（职业资格等级）	
手机号		电子邮箱或 QQ 号	
考核情况		指导津贴 / 元	

	指导时间	指导意见	岗位任务描述	指导人数	学徒姓名	学徒成绩	学徒工资
指导学徒情况							
人事部门意见							

注：本表由企业师傅按指导学徒的实际情况填写，按年度填报。

参 考 文 献

[1] 杨朝祥. 技术职业教育辞典 [M]. 台北：三民书局股份有限公司，1984.

[2] 阮智富，郭忠新. 现代汉语大词典·下册 [M]. 上海：上海辞书出版社，2009.

[3] T 胡森，T N 波斯尔斯韦特. 教育大百科全书：职业技术教育 [M]. 重庆：西南师范大学出版社，2011.

[4] 国际劳工组织. 日内瓦：高质量学徒制框架（中文版）[DB/OL](2019-11-29) [2022-05-16]. https://www.ilo.org/ilc/ILCSessions/110/reports/reports-to-the-conference/lang--en/index.htm.

[5] 顾明远. 教育大辞典·增订合编本（下）[M]. 上海：上海教育出版社，1998.

[6] 苑茜，周冰，沈士仓，等. 现代劳动关系辞典 [M]. 北京：中国劳动社会保障出版社，2000.

[7] 关晶. 西方学徒制研究——兼论对我国职业教育的借鉴 [D]. 上海：华东师范大学，2010.

[8] 霍恩比. 牛津高阶英汉双解词典（第 7 版）[Z]. 王玉章，等译. 北京：商务印书馆，2009.

[9] 李忠，王筱宁. 学徒教育在底层民众实现社会流动中的方式与作用——以近代学徒教育为例 [J]. 大学教育科学，2008（2）：88-93.

[10] 毛礼锐，沈灌群. 中国教育通史（第三卷）[M]. 济南：山东教育出版社，2005：557.

[11] 赵彩侠. 职业教育的质量提升与科学发展——北京师范大学职业与成人教育研究所所长赵志群教授专访 [J]. 中国教师，2014（15）：26-29.

[12] 陈俊兰. 职业教育现代学徒制研究 [M]. 长沙：湖南大学出版社，2014.

[13] 田英玲. 瑞士现代学徒制"三方协作"研究 [D]. 沈阳：沈阳师范大学，2014.

[14] 雷成良. 职业教育现代学徒制人才培养模式研究 [D]. 重庆：西南大学，2016.

[15] 李梦卿，杨妍旻. 现代学徒制发展的诸种背景要素支撑功能比较研究 [J]. 职教论坛，2013（16）：19-23.

[16] 石伟平. 时代特征与职业教育创新 [C]. 上海：上海教育出版社，2006：330-340.

[17] 翟海魂. 实施现代学徒制深化工学结合 [J]. 职教论坛，2008（1）：1.

[18] 孙玉直. 欧洲现代学徒制 [M]. 北京：中国劳动社会保障出版社，2016.

[19] 陈欣欣，陈文浩，王运锋. 国际视野下现代学徒制学习过程研究 [J]. 职业教育研究，2020（11）：4-11.

[20] 陈文浩，陈欣欣. 2009—2018 年国际现代学徒制研究状况分析 [J]. 职业教育研究，2020（4）：4-10.

[21] 克努兹·伊列雷斯. 我们如何学习：全视角学习理论 [M]. 北京：教育科学出版社，2014.

[22] 中共中央办公厅. 国务院办公厅印发《关于深化教育体制机制改革的意见》[EB/OL]. (2017-09-24)[2022-05-16]. http://www.Gov.cn/xinwen/2017-09/24/content_5227267.htm.

[23] 保罗·朗格朗. 终身教育导论 [M]. 北京：华夏出版社，1988.

[24] J 莱夫，E 温格. 情境学习：合法的边缘性参与 [M]. 王文静，译. 上海：华东师范大学出版社，2004.

[25] 关晶. 西方学徒制的历史演变及思考 [J]. 华东师范大学学报（教育科学版），2010，28（01）：81-90.

[26] 武炎吉. 美国：不断创新的注册学徒制 [J]. 上海教育，2016（14）：38-40.

[27] 彭跃刚，石伟平. 美国现代学徒制的历史演变、运行机制及经验启示——以注册学徒制为例 [J]. 外国教育研究，2017，44（04）：103-114.

[28] 高羽. 美国注册学徒制的历史演进、改革举措及启示 [J]. 中国职业技术教育，2018（21）：39-44.

[29] 张伟远，段承贵. 终身学习立交桥建构的国际发展和比较分析 [J]. 中国远程教育，2013（09）：9-15.

[30] 黄乐辉，孙程. 德国双元制系统企业培训质量保证体系研究 [J]. 职教论坛，2019（10）：169-176.

[31] 李安萍，陈若愚. 手段还是目的：现代学徒制的国际比较及启示 [J]. 中国职业技术教育，2019（03）：13-18.

[32] 石伟平. 比较职业技术教育 [M]. 上海：华东师范大学出版社，2001.

[33] 张海明. 德国双元制职业教育模式的福建本土化改革与提升研究 [M]. 福州：福建教育出版社，2019.

[34] 刘风彪. 借鉴德国"双元制"职业教育模式加速我国职业教育的改革与发展 [D]. 保定：河北大学，2004.

[35] 关晶. 职业教育现代学徒制的比较与借鉴 [M]. 长沙：湖南师范大学出版社，2016.

[36] 李红琼. 德国"双元制"职教模式研究 [D]. 成都：四川师范大学，2009.

[37] 翟海魂. 发达国家职业技术教育历史演进 [M]. 上海：上海教育出版社，2008.

[38] 国家教委职业技术教育中心研究所.历史与现状：德国双元制职业教育 [M].北京：经济科学出版社，1998.

[39] 职业教育，各国政府持续发力 [J].职业，2020（31）：4.

[40] 王璐.德国"双元制"职业教育法律法规研究 [D].天津：天津大学，2009.

[41] 关晶.西方学徒制研究 [D].上海：华东师范大学，2010.

[42] 沈智，刘强，盛晓春，等.德国"双元制"职业教育模式剖析与借鉴 [J].江西科学，2021，39（03）：562-565.

[43] 刘立新，张凯.德国《职业教育法（BBiG）》——2019 年修订版 [J].中国职业技术教育，2020（04）：16-42.

[44] 张毅荣.综述：德国"双元制"职业教育让学习和实践紧密结合 [Z/OL].（2021-04-23）[2022-05-16]. http://www.xinhuanet.com/2021-04/23/c_1127365362.htm.

[45] 郭赫男.德国双元制新观察：我们到底应该向它学什么？[J].中国职业技术教育，2020（15）：57-62.

[46] 何杨勇.德国双元制职业教育发展中的公平问题 [J].高等教育研究，2017，38（03）：104-109.

[47] 王宇东.德国双元制职业教育研究 [D].大连：辽宁师范大学，2010.

[48] 郭雪松，李胜祺.德国现代学徒制的制度建构与当代启示 [J].中国职业技术教育，2019（03）：30-36.

[49] 王惠莲.德国"双元制"职业教育专业设置的经验与启示 [J].教育与职业，2019（05）：86-92.

[50] 谢莉花，唐慧.德国双元制职业教育专业设置探析——"教育职业"的分类、结构与标准 [J].现代教育管理，2018（03）：92-97.

[51] 陈东.德国职业教育《"培训职业"目录》特点及启示 [J].中国职业技术教育，2021（29）：48-53.

[52] 董毅，顾莹.德国"双元制"职业教育模式的经验与借鉴 [J].科技经济市场，2019（08）：95-96.

[53] 陈钰.德国"双元制"职业教育成功的关键因素分析 [J].成人教育，2019，39（10）：79-84.

[54] 崔驰，陈新忠.德国"双元制"职业教育产教融合的特点及启示 [J].继续教育研究，2021（08）：79-83.

[55] 孙中涛，赵芹.西方发达国家职业教育现代学徒制师资队伍的特点及启示 [J].柳州职业技术学院学报，2019，19（04）：42-46.

[56] 吴佩军.日本雇佣制度的历史考察 [M].天津：南开大学出版社，2010.

[57] 赵彦彬.日本近代发展职业教育的经验及其启示 [J].河北大学成人教育学院学报，2006，8（1）：33-35.

[58] 张晓鹏.日本企业教育管窥 [J].复旦教育，1996，2：42-47.

[59] 谷峪.日本的职业生涯教育及其启示 [J].职业技术教育，2006，10：81-84.

[60] 石伟平，徐国庆.世界职业教育体系的比较——一种新的分析框架 [J].中国职业技术教育，2004（17）：37-40.

[61] 吴艳红.英澳现代学徒制比较研究 [D].南昌：东华理工大学，2013.

[62] 张南南.澳大利亚新学徒制的特点及其趋势 [J].景德镇高专学报，2010，25（3）：44-46.

[63] 温振丽.澳大利亚现代学徒制得变革及其启示 [D].杭州：杭州师范大学，2018.

[64] 黄日强.澳大利亚 TAFE 学院职业教育课程研究 [J].安徽商贸职业技术学院学报，2011，10（38）：62-65.

[65] 刘晓.我国学徒制发展的历史考略 [J].职业技术教育，2011，32（09）：72-75.

[66] 刘建新，于珍.中国古代学徒制的变迁 [J].中国职业技术教育，2016（34）：62-65.

[67] 芮小兰.西方学徒制的昨天、今天和明天 [J].现代企业教育，2008（08）：18-19.

[68] 谢广山，宋五好.中国古代职业技术教育之方法 [J].职业技术教育，2006，27（31）：74-77.

[69] 米靖.中国职业教育史研究 [M].上海：上海教育出版社，2009.

[70] 彭泽益.中国近代工商行会史料集（上册）[M].北京：中华书局，1995.

[71] 全汉升.中国行会制度史 [M].天津：百花文艺出版社，2007.

[72] 陈绍闻，郭庠林.中国近代经济简史 [M].上海：上海人民出版社，1981.

[73] 梁忠义.职业技术教育手册 [M].长春：东北师范大学出版社，1986.

[74] 郑荣奕.我国学徒制的历史演变与改革方向 [J].当代职业教育，2017（03）：30-33.

[75] 人社部.人力资源社会保障部职业能力建设司负责人就全面推行企业新型学徒制工作答记者问 [EB/OL].（2018-11-21）[2022-05-16]. http://www.mohrss.gov.cn/SYrlzyhshbzb/zcfg/SYzhengcejiedu/2018/11/t20181121_305254.html.

[76] 国务院 . 人社部等五部门共同印发全面推行中国特色企业新型学徒制加强技能人才培的指导意见 [EB/OL]. (2021-06-08) [2022-05-16].http://www.gov.cn/zhengce/zhengceku/2021/06/22/content_5620210.htm.

[77] 吉利, 史枫, 王宇波 . 以示范校建设为契机构建现代学徒制人才培养模式的实践与思考 [J]. 中国职业技术教育, 2017 (29): 66-70.

[78] 谢盈盈, 龚添妙 . 现代学徒制人才培养: 实然审思与应然之策 [J]. 机械职业教育, 2020 (12): 12-15.

[79] 张维辉 . 高职院校实施现代学徒制的现状及完善路径研究 [D]. 石家庄: 河北科技大学, 2020.

[80] 刘晶晶 . 我国高职院校实施现代学徒制的现状及完善路径研究 [D]. 武汉: 湖北工业大学, 2019.

[81] 朱克涛 . 全面推进现代学徒制的现实困境与突破路径 [J]. 南通职业大学学报, 2021, 35 (02): 19-23.

[82] 罗士喜, 孙文琦, 苏光 . 高等职业院校试行现代学徒制的现状与对策 [J]. 现代教育管理, 2017 (05): 93-97.

[83] 高志研 . 现代学徒制框架初步形成改革任务仍需压紧、落实——第一批现代学徒制试点年度检查情况综述 [J]. 中国职业技术教育, 2018 (04): 37-41.

[84] 郑玉清 . 现代学徒制成本分担机制研究 [J]. 职教论坛, 2017 (07): 15-19.

[85] 李玉兰 . 现代学徒制如何本土化 [N]. 光明日报, 2017-02-15 (5).

[86] 马金平, 张敏 . 我国企业新型学徒制试点方案的不足与改进 [J]. 职业技术教育, 2016, 37 (34): 30-34.

[87] 程舒通, 徐从富 . 企业新型学徒制的研究 [J]. 成人教育, 2019, 39 (12): 67-71.

[88] 焦彦霜, 陈嵩 . 企业新型学徒制实施的问题及方略 [J]. 职教论坛, 2019 (03): 40-44.

[89] 人社部、财政部 . 关于开展企业新型学徒制试点工作的通知 [EB/OL]. (2015-07-24) [2022-05-16]. http://www.mohrss.gov.cn/xxgk2020/fdzdgknr/qt/201508/t20150803_216720.html.

[90] 人力资源社会保障部, 财政部 . 关于全面推行企业新型学徒制的意见 (人社部发〔2018〕66 号) [EB/OL]. (2018-10-27) [2022-05-16]. http://www.gov.cn/xinwen/2018-10/27/content_5334950.html.

[91] 王丽婷 . 现代学徒制人才培养模式研究 [D]. 广州: 广东技术师范大学, 2019.

[92] 刘华东 . 为经济高质量发展提供技能人才支撑——人社部职业能力建设司负责人就全面推行企业新型学徒制工作答记者问 [N]. 光明日报, 2018-11-22 (4).

[93] 孙梦水, 崔俊荣, 刘晓辉, 等 . 我国企业新型学徒制实践探索 [J]. 职业教育研究, 2020 (04): 11-16.

[94] 张晶晶, 陈樱, 毛东升, 等 . 现代学徒制与企业新型学徒制有效融合途径的实践研究 [J]. 工业技术与职业教育, 2020, 18 (01): 92-97.

[95] 欧阳忠明, 韩晶晶 . 现代学徒制: "冷热不均"背后的理论思考 [J]. 中国职业技术教育, 2016 (12): 5-11.

[96] 教育部等六部门印发关于《职业学校校企合作促进办法》[EB/OL]. (2018-02-22) [2022-05-16]. http://www.gov.cn/xinwen/2018-02/22/content_5267973.htm.

[97] 陈海峰 . 现代学徒制多元主体利益平衡分析 [J]. 中国职业技术教育, 2014 (33): 74-76.

[98] 杨彩霞 . 高校内部教学质量保障体系评析——教育部评估中心教学质量保障体系研讨会启示 [J]. 中国高等教育评估, 2009 (4): 41-45.

[99] 鲍风雨, 苗玲玉 . 基于"双闭环控制"的高校内部质量诊断与改进 [J]. 辽宁高职学报, 2017 (1): 4-7.

[100] 李茂 . 英国 200 年来首次为学徒制立法给青年学习权利 [N]. 中国教师报, 2009-02-12.

[101] 李梦玲 . 中西现代学徒制比较研究: 基于政府职责视角 [J]. 职业技术教育, 2015 (7): 29-34.

[102] 江春华 . 高质量学徒制系统的开发与实施: 国际经验与本土推进 [J]. 中国职业技术教育, 2021 (25): 60-66.

[103] 李心萍 . 中国技能劳动者超过 2 亿人其中高技能人才超过 5000 万 [N]. 人民日报, 2021-03-19 (19).

[104] 滕道明 . 中国特色学徒制"特"在何处 [N]. 中国教育报, 2021-04-13 (05).

[105] 李志错 . 论我国学徒概念的内涵厘定与立法考察 [J]. 职教论坛, 2016 (22): 39-46.

[106] 赵志群, 陈俊兰 . 现代学徒制建设——现代职业教育制度的重要补充 [J]. 北京社会科学, 2014 (01): 30-34.

[107] 胡秀锦 . "现代学徒制"人才培养模式研究 [J]. 河北师范大学学报: 教育科学版, 2009 (03): 98-104.

[108] 鲁婉玉, 王洪斌 . 中国特色的高职现代学徒制人才培养模式构建 [J]. 辽宁高职学报, 2013 (01): 21-24.

[109] 谢俊华 . 高职院校现代学徒制人才培养模式探讨 [J]. 职教论坛, 2013 (016): 24-26.

[110] 杜广平 . 我国现代学徒制内涵解析和制度分析 [J]. 中国职业技术教育，2014（30）：88-91.

[111] 赵文胜 . 基于 "现代学徒制" 高职院校人才培养模式研究与探讨 [J]. 教育现代化，2016，3（20）：1-2.

[112] 吴育红 . 赋予现代学徒制内涵的院校建设研究 [J]. 教育现代化，2016（06）：99-102.

[113] 周卫东 . 教育现代化视野下的现代学徒制研究 [J]. 文化创新比较研究，2018，2（04）：126-127.

[114] 缪兵 . 高校教学质量监控体系：内涵、特征与功能 [J]. 中国电力教育，2010（19）：45-47.

[115] 胡小瑜 . 构建符合新时代要求的应用型民办本科高校教学质量监控体系 [J]. 高教学刊，2021，7（26）：59-63.

[116] 刘靖 . 审核评估背景下地方高校内部教学质量监控体系的建设与应用——以广东海洋大学为例 [J]. 兰州教育学院学报，2018，34（12）：98-99.

[117] 高丽波 . 构建高校思想政治理论课教学质量内部监控体系的思考 [J]. 教育与职业，2014（36）：121-122.

[118] 茹意 . 现代学徒制背景下的高职院校教学质量内部监控体系研究 [J]. 现代职业教育，2020（03）：126-127.

[119] 周厚勇，李东亚 . 论适应合格本科教学质量要求的教研室建设 [J]. 天中学刊，2010，25（5）：56-58.

[120] 庄玉梅 . 基于企业成长视角的核心利益相关者界定 [J]. 山东社会科学，2010（10）：96-98.

[121] 邹寄燕，许朝山，鲁武霞 . 奥地利现代学徒制质量保证体系研究与启示 [J]. 成人教育，2020，40（11）：85-93.

[122] 宾恩林，徐国庆 . 市场化视野下现代学徒制的 "现代性" 内涵分析 [J]. 现代教育管理，2016（6）：80-84.

[123] 何杨勇，石伟平 . 论现代学徒制试点中的几个关键问题 [J]. 职业教育研究，2019（3）：5-10.

[124] 王晓菊，林琴，闵芬梅，等 . 105 名对口高职现代学徒制护生自我导向学习能力现状及影响因素分析 [J]. 护理学报，2020，27（16）：40-43.

[125] 马新星，朱德全 . 发展现代学徒制培育新型职业农民的路径探寻 [J]. 教育发展研究，2020，40（21）：71-76.

[126] 邱红鑫，罗钦文，章龙，等 . 基于现代学徒制的中高职药剂专业实训与 "1+X" 证书对接探索 [J]. 卫生职业教育，2020，38（9）：27-29.

[127] 杨天玲 . 高职院校智能制造专业产教融合育人机制探索与实践 [J]. 现代教育论坛，2021，4（8）：46-47.

[128] 李传伟，李怡 . 基于三方利益驱动下的现代学徒制研究与实践 [J]. 湖北工业职业技术学院学报，2018（2）：14-18.

[129] 史翠兰 . 机械制造与自动化专业现代学徒制人才培养的实践探索 [J]. 教育教学论坛，2020（51）：373-375.

[130] 孔德兰，蒋文超 . 现代学徒制人才培养模式比较研究——基于制度互补性视角 [J]. 中国高教研究，2020（7）：103-108.

[131] 李朝敏 . 企业参与现代学徒制的交易费用及补偿策略 [J]. 职教论坛，2020，36（05）：36-40.

[132] 刘赞玉 . 运用工作本位学习理论突破应用型院校现代学徒制实施困境 [J]. 中国成人教育，2020（18）：24-27.

[133] 苏战涛 . 基于现代学徒制的高职院校双主体育人机制研究 [J]. 中国成人教育，2021（04）：12-15.

[134] 董鲁菲，苏荟 . 高职现代学徒制的主体困境：表征、成因与对策——基于 227 所试点院校的扎根理论研究 [J]. 中国职业技术教育，2020（15）：28-33.

[135] 张天琪，杨永杰，何艳琳，等 . "双高计划" 背景下的现代学徒制发展路径探索 [J]. 黑龙江畜牧兽医，2020（05）：137-141.

[136] 崔志钰，陈鹏，倪娟 . 政策供给视角下全面推进现代学徒制的问题解析与策略选择 [J]. 职教论坛，2021，37（07）：76-85.

[137] 谭春霞，戴欣平 . 面向中小企业的 "一对多" 现代学徒制育人模式探索与创新——以金华职业技术学院为例 [J]. 中国职业技术教育，2021（19）：50-54.

[138] 李博，马海燕 . 现代学徒制师徒关系重塑研究 [J]. 教育与职业，2020（23）：56-59.

[139] 田楠，常万新 . 基于现代学徒制的开放教育 "双导师" 实践教学模式研究 [J]. 继续教育研究，2021（06）：150-153.

[140] 牛杰，南桂英，才晓茹，等 . 基于 OBE 教育模式的高职护理现代学徒制教学改革与实践 [J]. 中国职业技术教育，2021（08）：70-73.

[141] 王勇 . 现代学徒制背景下思政教育嵌入实训的机理、问题及提升策略 [J]. 教育与职业，2021（18）：107-111.

[142] 谢燕，潘雪英 . 基于 DACUM 的高职药学现代学徒制校企融通课程的开发与实施 [J]. 教育理论与实践，2021，41（24）：24-29.

[143]　武浩文.国外现代学徒制发展路径及对我国职业教育的启示 [J].中国成人教育，2021（11）：48-51.

[144]　朱震震.现代学徒制视域下校企协同实施专业诊改的价值与路径 [J].教育与职业，2021（17）：96-100.

[145]　杜友坚，汪梓慧.近十年我国现代学徒制研究现状及研究热点——基于 citespace 的可视化分析 [J].中国成人教育，2021（13）：9-14.

[146]　毛少华.职业院校全面推广中国特色现代学徒制面临的问题与对策 [J].成人教育，2021，41（01）：65-70.

[147]　刘卫华.现代学徒制的溯源、发展与建构路径 [J].继续教育研究，2021（07）：81-84.

[148]　曾珠.中外比较视角下的中国特色现代学徒制人才培养路径研究 [J].中国成人教育，2021（16）：28-31.

[149]　李薪茹，李薪宇，茹宁.加拿大现代学徒制改革研究——红印章计划的引入 [J].高教探索，2020（05）：58-65.

[150]　徐海涛.基于现代学徒制的高职院校校企协同管理模式 [J].教育与职业，2020（13）：40-45.

[151]　牛彦飞，杨丹子.职业院校推行现代学徒制的现实困境与解决路径 [J].教育与职业，2020（18）：39-44.

[152]　顾志祥.我国职业教育现代学徒制改革的成效、反思与展望 [J].教育与职业，2020（01）：40-44.

[153]　黄红艳，靳利斌，李辉.从默会知识理论视角探析高职院校"现代学徒制"人才培养 [J].中国成人教育，2020（2）：22-25.

[154]　朱国华，吴兆雪.中国特色现代学徒制的问题导向、三大核心关系及制度设计 [J].成人教育，2020，40（10）：65-70.

[155]　彭明成.中国特色现代学徒制：理论意蕴、实践路径与未来走向 [J].中国职业技术教育，2020（21）：10-14.

[156]　贾文胜，何兴国.美国现代学徒制运行机制研究 [J].浙江社会科学，2020（11）：149-154.

[157]　樊瑞军，关志伟，孙翠香.常州市科教城现代学徒制实施探索 [J].教育理论与实践，2020，40（33）：22-24.

[158]　余凡.现代学徒制模式下核心素养融入高职课程建设实践研究——以 S 高职校物业管理专业为例 [J].职业技术教育，2020，41（20）：55-59.

[159]　赵志群.建设现代学徒制的必要性与实现路径 [J].人民论坛，2020（9）：59-61.

[160]　陈蕊花，刘兰明，王芳.英国现代学徒制嬗变历程、战略管理及经验启示 [J].职教论坛，2020（02）：164-170.

[161]　杨小燕.比较视域下的现代学徒制可持续发展研究 [J].教育与职业，2020（07）：46-51.

[162]　顾月琴.江苏省现代学徒制实施的瓶颈问题与路径选择 [J].黑龙江高教研究，2020，38（05）：144-147.

[163]　李徽一.现代学徒制背景下工学结合人才培养模式研究 [J].食品研究与开发，2020，41（12）：239.

[164]　崔发周.现代学徒制视域下"双师型"教师的科学内涵与培育路径 [J].教育与职业，2020（07）：62-68.

[165]　方烨.多元共治下现代学徒制利益相关者权责研究 [J].职教通讯，2020（03）：28-34.

[166]　李兹良.共享理念下的现代学徒制公私合作伙伴关系探索：基于利益相关者理论的视角 [J].教育与职业，2019（01）：43-49.

[167]　向成军.利益相关者视角下高职院校现代学徒制试点中的利益冲突研究 [J].南方职业教育学刊，2018，8（02）：9-15.

[168]　彭跃刚，石伟平.美国现代学徒制的历史演变、运行机制及经验启示——以注册学徒制为例 [J].外国教育研究，2017（4）：103-114.

[169]　陈露.基于工作室的高职建筑设计现代学徒制初探 [J].山西建筑，2020，46（01）:175-176.

[170]　向玉婷.国际化背景下大学生出国（境）交流现状调查及对策分析——以宁波工程学院为例 [J].襄阳职业技术学院学报，2019，18（02）：132-136.

[171]　GOVE P B. Webster's Third New International Dictionary [M]. Massachusetts：G. & C. Merrian Company，1976.

[172]　PEARSON L. Longman Dictionary of Contemporary English（5th Edition）[M/CD]. New Jersey: Pearson Education，2009.

[173]　WILLIAM H H，JUDITH S L. The New Columbia Encyclopedia [M]. New York: Columbia University Press，1975.

[174]　UNESCO-UNEVOC.Delivering TVET through Quality Apprenticeships：Report of the UNESCO-UNEVOC virtual conference [EB/OL]. （2015-6-26）[2022-05-16]. https://files.eric.ed.gov/fulltext/ED573800.pdf.

[175]　RICCUCCI N M. Apprenticeship Training in the Public Sectorits Use and Operation for Me Eting Skilled Craft Needs [J]. Public Personnel Management，1991，20（02）：181-193.

[176]　GORDOND，HOWARD R D. The History and Growth of Careerand Technical Educationin America [M]. Long

Grove，Illinois：WavelandPress，2008.

[177] U.S.Department of Labor. History and Fitzgerald Act（original version）[DB/OL]. （2016-08-31）[2022-05-16]. https://www.doleta.gov/oa/history.cfm#original.

[178] Workforce GPS. Advisory Committeeon Apprenticeship [EB/OL]. （2016-08-18）[2022-05-16]. https://apprenticeshipusa.workforcegps.org/resources/2016/08/18/15/21/Advisory-Committee-on-Apprenticeship.

[179] U.S.Department of Labor. Codeof Federal Regulations[Z/OL]. （2016-05）[2022-05-16]. https://www. dol. gov/general/cfr/title_29.

[180] Ohio Administrative Code[Z/OL]. （2000-07-01）[2022-05-16]. http://codes.ohio.gov/orc/4139.

[181] BONA D. Registration of Apprenticeship Programs and the Turnover of Skilled Trade Employees [M]. Kalamazoo：Western Michigan University，1997.

[182] The Local Apprenticeship and Training Standards for The Electrical Contracting Industry［EB/OL]. （2019-03）[2022-05-16]. http://www.yjatc.org/IBEW-NECA/Default.aspx.

[183] U.S.Department of Labor. Issues industry-recognized apprenticeship program final rule.[DB/OL]. （2020-03-10）[2022-05-16].https://www.dol.gov/newsroom/releases/eta/eta20200310.

[184] BIBB.Datenreport zum Berufsbildungsbericht 2021[R]. Bonn：BIBB，2021.

[185] BIBB.Datenreport zum Berufsbildungsbericht 2020[R]. Bonn：BIBB，2020.

[186] BA Bundesagentur fuer Arbeit. Beruf Aktuell-Lexikon der Ausbildungsberufe [Z/OL]. （2021-04-30）[2022-05-16]. https://www.arbeitsagentur.de/datei/dok_ba014834.pdf.

[187] HOECKEL K and SCHWARTZ R.Learning for Jobs：OECD Reviews of Vocational Education and Training：Austria [J]. Sourceocde Enseignement Et Compétences，2011（12）：67-69.

[188] World Economic Forum.The Future of Work Requires a Return to Apprenticeships [EB/OL]. （2019-12-16）[2022-05-16]. https://www.weforum.org/agenda/2019/12/apprenticeships-future-work-4ir-training-reskilling.

[189] PAUL J. A Modern Apprenticeship[J]. Itnow，2014（4）：4.

[190] WANG Z . Modern Apprenticeship：A New Model for the Cultivation of Hi-Tech Talents[J]. China Higher Education Research，2012.

[191] ZHANG Q. Modern Apprenticeship System in Higher Vocational Colleges and Universities:Predicament and Practical Strategies[J]. Research in Educational Development，2015.

[192] Lin W J，XIAO-LI X U. Investigation and Analysis on Cognition of Quasi College Students and Their Parents on Modern Apprenticeship[J]. Sci-tech Innovation and Productivity，2020.

[193] SHAN L I，AMP S E，SCHOOL T. The Exploration and Practice on Implementation Plan of Modern Apprenticeship under Integration of Engineering and Learning[J]. Education Teaching Forum，2020.

[194] JIN X. Exploration on Vocational Literacy Training of Higher Vocational Students under Modern Apprenticeship Model[J]. The Science Education Article Collects，2020.

[195] SONG Y. Exploration on the Evaluation Mechanism of Vocational Literacy of Higher Vocational College Students in the New Era from the Perspective of Multi-Dimensional Development[J]. Management & Technology of SME，2019.

[196] WANG L C . Research on the Cultivation of "Craftsman Spirit" of Higher Vocational College Students from the Perspective of "Strengthening Moral Education and Cultivating People" in the New Era[J]. Journal of Hubei Open Vocational College，2019.

[197] XIAO S，WEI L I.Role Conflict and Debugging of Higher Vocational Students under Modern Apprenticeship Model[J]. Education Teaching Forum，2019.

[198] JUN，LENG，YONG，et al. Investigation and Countermeasures Analysis of College Students' Cognition on Online Lending under the Background of Mobile Internet[C]，2018.

后记

　　2013 年 11 月，我受组织委派到河北化工医药职业技术学院担任党委副书记、院长，此前，我对高等职业教育可以说是知之甚少。我的学习工作经历非常简单：1980 年 8 月离开生活了 16 年的家乡，进入河北化工学院（今河北科技大学）基本有机化工专业学习，1984 年 8 月留校任教，开始了我的大学教师生涯。教学工作之余，围绕汽车用环保型高分子材料开展了实验研究，我的第一个科研成果——"水质汽车腻子"于 1988 年实现了工业化生产，该专利技术相继在全国十省市二十家企业转化，荣获国家科学技术奖（1992年）。随后，我参与研究开发的一系列汽车用环保新材料专利成果，相继投入工业化生产，并得到推广应用。本人先后被授予河北省有突出贡献的中青年专家、河北省"三三三人才工程"一层次人选、国务院政府特贴专家、国家"百千万人才工程"百名知识产权高层次人选等。现在回想起来，如果不是因为当年化工设计研究所老所长退休，我被职工推到研究所负责人管理岗位上，也许我会沿着科技开发这条路一直走下去。从 1980 年到 2013 年，我在河北科技大学学习工作了 33 年零 3 个月。

　　到河北化工医药职业技术学院工作之初，化工类高职院校面临的普遍问题是招生困难，家长和考生"谈化色变"。很多化工高职纷纷更名，冠名"工业""科技""理工""工程"。我校招生也遭遇了滑铁卢，录取分数降到省专科控制线 200 分，也未能完成招生计划。解决"吃饭"问题无疑是当时学校工作的重中之重。2014 年开始，学校对外加强校企合作、深化产教融合；对内动态调整专业，强化实训实践。经过几年的艰苦努力，我校高考录取分数线由 200 分提升至 400 分以上，在校生数从不足 1 万人增至目前的 1.7 万人，实现了从招生难、到好招生、再到招生好，从能就业、到好就业、再到就业好的转变，学校步入了发展的快车道。

　　党的十八大以来，党中央国务院高度重视职业教育，2014 年的全国职教大会，让所有的职教人深切感受到了职业教育的春天气息，2015 年教育部启动了高等职业教育创新发展行动计划（2015—2018 年），在正式文件下发之前，我校超前谋划，组织专班准备申报材料，由于准备充分，立项数量在全国高职院校中名列前茅，学校也因此成为国家优质高职院校，为学校的跨越式发展奠定了基础。

　　2019 年，国家启动中国特色高水平高职学校和高水平专业群建设计划（双高计划），河北省也要从全省 60 余所高职院校中遴选 4 所高水平学校重点建设。为了进入"双高计划"建设序列，2019 年学校重点抓了四件事：一是主动与中国化工教育协会、中国医药教育协会联系，牵头组建了全国化工医药职业教育产教融合联盟；二是与中国检验检疫科学研究院签署了两院战略合作协议，共建了检验检测认证产业学院；三是与沧州临港（国家级）经济技术开发区签署了全面战略合作协议，启动了订单式培养计划；四是以建校 110 周年为契机，组织召开了高等职业教育高质量发展论坛。通过一系列举措，我校成功入选国家高水平专业群建设单位，并成为河北省重点建设的四所高水平高职院校之一，开启了学校高质量发展的新篇章。

学徒制作为一种古老的职业技术教育形式，对于人类社会技术传承和劳动力再生产发挥了重要作用。在经历了中世纪的兴盛之后，工业革命带来的社会生产大发展使得学徒制一度式微。第二次世界大战后德国经济的迅速腾飞引发全球对于双元制职业教育的极大关注，学徒制再次回到人们的视线中来。20 世纪 80 年代开始，西方各国纷纷开始效仿德国双元制，掀起了现代学徒制改革浪潮。例如，英国于 1993 年颁布了《现代学徒制计划》，之后不断改革完善，逐步建立起较为完整的、分层级的学徒制体系：中级学徒制、高级学徒制、高等学徒制。澳大利亚于 1996 年引进"新学徒制"概念，并于 1998 年初将新学徒制与受训生制进行整合，统称为"新学徒制"。瑞士根据自身学徒制经验和国情首创了"三元制"为核心的现代学徒制人才培养和管理模式。美国的"注册学徒制"和日本的"企业培训"都是在对传统学徒制改革提升而形成的新学徒制的表现形式。现代学徒制为发达经济体不断培养高素质技术技能人才，有效降低失业率，促进了产业转型升级和经济社会发展，一时间成为职业教育改革的风向标，被称为高技能人才培养的新范式。由此，学徒制在现代西方得到重生，掀起新一轮研究与实践的高潮。

在此背景之下，面对产业转型升级和经济结构调整对高素质技术技能人才的高度需求，以及人才培养供给侧和产业需求侧在结构、质量、水平上还不能完全适应的"两张皮"现实问题，我国立足国情，借鉴国际现代学徒制的先进经验，继承我国学徒制传统，开展实施了中国特色现代学徒制改革试点。

2014 年，国务院印发的《关于加快发展现代职业教育的决定》提出："开展校企联合招生、联合培养的现代学徒制试点，完善支持政策，推进校企一体化育人"。随后，教育部、人社部、国家发展改革委分别开展了"现代学徒制""企业新型学徒制"和"双元培育"试点工作。教育部分三批试点现代学徒制，试点单位达 562 家，覆盖专业点 1000 多个，每年惠及学生 9 万余名。人力资源和社会保障部两批试点企业新型学徒制，参与企业 200 家，招收学徒 2 万名，涉及机械、化工、电气、数控等近百个工种。国家发展改革委员会选择东北三省和内蒙古自治区的 15 个老工业基地城市，开展了"学校和企业双主体办学、双主体育人、双导师指导"的双元育人模式改革试点。

现代学徒制在继承传统学徒制优势的基础上，把在企业的生产实践学习和在职业学校的知识素养学习有效结合起来，这种校企深度融合培养现代技术人才的模式，克服了学用脱节和手脑分离等诸多现实问题，是建设中国特色现代职业教育体系的战略选择，是深化产教融合、校企合作的有效途径，是培养高素质技术技能人才的重要方式。

我国的学徒制改革试点对高素质技术技能人才的培养、职业教育改革和经济社会发展发挥了重要作用，但也还存在着参与各方权责利不清晰、学徒法律权益保障不充分、评价标准不健全、企业参与积极性不足等问题。在当前构建高质量教育体系，增强职业教育适应性的背景之下，我们确有必要在借鉴国际学徒制发展经验的基础上，及时总结"现代学徒制"和"企业新型学徒制"的试点成功经验，研究分析现存问题，进而推动中国特色学徒制的高质量发展，助力技能型社会的构建。

本人任职近十年来，基于上级安排和学校工作需要，有幸赴美国、德国、波兰、俄罗斯等国家对其职业教育发展情况进行了学习考察。他山之石，可以攻玉。有感于各国职业教育对其经济社会发展所发挥的巨大作用，结合中国职业教育的最新发展和学校工作实践，我萌发了开展中外职业教育比较研究的想法。但是，耽于党政工作，一直未能下笔。2020 年 11 月，《中共中央关于制定国民经济和社会发展第十四个五年规划和二〇三五年远景目标的建议》提出了"探索中国特色学徒制"的新概念，加之我校又是全国现代学徒制试点单位，关于中外职业教育比较研究的想法进一步聚焦到了学徒制上来。这促使我正式开始了这项研究工作，并得到了河北省社会科学发展研究重点课题资助。

在课题研究和书稿撰写过程中，得到了省教育厅、省社科联以及兄弟院校领导和专家的热忱指导，得到了学校各级领导和老师的大力支持和帮助，学校高职教育研究所的刘长春、张红蕊、王冰冰等多位同事进行了大量的资料搜集整理工作，对他们的辛勤付出和大力帮助表示衷心感谢！同时，还参考借鉴了诸多专家学者、职教同仁的论著和文章，在此一并表示感谢！最后，对化学工业出版社的鼎力支持致以诚挚谢意！

由于时间仓促，加之水平所限，书中难免存在错漏之处，敬请各位读者批评指正！

著者

2022 年 3 月